上海の京劇

メディアと改革

藤野真子 著

中国文庫

チーリン　へ

目次

＊文中の（　）は筆者注、引用文中の〔　〕は原注を指す。

上海の京劇——メディアと改革

序論　民国期における上海京劇の成立と発展

はじめに――「伝統」を持たない都市の「伝統演劇」

「上海」と「伝統」という組み合わせには、誰もが違和感を覚えることであろう。上海文化を象徴するキーワードとして、一般的には「モダン」、「ハイブリッド」といった語が思い浮かべられるに相違ない。

この中国屈指の近代都市では、アヘン戦争後の南京条約（一八四二年）に基づく開港により都市としての規模と機能を備えて以降、多種多様な「伝統演劇」が盛んに上演され続けてきた。西隣の古都蘇州で盛んに上演され、清代に「雅部」と称された優美な崑曲、長い歴史を持つ安徽の徽戯、西北由来の豪放な梆子戯、……ところが最終的に上海を代表する劇種となったのは、北京で形作られ、北京の「京」の字を冠した京劇であった。

歴史上、上海に京劇がもたらされたのは、一八六七年（同治六年）、満庭芳という劇場に京班（京劇を上演するグループ）が招聘された時とされている[1]。本書は、ここから一九四〇年代までを時間枠として設定し、それにより上海京劇発展の全体像を複数の角度から検証しようとするものである。序論において、以下に言及する「既存地方劇との混交」、「上演形態の特徴」、「出版メディアとの関連」、「劇評」といった各トピックスは、それぞれ独立して論じられるべきものではあるが、まずは俯瞰的にとらえることにより、上海という都市と伝統演劇とのかかわりの特殊性を示していきたい。その際、全体を貫く視点として、「受容層の演劇に対するニーズ」を念頭に置きつつ述べていく。当然ながら、商業演劇においては、どのような社会的階層・文化的水準の人間が観客として見込めるかが重要となる。そして、そのニーズを知るために最も有効なのは同時代における彼ら自身の声を拾うことであろう。実際、京劇の上海における受容と発展は、新聞や雑誌など定期刊行物の発展と密接に関連してきた。これら出版メディア上での言説や記録は、演じる側と観客との関係に関する情報を我々に提供してくれるものだが、本書では第二部においてその状況を詳述する。

一　上海京劇の黎明期

清末から民国にかけての上海演劇を論じる際、基礎資料の一つとなるのが、近代中国を代表する新聞『申報』（一八七二年四月～一九四九年五月）である。伝統劇に関しては、舞台広告、エッセイ、そして劇評など、年次により記事の多寡はあるものの、リアルタイム、もしくはそれに近い情報を提供するものとして高い資料的価値を持つ。以下、『申報』の中でも最も早い時期に書かれた演劇関連記事を引用する。(2)

洋涇浜では戯園が林立しているが、最も有名なのは丹桂茶園と金桂軒で、いずれも京班が演じている。金桂はわずかに楊月楼一人で時人の注目を集め、ついには車馬が門前に押し寄せ、貴人で席は満員となり、ほとんど丹桂をしのがんばかりとなった。また丹桂の舞台では、俳優が才を競い合い、新奇を求め、金桂に対抗しようとしている。思うにその勢いは（春秋時代の）晋と楚のごとくで、ついには代わる代わる盟主となった。最近、丹桂に都（北京）から新たにやって来た名優には、老生、武旦が数人いるが、毎日舞台に上がり、容貌、技芸ともに優れている。その歌唱のすばらしさは、珠を連ねるがごとく、石を裂くがごとく（如貫珠、如裂石）で、抑揚も止め（原文「頓挫」）も、のびのびと力強く意を尽くしたものである。思うに天子のお膝元以外で、これと肩を並べるようなことはもとよりあり得ないであろう。

（「戯園雑談」『申報』一八七二年六月四日）

上海開港から三〇年ほどで、すでに「戯園が林立」する状態となり、中でも頂点を競う二つの劇場がともに「京班」、つまり京劇を上演していたことが分かる。楊月楼（一八四四―一八九〇）は当時の北京で最高の武生（立ち回りを主とする男性役）であったが、上海の劇場の招聘に応じたのは、この地での興行的成功が見込めたからであろう。なお、これに先だって、「雅部」崑曲はすでに一般的な観客のニーズから乖離し商業演劇としての勢いを失っており、主役の座は清代に「花部」と称された徽戯や梆子戯に取って代わられつつあった。(3)

このうち、徽戯で最もよく知られている事項としては、一七九〇年（乾隆五五年）に安徽から四つの「徽班」が上京し、北京で他劇種と融合して京劇の母体となったこと（いわゆる「徽班進京」）が挙げられる。他方、南方にとどまったグループ(4)は、清代を通じ江南地区で盛んに上演活動を行った。この南方の徽班からは、上海京劇形成にあたって先駆的役割を果たした王鴻寿(5)（芸名三麻子、一八四八―一九二五）が出ており、『斬経堂』、『水淹七軍』、『徐策跑城』、『掃松』といった演目が彼によって上海京劇にもたらされた。なお、民国期上海京劇の大立者であり、本書第一部で論じる老生の周信芳（芸名麒麟童、一八八五―一九七五）は王鴻寿に師事し、これらの演目を自身のレパートリーに採り入れている。これ以外にも、清末から民国初期にかけて上海京劇で活躍した徽班出身の俳優は多い。南下してきた京劇と徽戯が混交したこの現象は、「徽戯が京劇に〝再合流〟した」ものと認識されている。(6)

北京での京劇形成に同じく大きな役割を果たした梆子戯も、清末上海でよく上演された。『申報』に先の記事の三日後に掲載された「戯館瑣談」という文章では、金桂軒にて楊月楼の前座として上演された『翠華宮』において、梆子戯が唱われたと記されている。(7) 民国に入ってからも、呂月樵（一八六八―一九二三、老生。中高年の男性役で歌唱重視）、賈璧雲（一八九〇―一九四一、花旦。若い女性役で科白・しぐさ重視）といった梆子戯系の俳優が人気を博した。特に賈璧雲は、本書で後述するが、時装劇に長じた馮子和（一八八八―一九四二）と人気を二分し、「馮党・賈党」と称された支持者が新聞や雑誌で激しい論争を展開した。

なお、これらの劇種が崑曲より幅広い層に好まれた理由として、演目が内容的にバラエティに富んでいたこと、これらの地方劇で主に用いられる西皮（西北地区の秦腔が湖北に伝わり発展）、二黄（湖北に生まれ、湖北と安徽で発展）などの曲調が崑曲より単純明快で大衆好みであったこと、崑曲とは異なり歌辞の理解にさほど高い教養を必要としなかったことなどが挙げられよう。これらが融合して成立した京劇が上海で歓迎されたのも当然のことであった。また先の引用では「貴人」の観客が押し寄せたと述べられているが、彼らと崑曲を愛好する旧来の教養層とは必ずしも合致しない。

加えて、当初南下してきた段階での京劇は、演目や演技術、さらには扮装や舞台設備などが十分に固定化しておらず、先行する劇種の影響を受けやすい状態にあった。いうなれば、観客のニーズに応えて変化する可能性は元来十分に備わっていたのである。

二　京劇の「上海化」――「看《み》る」ことの意味と新たな演劇観

さらに続けて『申報』の記事を見ていく。

『申報』の記事からは、後に上海京劇を論じる際に必ず特徴として挙げられる「新作中心」、「視覚重視」という傾向を早くも見てとることができる。以下は上海京劇を論じるにあたりよく取り上げられる有名な記事で、その舞台的特徴が最も早くに記録されたものである。

新丹桂戯園が本紙に広告を出し、『善游闘牛宮』という新作劇を上演するとのことだったが、当初そのストーリーがいかなるものであるか知らなかった。（中略）時すでに（夜の）一〇時となり、小金宝の『佳期・拷紅』はすでに演じ終わり、興も尽きてしまっていたところ、突然新作劇が始まった。魚龍が舞台いっぱいに広がる様子は、本当に目を奪われてしまい、いつまでも見飽きない。中でもいちばんすばらしかったのは竹馬をつけた一〇余名で、みな脚を一本曲げて商羊舞(8)を踊っていたが、まさに絶技というべきものであった。また八、九座の閣（擱に同じ。神像などを台にのせたもの）が担ぎ出され、一人で二体担ぐ者もいたが、その（閣が）扮している場面はみな芝居に基づくものであった。つまり、肩の上で芝居を演じているわけであり、本当の芝居の中で芝居をしているのである。また八仙がそれぞれ魚、蝦、亀、鼈《べつ》に乗って海を渡る場面があったが、水族はそれぞれみな鮮やかな色彩が施されてあかりに照らされており、この上ないほど生き生きとしていた。最後の闘牛宮の場面では、二匹の龍が門を守り、口を近づけようと今にも動かんばかりであり、灯光も鮮やかに輝いていた。上部には観音が、その次に善才龍女が並び、機械の上に座って、ずっと回り続けていた。

――「新丹桂戯園新劇誌奇」（『申報』一八八八年三月五日）

ここで挙げられている『善游闘牛宮』は、もともと北京で活躍していた梆子戯の名優・田際雲（芸名響九霄、一八六四―一九二五）によって創作されたものである(9)。梆子戯と京劇を同じ舞台で演じた（「両鍋下」と称された）田際雲は、新しい舞台装置を積極的に採り入れた人物で、特にこの『善游闘牛宮』のように照明を大々的に導入した劇は「灯彩戯」と呼ばれた。これを踏まえ、再度この文章に目を向けると、まず上演時刻や順序に鑑みるに、おそらく当日の「圧軸」（大切りの直前、トップの俳優が主演する文戯、すなわち歌唱中心の劇）、または「大軸」（大切り。劇団の俳優を総動員した大がかりな出し物）として演じられたものであろう。いずれにせよ竹馬をつけて踊るといった雑技的な要素とともに、色鮮やかな衣装や灯光を用いたりからくり仕掛けを導入したりするなど、俳優の技芸を堪能するというよりは、むしろ視覚的な楽しみを追求した舞台であったことが分かる。

さて、我々は現在でも芝居を観ることを「聴戯」というが、これは明らかに伝統劇鑑賞の主眼が文戯の歌唱にあったことから来ている表現であり、歌唱こそが演技の巧拙を語る際の基準とされてきた。冒頭で引用した記事には「珠を連ねるがごとく、石を裂くがごとく（如貫珠、如裂石）」とあるが、これは清代の演劇関連文章によく見られる歌唱表現の描写である。ところが清末以降、上海ではこの『善游闘牛宮』のような「看《み》」る劇が盛んに上演されるようになり、結果的に、「聴《き》」くことを重視する北方とは異なる鑑賞態度と評価基準が観客の中に醸成されていった。そもそも土着の人間が少なく、伝統文化に対する保守的なこだわりも少なかった観客の方も、こうした娯楽性の高い舞台を歓迎した。結果的に上海においては、京劇、ないしは徽戯や梆子戯から入った伝統演目のほかに、視覚に特化した新作劇の創作および上演が増えることになった。後に「北方聴戯、南方看戯」といわれるようになったが、南北における観客の嗜好は、早い時期から分岐し始めていたのである。

先にも述べたが、総じて南下した時点での京劇は未成熟であり、必ずしも「完成品」としての京劇が上海において変質したというわけではない。発展段階の途中で全く異なる文化圏に活動の中心を移した一群が、その上演環境がもたらしたさまざまな影響を貪欲に吸収した結果、北京と異なる形で発展したというべきであろう。

三 「海派京劇」の確立――「新劇」と「連台本戯」

二〇世紀に入ると、南下第二世代の俳優がそのまま上海で上演活動を行い、その数も増加する。最も知られているのは、一九〇八年（光緒三三年）に中国で初めての額縁舞台である「新舞台」を開設した夏月珊（一八六八―一九二四）、夏月潤（一八七八―一九三一）ら夏氏兄弟であり、彼らとともに活動した毛韻珂（一八八五―一九四二）、馮子和などの旦の俳優たちもまた個性的な演技と革新的な舞台作りにより京劇史に名を残している。彼らの世代はより積極的に、同時代に取材した新作劇を創作し、最新の舞台機構を導入するなどして、上海という都市の気風に合った演出方針を打ち出すようになる。後にいう「海派京劇」の方向性はこの時期にほぼ形成されたといってもよい。

さて、観客の歓迎ぶりとは裏腹に、「海派」という語は少なくとも京劇の世界において長らくネガティブなニュアンスを帯びて用いられてきた。時に「悪性海派」と呼ばれ、商業主義におもねり、芸術とはかけ離れたものとして排斥されることもあれば、北方の「正統な」京劇の本流から外れたものとして無視されるケースもあった。清末から民国初期にかけて一世を風靡した老生の譚鑫培（一八四七―一九一七）や、民国に入ってからは四大名旦(10)のトップである梅蘭芳（一八九四―一九六一）らがたびたび南下したが、彼らを正統的な京劇を演じる者として尊重し、最大限の賛辞をもって受け容れる風潮が上海には存在した。こうした北方偏重と南方否定のスタンスは、近年の研究動向を追う限り、その勢いが衰えてきたとはいえ、長らく醸成され続けてきたものであり、簡単に消滅することはないだろう。

（一）海派の体現者・周信芳と「新劇」

上海で活躍した京劇俳優の中で、北京の俳優に匹敵する評価が与えられたのは老生の周信芳と武生の蓋叫天（一八八八―一九七一）である。特に中華人民共和国建国後は、政治都市北京と経済都市上海という二大文化拠点を対等に扱うためのバランサー的な役割も求められたことであろう。しかし政治的要素を差し引いても、両者が地元で大変な人気を誇り、かつ全国レベルで影響力を持つ俳優であったことに変わりはない。

特に周信芳は、早くから田漢（一八九三―一九六八）など左派演劇人と交流があったためか、建国後は上海を代表する京劇俳優として北京の梅蘭芳と並ぶ扱いを受けた。しかし民国期にあっては、こと素質や技芸の規範性がうるさく問われる老生という役柄として、その評価は常に毀誉褒貶のまっただ中に置かれた。ネガティブな評価を受けた最大の原因は、後述するようにその声が嗄《か》れていたことにあるが、彼が新作劇や連台本戯など、上海京劇の各種ムーブメントに積極的に身を投じたこととも関係があった。

周信芳の本格的な舞台生活は辛亥革命前後に開始されたが、『宋教仁遇害』[11]のような社会派の新作劇については、当人が早くから社会へ目を向けていたことの証左としてよく引き合いに出される。また、彼より早く舞台活動を始めていた汪笑儂（一八五八―一九一八）が、積極的に新作劇を制作、上演していた[12]ことに影響を受けたともいわれる。

ところで、新作劇の中でも「時装戯」と呼ばれ、同時代の事件や人物を題材とした演目を得意としたのが、当時「新劇」、「新戯[13]」と称された、いわゆる「文明戯」である。文明戯は基本的に科白劇であり[14]、京劇などの伝統演劇とは相対する立場の演劇として登場したが、これを「早期話劇」と見なす従来の定義については近年疑義が出されている。[15]特に演技術について、文明戯には京劇の唱を採り入れる俳優もいた一方、先の周信芳による京劇『宋教仁遇害』では文明戯でよく用いられた演説シーンが盛り込まれ、観客はそれを聞き涙したといわれる。[16]

この文明戯と清末から民国初期の京劇における新作劇とは密接に連動している。たとえば、『新茶花』をはじめ演目の共有は相互に行われており、馮子和主演の『血涙碑』のように京劇から複数の文明戯劇団へと移植されたケースもある。[17]また馮叔鸞（一八八三―？）や鄭正秋（一八八九―一九三五）など当時の劇評家は、伝統劇のみならず、文明戯を批評する文章も多く著している。

さて商業演劇が大々的に展開する際、最も重要なのはやはり受容層の開拓である。これまで述べてきたように、京劇の上海における定着と発展は、まさに観客の支持なくしては成り立たないものであった。その点、文明戯は登場当初からその新奇な物語と演出で多くの観客に歓迎された。一九一〇年代前半の『申報』劇場広告においては、京劇と並び相当なスペースが文明戯に割かれている。加えて、中には京劇と同じく背景やセットの豪華さを売りにしたものもあり、ターゲットとする観客層の重複がうかがわれる。このように伝統劇（旧劇と称された）の新作を好む層と文明戯（新劇）を好む層が重なっていることについては、以下のような記事がある。

新舞台には新劇を得意とする人材が多いが、張順来、夏月華といった人々はもとより旧劇に長じていたものが、近年新劇のムーブメントに身を投じたのである。劇場自体の趣向は、ひたすら新劇の持つ喜びと怒り、諧謔と風刺、清新な背景、凝ったストーリーにあり、ほかに比べ一日の長がある。毎晩の大切りは、往々にして『新茶花』、『双鴛鴦』、『奇俠閣』といった劇で、その所要時間は常に二、三時間の長きにわたる。（これらの前に上演される）旧劇などは邪魔なできものに等しく、（本命の劇まで）しばし時間を遮るものと見なされるに過ぎない。ゆえに、ここで芝居を聴いて（看て）いる者は、みな良家の深窓の令嬢や新劇に魅せられている一般の人々である。

――玄郎「各舞台之聴戯観」（『申報』一九一三年六月一三日）

この文章における「新劇」のカテゴライズは幾分曖昧にならざるを得ないが、冒頭では京劇における新作劇を、末尾ではおそらく文明戯を指していると考える。ここで興味深いのは、女性の観客について触れられている点であろう。二〇世紀に入りあらゆる分野に女性が進出した事実はいちいち取り上げるまでもない。伝統劇に関しては、上演側に単性で構成された劇団から男女共演へと変遷した事実が認められるが、受容側については、たとえば民国期の劇評家がほぼ全員男性であるなど女性の存在感は薄い。しかしこの記事を読む限り、相応の階層に属する女性が「新劇」を支える層の一部を構成していたようである。加えて、伝統演目に対する興味は薄いが、「新劇」であれば観るという層も形成されていたことがうかがえる。こうした従来の京劇愛好者とは層の異なる観客は、明らかに新劇の備えていた「喜びと怒り」、「諧謔と風刺」、「清新な背景」、「凝ったストーリー」を目当てに劇場へ足を運んでいたはずであり、いうなればこの新劇ブームが、京劇を観る層を拡大したと見ることができよう。

(二)　連台本戯の隆盛

さて、清末以降、民国に入ってからの京劇新作劇は、多くが複数の日にちにまたがって上演される、いわゆる「連台本戯」のスタイルをとった。連台本戯は北方でも行われたが、上海ほど盛んではなかったこともあり、現在でも民国期の上海京劇を象徴するものと見なされている。この上演形式の先行例として、祭祀芸能における目連戯や、清朝宮廷における『三国演義』連続上演などが挙げられるが、純粋に商業的なものに限定した場合、やはり上海を嚆矢とすべきであろう。当時の娯楽における伝統劇の位置づけに鑑みると、連台本戯は今日のテレビドラマに近いが、毎日話が進むのではなく[18]、次の回までに一つの物語が繰り返し上演されるという点が大きく異なる。一本、すなわち一話当たりの上演期間は一日から数週間と幅があり、その本数も二、三本から数十本とさまざまである[19]。題材は、神話、外

連台本戯布景の一例（演目不詳）

国小説の翻案、時事問題とあらゆる分野にまたがる。辛亥革命前後には前出の馮子和主演『血涙碑』のように実際の事件に基づいた作品が歓迎されたが、南曲作品のような大団円ではなく、主人公が紆余曲折の果てに悲劇的最期を迎えるものも多かった。他方、史書や章回小説などを下敷きにした作品も多く上演されたが、こうした素材にはもとより複雑なストーリー、多彩な登場人物が備わっているのに加え、後から戦闘シーンなど観客の目を引く立ち回り場面の設定が可能であった。加えてオリジナルの基本的人物とストーリーさえ押さえておけば、人気次第では枝葉の話を膨らませて際限なく続け、逆であれば適当に話を打ち切って早く終わらせることもできた。

さらに連台本戯の場合、複数年にまたがり上演されるケースが見られたが、これは一話ごとに観客を飽きさせないため、いわゆる「機関布景」（からくりと背景、セット）の大規模化、高度化が進められたことと密接に関係している。前述のように、視覚に訴える舞台作りは上海京劇に早くから見られ、一九二〇年代に連台本戯が最盛期に入ると、次のような様相を呈するようになった。

第二本『漢光武』全体の作りは、『包公出世』（『狸猫換太子』[20]）、『梁武帝』、『七擒孟獲』、『帰元鏡』、および頭本『漢光武』といった劇に較べて凝っているが、思うに新しい背景が多いからであろう。硬片（板などに彩色して立体的に組みあげたもの）を用いた特製の風景、劇中で用いる魔術やからくりは、先に挙げた作品に較べると約三倍にも増えている。劇中の背景には電光を使うもの、実物を模したもの、不思議な変化をするものありで、加えて風、雲、雷、雨が舞台上にはっきりと見えるなど、一つ一つの場面がリアルで、まことに容易ならざるものである。ここで背景についてそれぞれ述べてみる。（一）闇夜に雲が流れる。劉秀が逃亡する際、二度にわたって神の烏が導くが、おぼろ月の光の中、雲をうがって飛び、舞台上の月を籠めた白雲が風に乗って飛びゆくさまは、まるで本物のようである。（二）山谷に星を採る。天空には星がいっぱいに満ちており、紫微星が高く輝いている。またたく間に厳子陵が空を横切って（星を）摘み取るが、全く跡や綻びが見られない。（三）北風に雪が舞う。この場面は雪景で、杜賢の裏の花園として設定されている。空中には雪が乱れ飛び、木立は見渡す限り真っ白で、白銀の装飾も玉のような建物も、布や板に書いた絵画で補足され、とりわけ真に迫っている。（四）山林の火事。この幕の最後は大火災のシーンだが、まさに劇全体の結晶ともいえるものである。舞台上には樹木、山石が配置され山や谷もある。蘇献が放火すると、草や木の一つ一つが烈火の中メラメラと燃えあがる。最後にひと声爆発音が響くと、舞台中に火花が飛び散り、観る者を驚かせると同時にその目を楽しませてくれる。

――思潮「紀二本『漢光武』」（『申報』一九二四年六月一九日）

以上は「布景」に関する描写だが、この記事の続きには劉秀が追っ手から逃亡する場面における「機関」についても詳細に紹介されている。具体的には、人の入った箱が一瞬にして空になる「換空箱」、同じく一瞬で中の人間が消えたりあらわれたりする「奇怪轎」、火に包まれたはずの人間が離れた木の洞からあらわれる「火遁樹」など、マジックを舞台に応用したと思しき仕掛けが多い。なお記事の末尾には、この劇が豊富な場面ゆえに七時間もかけて演じられることが述べられており、それだけでもこんにちの常識からはかけ離れた上演形態だといわざるを得ない。各場面の仕掛けも一般的な演出の度を明らかに超えたものだといえる。

また、次に挙げる周信芳主演『封神榜』のような神話劇は、空想世界を描くという点でストーリーや人物設定の自由度がかなり高く、いわば連台本戯の本領を最もよく発揮しうる素材であった。

天蟾舞台はもとより新作劇の創作上演を得意とすることでその名が知られている。麒麟童、劉漢臣、小楊月楼、王芸芳などが参加して、文武の役柄はみな揃った。目下、脚本家とセットの専門家をまた招聘して、唯一無二の神怪劇『封神榜』の上演準備をしており、巨万の金銭をはたいて新しい衣装や道具を購入し、特製の機関布景は、きらびやかで、不思議で、変幻自在である。たとえば、色とりどりに輝く宮殿。八、九尺もの身長の巨人（方弼と方相は本当の人間が扮する）。洪鈞老祖が霊宮に至って説法を行うと、あっという間に宮殿が大海に変じ、上部ではひょうたんの口から青煙が立ち上り、煙の中に神仙が数十人立っている。老君が乗る青牛と、元始天尊の乗っている馬は、いずれも口から蓮の花を吐き、花の上にはたくさんの人物が立っている。首を斬った申公豹がもとの姿にもどる。摘星楼で琵琶の精を火あぶりにすると、明らかに一人の美女であったものが、突然琵琶に変わってしまう。五龍橋で姜子牙が水に飛び込む、龍に乗って天に昇るなど、不可思議きわまりない変化はお手の物だといえる。配役は麒麟童の姜子牙、小楊月楼のニセ妲己（狐の精）、劉漢臣の蘇護、王芸芳の妲巳、高百歳の宋異人、劉奎官の申公豹、潘雪艶の女媧、琴秋芳の宋奎郎、董志揚の商紂と、いずれも当代最高の人選である。まことに破天荒ですばらしい神怪劇である。

――劉豁公「天蟾舞台『封神榜』之特色」（『申報』一九二八年八月三〇日）

先の『善游闘牛宮』や『漢光武』に関する記事と同系統の文章だが、この『封神榜』の記事からは、この手の演出がもはや物語の本筋から乖離し、さらには劇を構成する一要素としての性質をも超えていることが見てとれよう。たとえば、「妖狐がその場で三体の骸骨に化け、また三人の美女に変化する」場面のみ切り取ってみると、マジックショーや雑技と何ら変わりはない。一部の観客の目に、こうした演出がふんだんに盛り込まれた連台本戯は、すでに演劇の域を離れたものとして映ったことだろう。

『封神榜』第三本の一場面

加えて、奇抜な演出のみに観客が目を奪われるということは、俳優個人の「芸」が劣っていても、舞台そのものは成立するという事態をもたらしかねない。実際には連台本戯においても老生、青衣（旦の中で青年から中年の落ちついた女性に扮する役柄）、花臉（浄の別名。気性のはげしい男性に扮する）など、歌唱重視の役柄による長段の唱があり、特に歌唱については、連台本戯の一部が『戯考』に収録されるなど[21]、決して軽視されたわけではない。この記事で名の挙がっている俳優は、周信芳をはじめ当時の上海京劇界では高い評価を得ていた人物であり、それぞれの演技的見せ場も当然準備されていたはずである[22]。むしろ、連台本戯『封神榜』の成功は、俳優の技芸がこれら過剰な演出にも堪えうる水準にあり、加えて「機関布景」による見せ場と俳優自身の演技上の見せ場とが、舞台で効果的に配置された結果もたらされたところにあるといえよう。観客のニーズにあわせて視覚的な効果を重視し、可能な限り近代的技術を舞台に持ち込んだ連台本戯は、繰り返すが、海派京劇の代名詞ともいうべき上演形式である。そして演出と俳優の力量とが拮抗した『封神榜』のような作品は、いわば新たな劇種として成立しうる可能性を上海京劇にもたらしたともいえる。

四　出版メディアと劇評

(一) 出版メディアと周信芳、海派京劇

ひき続き『封神榜』について述べていく。この劇の頭本（第一回）初演時（一九二八年九月一五日）、『申報』では見開き二頁の全面を用いた大々的な広告が打たれた。当時、新聞の舞台広告における写真掲載はさほど多くなかったが、『封神榜』では主演、準主演の扮装写真のみならず、劇中の一場面とおぼしき写真も一緒に掲載された。このように上演の一端を写真で呈示し、観客の期待感を募らせる手法は現在ごく一般的なものだが、それまでが文字による煽り文句やせいぜいイラスト表現にとどまっていたことに鑑みると、視覚に訴える効果は格段に強くなった。他方、これまで引用してきた新聞記事のうち、劇中の見どころについて詳細に言及した文章は、視覚に対し直接のインパクトこそ与えないものの、やはり読み手の好奇心をかき立てる効果はあった。しかも比較的近接した時間で繰り返し記事が掲載された場合、その効果はより強かったのではないだろうか。以下、本書で各々論じていくが、新聞や雑誌といった近代的出版メディアとのタイアップが、観客の獲得という点で上海京劇に大きな影響を与えたことは相違ない。

ちなみに「天蟾舞台『封神榜』之特色」の書き手劉豁公（生没年不詳）は、『戯劇月刊』（一九二八年七月～一九三一年一一月）の主編を務めた人物である。『戯劇月刊』には楽曲、脚本、劇評、伝記など中国演劇に関する記事が総合的に網羅されており、質・量ともに民国期上海で最も水準の高い演劇専門雑誌だといっても過言ではない。記事の主流を占めたのはやはり北京の動向に関するものだったが、孫玉声（一八六三―一九三六。筆名は海上漱石生）による「上海戯園変遷志」が連載されたり、時に連台本戯の台本が掲載されたりするなど、上海京劇に対しては比較的好意的であった。こうした編集方針に鑑みれば、劉豁公が『封神榜』を称賛する記事を書いたことにも何ら不思議な点はない。

ところで上海の京劇俳優たちは、新作劇や連台本戯ばかりを上演していたわけではない。周信芳を例にとると、王鴻寿から多くの徽戯系演目を学びつつ、京劇の老生戯として『清風亭』や『投軍別窰』など北方の俳優とも共通する演目を演じていた。声質に難があり、スタンダードな老生とはいえなかった周信芳は、しぐさや科白を重視する「做工老生」へとシフトし、あわせて嗄れた声を逆に個性として生かすことで俳優としての個性を磨いていった。その結果、北方の老生たちが譚鑫培の後継的地位を争う中、しぐさや表情、そして嗄れた声をも武器として独自の境地を拓いた周信芳の演技術は、その芸名をとって「麒派」と称される流派に昇華し、多くの追随者があらわれた[23]。

「歌唱」という老生で最も重要な演技要素を批判されながらも、観客には熱狂的に歓迎された周信芳という俳優のあり方は興味深い。まず、新作劇、連台本戯の制作、上演、および「做工」を重んじる伝統演目の積極的上演は、目新しさと視覚的快楽を重んじる上海の観衆の要求と巧みに合致している。一方で、一九二〇年代末に初めて登場した周信芳のレコード[24]もまた非常に歓迎され、同じく音声だけのメディアであるラジオ放送でもその歌唱が流された[25]。これは、周信芳の老生として型破りな個性が上海において好まれたことを示す反面、いかに視覚重視の流れが形成されたとはいえ、伝統劇の本質としての「歌唱」――音楽的要素が失われることは決してなかったことを物語っている。

周信芳を支持したのは、上海開港後に呉方言地域の周辺都市、あるいは遠隔地から集まってきた人々が多かったと思われる。冒頭で述べたように、そもそも上海とは伝統文化の蓄積がない都市であり、それゆえに演劇も伝統や規範に束縛されることもなく、洗練よりも改革が志向され、自由に展開していく余地があった。

典型的な海派俳優の一人として見なされていたこともあり、周信芳の評価が必ずしも芳しいといえないことはすでに述べた。以下、海派京劇や海派の俳優に対するまなざしの変遷を、さまざまな出版メディアに発表された劇評家（評劇家）の文章から読みとり、その具体的内容に踏み込んで論じることとしたい。

（二）海派京劇に対する評価

「京劇」という名が付いている以上、譚鑫培をはじめ、北京を中心に活躍した名優たちが築き上げた芸風や演技的規範にのっとるべきだと考える人々は一定数存在した。彼らは京劇の愛好者、もしくは演劇の（非アカデミックではあるものの）専門家を自任しており、すでに清末から「劇評」を世に問うてきた。劇評家と称された彼らによる演劇関連の文章は、雑誌や新聞紙上で「劇談」、「劇話」といった表題をもって掲載され、時には連載されることもあった。厳密な「批評」と見なすには分析内容が主観的に過ぎるもの、単なる感想文に堕しているものも多かったが、そうした中にもこんにち的な意味での批評性を備えた書き手を見出すことができる。(26)

その代表的人物として挙げられるのが、辛亥革命直後に北方から上海へ移住してきた馮叔鸞である。河北省出身で北京での観劇歴が豊富であるというふれこみの馮叔鸞は、その経験を踏まえて、上海の舞台に対し辛辣ながらも建設的な批評を行った。膨大な観劇体験に裏打ちされた馮叔鸞の文章は、先述の南北における「聴戯」と「看戯」との相違点をいち早く対称的にとらえて分析したり、それまでさほど顧みられなかった上演テキストの文学性、芸術性を論じたり、さらには自身を含めた劇評家たるものの心構えを説いたりと、言及対象も多岐にわたっている。またその文体も、旧派文人の定形句とは異なり、比較や具体例を多用した綿密な構成を持つ。他方、彼は『俳優雑誌』（一九一四）という文明戯を中心に取り扱った専門雑誌を編集するなど、新しい演劇のムーブメントにも造詣が深く、自身も上演活動に参画するなど演劇と積極的なかかわりを持った。当時はほかにも伝統劇と文明戯を同様に愛好し、それらの諸活動にかかわった文人がいたが、彼ほど多彩な文章を大量に残した人物はそうそう見あたらない。

以下に挙げるのは、馮叔鸞が自身の劇評を集め単行本として出版した『嘯虹軒劇談』（中華図書館、一九一四年）中の一文である。

芝居好きの目から上海の時勢を観察すると、たちまちある極めて喜ぶべきことに気付く。つまり、劇を「聴く」水準が、以前に比べると甚だしく進歩しているということである。かつて、上海人とは最も芝居を聴くのが下手な人々であった。ゆえに、上海で人気のある俳優は、ただ素人に重んじられさえすればそれでよかったのである。幾つかの事実によって証すると、たとえば小連生や趙如泉、七盞灯による余興の鬚生（老生）、李長勝が唱う黒頭[27]など、こんにちでは全員が（この地に）立脚点を見出せるわけではないが、当時は一世を風靡し、みなが褒め称えた。これは芝居を聴くのが下手であったことの証明である。その後、名優が続々と南下し、票房（アマチュア俳優のサークル）が相次いで成立し、演劇を探究する者が次第に増えたことで、芝居を聴く水準もそれにつれて高くなった。とはいえ、昨年はいまだ半可通の水準にあったが、それは何によって証明しうるか。まず、みなが楊四立を文武双全の人材と推したのが一つ目である。続いて、俞五をそしり、逆に李吉瑞に声援をおくる、これが二つ目である。小達子が依然として人気がある、これが三つ目である。王又宸が結局人を欺き得ている、これが四つ目である。これらは全て（上海の観客が）まだ半可通であることをあらわしている。今年に入るとそれも大いに進歩し、まぎれもなく一日千里をも行く勢いがある。芝居を聴く水準を北京、天津の二か所と比較すると、北京には劣るが天津には勝っている。なぜ分かるかというと、王又宸が上海の舞台に立脚点を見出せないこと、楊四立が去年のように名声を博することができないこと、李吉瑞もまた以前のような勢いがないことによる。ゆえに、こんにちの上海は、すでに以前の上海にあらずといえるのである。

――「上海聴戯者之程度進歩矣」

馮叔鸞の立場は明快で、観客の鑑賞態度やとらえ方が成熟しているのは京劇の本拠地である北京であり、遅れて京劇に接した上海の観客たちはその精髄を鑑賞するレベルまで到達していないと見ている。この文章では上海の観客たちが年々レベルアップしていると述べられているが、ここで馮叔鸞は「誰の芝居を観ているか」を評価基準とする。つまるところ、自身が高く評価している俳優が上海で受容されているかという点で判断するわけである（ここには馮叔鸞自身による、劇評家は観客の頂点たる見識を備えた人物でなければならないという自負心も見られる）。その際、レベルの高い舞台とは、北方の、かつ彼が認める名優によるものであり、上海を基盤に演じている多くの俳優に対する評価は、演技術が規定どおりではないなどの理由で相対的に低かった。前述のように、馮叔鸞は新劇、すなわち文明戯による、新しい演劇を生み出そうとするムーブメントに積極的にかかわっていたが、旧劇、つまり伝統劇に対しては、文字どおり「保守」的な視点を持っていたのである。

もっとも、上海を本拠地として活躍したとはいえ、馮叔鸞の評価が同時代の声を代表するものだったわけではない。馮叔鸞の劇評は、当時の上海演劇界の状況を記録し、一知識人のまなざしによって分析している点で大変重要な意味を持つが、一般観客の視点とは大きく異なる要素を持つこともまた否めない。そもそも辛亥革命直後のこの時期、新聞や雑誌に執筆可能な素養を持つのは相応の知識層に限られており、上海京劇の多種多様な試みや視覚を意識した演出に熱狂した一般観客の声は、いまだ文字化されるには至らなかった。上海京劇が歓迎された事実は、「観客が押し寄せた」「上演中に歓声があがった」といった新聞や雑誌の記述から読みとるほかない。

劇評界における上海京劇への批判的な見解は、時代が下っても残存する。特に一九一〇年代後半以降、北京の名優による客演と上海ローカルの俳優との二本立て興行が常態化し、両者の明確な差異が受容層に認識されるようになると、北京、上海のいずれかに与した発言をする評者が増えてきた。

> 海派などというものは、上海の役者が自ら風習の一つと見なしているもので陋習に過ぎない。たとえば汪（桂芬）派と譚（鑫培）派の芸術が同じではなく、それぞれが独自の到達点をもって流派の別を成すのとは異なっている。これを書画や篆刻に浙（浙江）派があること、崑劇、蘇灘（崑曲の影響を受けた歌唱のみの芸能）に甬（寧波）派があることに較べると、甚だかけ離れている。思うに、浙派、甬派には、正宗というべきものが（ほかに）あるとはいえ、結局そこにも優れた点がある。しかし、上海における京劇の海派とは、もっぱら装飾的な技術で技芸の不足を誤魔化そうとするものであり、とるべき点など一つもない異端に過ぎず、いうなれば道家の傍流に比すべきものである。（中略）海派で最も人に貢献したと見なしうるものに、丑（道化役）による蘇州語以上のものはない。古い規範によれば、脚本上の特徴によるもの、および他省の方言を用いねばならない場合を除き、一般の劇の筋においては、（丑は）みな北京音で話さねばならない。海派の丑には純粋の北京音を発音できない者が甚だ多く、新劇が盛んに行われた後、蘇灘の役者が舞台に登って小熱昏（呉方言を用いた民間説唱芸能）を唱っていることには疑いの余地がない。
>
> ――菊屏「海派之京劇」（『申報』一九二五年二月二八日）

この書き手のネガティブな発言は、上海の京劇など「規則」も守らず、芸術的でもなく、しょせん北方の亜流であるという当人の見解に基づいている。海派という語についても、絵画や崑曲など高尚な芸術における流派の区分とは異なり、単なる陋習をいいあらわした語に過ぎないといい切っている。京劇において海派という語が用いられたのは、管見の及ぶ限り一九一八年の『菊部叢刊』が最初だが、[28]一九二五年の時点ですでにネガティブなイメージが確立していたことがここから見てとれる。先の馮叔鸞の発言から一〇年、伝統演目の洗練を重んじ、新作を創作するにあたっても「規範的」である北京の京劇界と、視覚に訴えることを重んじるあまり基礎的な演技術をおろそかにしつつ、連台本戯のようなものを盛んに上演する上海京劇界との方向性の相違は、ますます明白に認識されるようになっていたのである。

なお、この文章で興味深いのは「丑が蘇州語を用いる」点への言及である。このほかにも役柄を問わず、上海の俳優に対する「科白に蘇州語（呉方言）を混ぜている」という批判を時折見かける。[29]中国文化圏において、伝統演劇のアイデンティティーは使用言語（方言）と楽曲にあり、これらはいずれも発祥地の地域文化の特徴を濃厚に反映している。しかしいうまでもなく、上海に最も多く住んでいたのは江蘇省や浙江省などの呉方言圏出身者である。京劇は本来、言語的に上海の方言圏とは相容れない芸能であるが、俳優が彼らのニーズに応えるべく、あえて「規範」に反して方言を採り入れたであろうことは想像に難くない。

こうした批判に真っ向から対峙し、上海京劇の風潮を肯定的にとらえる意見も当然あった。次に引用するのは、ほかならぬ舞台に立つ俳優自身――周信芳による文章である。当時、まだ文盲の俳優が大多数であった中、[30]若年時に基礎的教養を身に付ける機会のあった周信芳は、文章を通じ、実際に上海の舞台で演じる者としてのいい分を堂々と述べたのである。

ある者はいう。現在の上海で演じられているのは、全て驢馬だか馬だか分からないような新作劇ばかりで、まったくもって見られたものではない、しかもいくつかの伝統演目にも手を加えてしまっている、これはみな海派俳優の罪である、と。では、譚鑫培と北京の俳優たちは、規範を遵守し、もっぱら伝統演目を演じて、永遠に不変であるとでもいうのだろうか。いいだろう、伝統演目にはもとよりそれ自身の価値がある。しかし、新作劇とてみなが みな驢馬だか馬だか分からないようなものとは限るまい。海派の俳優はもっぱら新作劇を演じるというが、北京の俳優も伝統劇を演じてばかりではないだろう。北方で演じられる新作劇は、みな文人墨客の手になる脚本で、一字一字全てに来歴があるのだから、上海の新作劇などと一緒に論じるわけにはいかないとでも思っているのだろうか。まさか（上海には）良い芝居など一つもないとでもいうつもりだろうか。甚だしくは、一幕さえ人を感動させる見せ場などないとでもいうのだろうか。たった一言で葬り去ろうとするとは、どうにも不公平な気がしてならない。譚鑫培が規範を守り、もっぱら伝統演目のみを唱い、永遠に不変であるなどといいたいのなら、それは彼を見誤っている。

——士楚（周信芳の筆名）「談談学戯的初歩」（『梨園公報』一九二八年一一月）

この文章が掲載された『梨園公報』（三日刊、一九二八年九月～一九三一年一二月）は、上海の俳優ギルドである上海伶界聯合会の機関紙である。当時、すでに聯合会の重鎮となっていた周信芳は二三篇の文章をここに発表し[31]、言及対象も演技術、上海京劇、京劇改革、劇場問題など多岐にわたった。

ここで憤懣とともに述べられているように、劇評家による、上海の新作劇がいいかげんで、伝統演目の上演形式をも勝手に変えてしまっているという批判が一定の勢力を持っていたことは、先の菊屛「海派之京劇」からも容易に想像できる。周信芳はこのほかの文章でも、劇評家の北京を正統視する発言に対して反論を展開するが、その根拠となるのが、ここで述べられているように、彼らが規範視する譚鑫培のような名優も、結局のところ歌唱、表情、しぐさなど、演技における多方面の改革を経て自らのスタイルを確立したという事実である。(32) いい換えれば、「伝統」演劇とはいえ、変革を経ずして後代へ生き長らえていくことは不可能であり、歴史的変革の一環としての上海京劇の現状や個性を肯定しようということである。当時の北方では、譚鑫培の後継者と目された老生の余叔岩（一八九〇―一九四三）、馬連良（一九〇一―一九六六）、楊宝森（一九〇九―一九五八）、梅蘭芳ら四大名旦など、特に歌唱重視の役柄において、こんにち伝わる「流派」を打ち立てた俳優が輩出した。こうした流派の分立によって、伝統劇の演技的規範はより固定化されるが（これには周信芳自身も含まれる）、この傾向に周信芳は真っ向から反対した。

周信芳自身が連台本戯『封神榜』を代表とする、奇抜で娯楽性の高い舞台の創作によって観客の大歓迎を受けた事実は、中華人民共和国建国後に編まれた演劇史では重要視されなかった。しかし実際は、周信芳こそ「新戯」、「機関布景」といった上海京劇における時代ごとに生じたムーブメントのいずれにも参画した民国期上海京劇を代表する俳優であり、こと「視覚重視」を体現する存在だったのである。

おわりに――海派京劇の認知と都市における伝統文化のあり方

一九三〇年代も中盤になると、劇評家の中からも積極的に海派京劇を評価しようという動きが出てくる。この傾向は一九四〇年代に入るとより顕著になり、次のような文章が書かれるようになる。

南派（海派）の俳優は、当初、京劇を上演する劇場の経営者には好まれなかった。三年前（実際は一九三七～一九四〇年頃）、麒麟童が劇団を組織してカールトン劇場でよく演じていた頃、毎日かならず二場の重頭戯[33]を演じたが、チケット代は最高でも一元五角に至らず、まるで劉備が江陵に滞在し、宋の高宗が臨安に行幸した時のように、能力を隠し英気を養い、臥薪嘗胆を期しているかのようであった。林樹森は共舞台で演じていた。蓋叫天は家で鍛錬していた。高百歳は師匠（周信芳）のお付きとして『四郎探母』の「坐宮」で楊延輝を演じたり、『董小宛』で順治帝を演じたりしていた。陳鶴峰はあたかも光武帝が南陽へ奔ったように、定まった地盤がなかった。時に程硯秋、馬連良、譚富英、奚嘯伯など北方の俳優が猖獗を極め、「棉花旦[34]」の呉素秋、童芷苓などとともに馬を奔らせ戈を振るい、黄金、更新の各京劇上演劇場で分かれて陣取って、威風をほしいままにしていた。チケット代は、四、五元から一〇、二〇、三〇、四〇元と高騰したが、南派の俳優たちは横目で見るだけで、なすすべを知らなかった。しかし、黄浦江の河畔に大砲が響き渡り、汽船は沈められた。皇后、金城の二つの映画館が京劇上演の劇場に変わり、ここにおいて南派の俳優は初めて「二月二日に龍が頭を擡げる[35]」の勢いを得たのである。麒麟童、蓋叫天が相次いで黄金で起用され、林樹森、陳鶴峰は先後して金城を征服し、高百歳は蕭何の法規を曹参が受け継いだがごとく皇后に入り、話劇の要塞カールトン劇場を押さえた蓋叫天は、父子で飛揚する鷹のごとく勇ましい。今、聞くところでは麒麟童が吉日を選んで天蟾の壇に登り、天下都招討兵馬大元帥[36]を拝命し、チケット代は一〇〇元にまで高騰したという。まさに南派の俳優たちにとっての王となり覇を定め、万事思いのままとなる年が来たのである。（中略）麒麟童はまさに南国の王であり、南派の後輩の老生、武生たちは、みなが「麒麟童の導きに一致して従[37]」い、うやうやしく追随している。現在、麒麟童ブランドの盛行ぶりは、その信頼もますます篤く、ここにおいて麒派の唱や做に倣う者はおびただしい数となった。また北方の俳優はもとより海派を軽視してきたが、その古い観念を捨て、つとめて麒麟童の旗印のもとに帰順しようとしている〔今やすでに麒派花臉も登場したが、もとより北平の科班出身である〕。

――蘇少卿「論江南四傑」（『雑誌』一九四四年二月号）

ここからこの時期における上海京劇について、何点かの情報を読みとることができる。まず、上海京劇の俳優が地元各劇場の「頭牌」（トップ俳優）として、北方の俳優にも匹敵する立場を確立したということである。実際、北方の大物俳優が客演として招聘されると、広告で優先的に名前を挙げられるのは彼らであり、もともとその劇場に所属していた俳優は二番手以下に甘んじるのが一般的であった。それがここに至り、北方の俳優の看板に頼らず、地元の海派俳優を看板として高い入場料金を設定することさえも可能になったのである。また末尾の原注にある「麒派花臉」とは、長く北京で活躍した袁世海（一九一六―二〇〇二）のことであろう。袁世海自身、周信芳の公演があった時は在籍していた科班を抜け出して観に行き、その演技に大きな影響を受けたと後に述懐しているが(38)、海派京劇俳優に私淑していることを公表できる状況が、当時すでにでき上がっていたことがここからも見てとれる。

なお、この文章を著した蘇少卿（一八九〇―一九七二）は『申報』、『戯劇月刊』などに文章を寄稿した著名な劇評家であり、また自身も票友として舞台に立つほど京劇に造詣の深い人物であった。その劇評には音律や字句の発音について詳細に論じたものが多いが、周信芳については歌唱の欠点を時に指摘しつつ、総体的な演技術については「做工」を中心に、他の評者より高い評価を与えてきた。

さて、この文章は表現も大仰で、いかにも提灯記事的な内容であるが、この『雑誌』(39)という刊行物は総合文芸誌として娯楽性の強いものではなく、蘇少卿本人もまた本心からそのように考えて執筆したものと思われる。これは、一般観客を中心としていた海派京劇支持層が、もともと海派京劇に冷淡であった劇評家にまで広がったことを示しており、いわば専門家を自任する彼らでさえ海派京劇の勢いに屈服させられたということになろう。ここに海派京劇は、演技や演出上の規範に全く拘泥しないごく一般的な観客から、演劇の玄人を自負する劇評家まで[40]、各層まんべんなく受容されるに至ったのである。もちろんまだ否定的なとらえ方をする人々は残っていたが、もはやそうした声が大勢に影響を与えるようなことはなかった。

実際のところ、崑曲ほどではないにせよ、一九三〇年代に呉語圏の地方演劇として上海で発展した滬劇や越劇に較べれば、京劇はなお「高級な」劇種であった。それでも民国期を通じて大衆的支持を集めることができたのは、これまで述べてきたように、他劇種の長所を吸収する柔軟な姿勢と、徹底した娯楽指向の舞台作りによるものである。また、必ずしも好意的な意見ばかりが掲載されたわけではないが、舞台を作る側と受容する側の橋渡しとして、出版メディアの果たした役割は極めて大きい[41]。

以上、北京で原型が成立した京劇が、都市としての構造が全く異なる上海において、いかに地元に密着した形で発展していったか、具体的には上海という都市の持つ革新性とそこに集まった人間の志向が舞台上にいかに反映され、受容されたかをトレースしてきた。これは伝統芸能の近代都市におけるあり方を考える際、極めて興味深い例であり、同時に娯楽への嗜好がより多様化している現在において、衰退傾向にある伝統演劇がいかなる方法で生き延びていくべきかという問いに対する回答を、これらの事例から汲みとることもできるだろう。

【注】

（1）『菊部叢刊』（交通図書館、一九一八年）所収の姚民哀「南北梨園略史」による。

（2）最初に舞台広告が登場したのは一八七二年八月六日。当時は劇場名と演目のみで、俳優の名前は記載されなかった。

（3）上海においても、海上漱石生（孫玉声）「上海戯園変遷志（一）」（『戯劇月刊』第一巻第一期所収、一九二八年七月）の冒頭で、城内にあった上海最初の戯園では崑曲が演じられたが、その後開演した戯園はみな京劇を上演したと述べられている。実際は「京劇」の中に徽戯や梆子戯も混在していたと考えられる。

（4）于質彬『南北皮黄戯史述』（黄山書社、一九九四年）によると、「里下河徽班」と呼ばれる揚州のグループが上海京劇形成に最も関連が深い。

（5）漱石「海上百名伶伝――三麻子」（『梨園公報』一九二九年五月二六日）に「王鴻寿、行三、以面有微麻、其芸名故曰三麻子。出身徽班」とある。

（6）注（4）『南北皮黄戯史述』参照。

（7）さらに遅れて一八八三年四月一七日の『申報』の「梨園増設」には以下のような文章が見える。「本埠之栄貴茶園、刻已全班遷至蘇閶普安橋東、前開同楽園底子、於月之初八日開演。計通班脚色甚多、大都童稚、而声調技芸亦頗有可観。該班皆系晋産、規模極厳。諸伶尽唱梆子。呉人最喜新声、故連日座客極為閙云」。

（8）商羊は伝説上の鳥の名で、雨や洪水の前に脚を一本曲げて舞うとされる（『説苑』辨物、『論衡』変動）。

（9）二〇〇八年五月二三日に裴艶玲主演の『響九霄』が、河北省京劇院によって当該劇団の本拠地である石家荘で初演された。筆者は一一月一三日の上海公演を観たが、劇中劇として『闘牛宮』の一部が再現されていた。

（10）四大名旦は梅蘭芳、程硯秋（一九〇四―一九五八）、尚小雲（一九〇〇―一九七六）、荀慧生（一八九九―一九六八）を指す。さまざまなメディアにおける投票でこの四名が選ばれているが、一九二七年、北京の『順天時報』紙上における選出活動が最も有名である。

（11）一九一三年三月二八日上演。同年三月二〇日、国民党要人の宋教仁が暗殺された事件に基づくが、初演後すぐに禁演となった。

（12）義華「戯劇雑談」（『民権素』第四集、一九一五年一月一〇日）「聞笑儂近頗有志改良戯曲、以新戯類多写意。閲之令人生倦、擬加入唱詞、伝以旧日之場面、俾顧曲家耳目一新。所編劇本、悉以有裨於近時社会者為宗旨、而去其旧染、咸予維新」。

（13）後述するように、京劇の新作劇もまた同様に称され、区別が困難なケースもある。

(14) 実際はクライマックスシーンに京劇の歌唱が用いられたこともあった。

(15) 文明戯は中国における演劇史で「早期話劇」と位置付けられていて、本邦の話劇研究者もおおむねその見解を踏襲しているが、他方伝統劇研究者は文明戯のプロットや同時代の劇評に書かれた演技術に鑑みて、純粋な科白劇である話劇の祖型と見なす見解には異を唱えている。

(16) 玄郎「新新舞台演『宋教仁遇害』」(『申報』一九一三年三月三〇日)による。

(17) 本書第一部(下)第二章「馮子和と『血涙碑』」参照。

(18) 総本数があまり多くない場合は、いったん最後まで終了した後、一話ずつ短期間で再演するという上演形態も採られた。

(19) 一九三〇年代の『西遊記』のように、四〇本を超える作品もあった。

(20) 北宋の後宮における後継者争いを描く。猫(狸猫)を生んだとライバルに讒言され放逐された李妃、李妃の子で宦官や宮女の手で救われて宮廷に残った皇太子、事件の全てを解明する名判官包拯(包公)の運命を描く。

(21) 王大錯編『戯考』(中華図書館、一九一五〜一九二九年)には、『狸猫換太子』、『宏碧縁』などが収録されている。

(22) 豁然「二本『封神榜』的優点在那里」(『申報』一九二八年一二月一日)に各人の見せ場が記される。

(23) 周信芳の人気は相当なものだったようで、民国期から活躍している地方劇の俳優には、芸名に「麒」や「麟」の文字を入れたり、滬劇の邵濱孫(一九一九—二〇〇七)のように麒派の特徴を自身の歌唱に採り入れたりする俳優もいた。本書第一部(上)第四章「『麒派』と民国上海演劇文化」参照。

(24) 一九二九年に初めてのレコードとして、蓓開唱片公司から『投軍別窰』、『蕭何月下追韓信』などが発売された。

(25) 『申報』一九三五年四月一一日の「麒麟童先声奪人」には、外地公演から上海へ戻った周信芳が、近日中に中華電台というラジオ局で生放送をする予定であると書かれている。

(26) 民国期における劇評の発展については、本書第二部第一章「民国初期上海における伝統劇評」参照。

(27) 包拯に代表される、浄(花瞼)の中でも顔を黒く塗り歌唱を重視する役柄。

(28) 『菊部叢刊』「品菊余話」中、馮叔鸞「嘯虹軒劇話」、馮小隠「復剣渓釣者書」に各々一か所ずつ用いられている。それまでは「海上」、「滬上」という語が用いられた。

(29) 早くは、父の代から上海に定着した馮子和が、舞台上で故意に呉方言を用いていたことに対する批判的記事が残っている。また、寧波籍の周信芳に対しては、本人に現地居住経験が無いにもかかわらず、寧波音の影響が強いという批判があった。

(30) 俳優の文字教養について、上海伶界聯合会は、俳優の識字率向上をめざして榛苓小学を開設している。本書付論「檔案資料に見る榛苓小学の展開とその教育」参照。また、民国期の各種記事には、いずれも馮子和が上海の英語学校に通い、英語と西洋音楽を学んだと述べられている。

(31) 本書第一部(上)第一章「周信芳と『梨園公報』」参照。上記の章で詳述するが、『周信芳文集』(中国戯劇出版社、一九八二年)では『梨園公報』所収の文章を一八篇とするが、同じ筆名を用いた文章を追加すると全二三篇となる。

(32) 周信芳はほかにも一九一三年の譚鑫培との共演経験に基づいた「談譚劇」という文章を『梨園公報』に発表している。

(33) 唱、念、做、打の各演技術において高い水準を要求する演目。

(34) 『紡棉花』という劇を善く演じたことからこう称された。当時の女優が妖艶さを競った演目の一つで、三年間家を空けた夫と、綿花を紡ぎながら小唄を唱う妻とのやり取りを描く。荘子が妻を試した『大劈棺』とともに当時よく演じられた。

(35) 旧暦二月二日は「春龍節」ともいい、寒さがゆるむこの日に、龍が頭を擡げて雨を降らせるとされる。

(36) 架空の官職名。唐宋期には「天下兵馬大元帥」、および反逆者を討伐し降伏者を慰撫する「招討使」という官職がそれぞれ存在した。

(37) 原文「麒首是瞻」。「馬首是瞻」をもじったもの。

(38) 袁世海「我学麒派芸術的一些心得」(初出『戯劇報』一九六一年二三、二四期。『周信芳芸術評論集』所収、中国戯劇出版社、一九八二年)参照。

(39) 『雑誌』は一九三八年刊行、何度かの休刊を経て一九四二年八月に月刊誌としてリニューアルされた。該誌の一九四二年以降の編集方針、執筆者の多彩かつ複雑な背景、読者層などに関しては、濱田麻矢「雑誌『雑誌』をめぐって――「漢奸作家」と地下文芸工作員」のはざまで――」(平成一〇―一二年度科学研究費補助金　基盤研究(B)(2)研究成果報告書『中国における通俗文学の発展およびその影響』、二〇〇一年)に詳しい。

(40) 海派京劇に批判的だった劇評家として、『戯劇旬刊』、『十日戯劇』の主編として有名な張古愚の名が挙げられるが、彼もまた一九四〇年代に入ると海派京劇について肯定的な発言をするようになった。以上、本書第一部(上)第三章「周信芳と劇評家」参照。

(41) 実際の上演空間から離れた場で音声のみを楽しむ「レコード」「ラジオ」の存在も、近代における伝統演劇のあり方を考える上で検討すべき重要な課題である。

第一部（上）　京劇の変革と俳優——周信芳の演劇活動

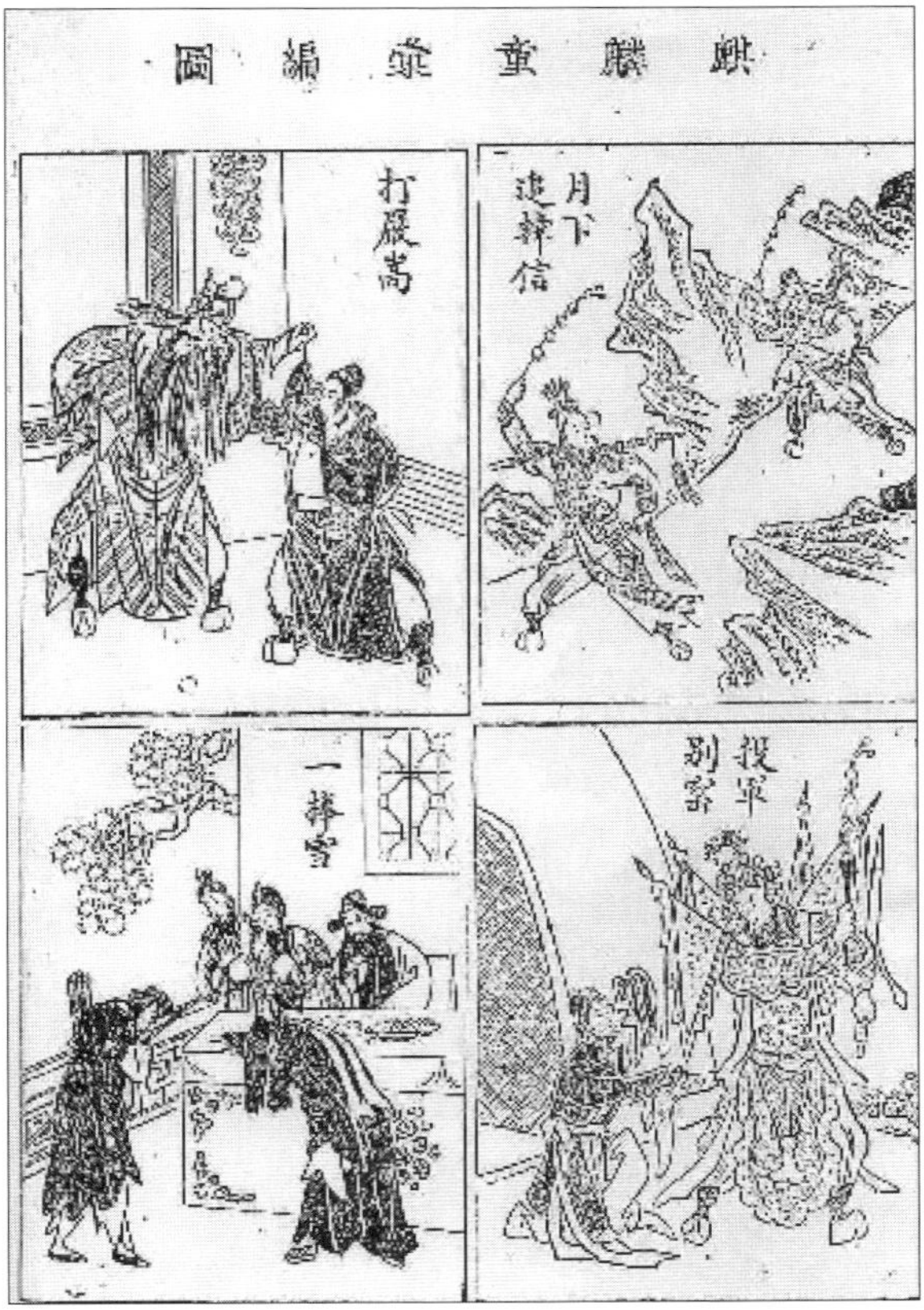

第一章　周信芳と『梨園公報』

はじめに

京劇における「京派」と「海派」の分化は、序論で述べたように、同治年間に京劇が上海にもたらされた当初より想定しうる事態であった。北京、上海それぞれの俳優の質や観客の好み、そして文化的背景の相違によって、各々異なる発展の道を歩んでいったのである。しかし、京劇が上海に根を下ろしてから時を経ても、京劇通を自任する人々の中には、伝統と格式を重んじる京派を正統視し、海派を二流の俳優が二流の観客に見せるものとして軽視する一群が存在した。

（上海の）観客は、皮黄劇（京劇）に対してもともと大した知識も持ち合わせていない上、外見にばかりとらわれてその神髄も分からず、洋風の仕掛けや魔術にばかり気をとられている。（中略）しかも上海人が北方音に慣れなくて劇を理解できないことに乗じ、一部のでたらめな役者が蘇白（蘇州語のセリフ）を混ぜたりして、上海での皮黄劇の規律はゆるむ一方だ。

——徐筱汀「京派新戯和海派新戯的分析」（『戯劇月刊』第一巻第三期、一九二八年）

掲載誌の『戯劇月刊』は、海派のお膝下の上海で発行された雑誌である。上海は雑誌や小型新聞（小報）の出版が盛んであり、民国期には戯曲専門誌も多く刊行されたが[1]、地元上海の京劇を大きく扱う文章は少なく、多くが梅蘭芳をはじめ、北方の名優の動向や演技、演目についての記事であった。いわば京劇の本拠地である北京に対する敬意や憧憬などの心情を差し引いても、おおよそ「専門家」たちの目は海派京劇に厳しかった。

このような環境下、光緒年間末期に初舞台を踏んでから文化大革命末期に病没するまで、生涯を通じて上海に活動基盤を置いた周信芳は、名実ともに海派京劇の代表者であった。

中華人民共和国建国後は京劇界のリーダー格として、梅蘭芳と並び絶対的な評価を得た周信芳だが、民国期には上海の俳優であるというだけで「邪教異端」扱いされる経験までした[2]。しかも、不幸にして変声後に「沙音」を帯び、声質に恵まれなかった周信芳は、譚鑫培以降、歌唱の優劣をもって評価の定まる京劇老生として、非常に不利な条件下にあった。事実、大衆的人気はあったものの、当初から劇評家らに注目され、手放しでの評価を受け続けたわけではなかった[3]。

しかし、一九二〇年代後半より、彼らの間でも、周信芳の舞台を積極的に評価しようという動きが徐々に見られるようになる。特に「新戯」、すなわち創作もののレベルについては、先に挙げた「京派新戯和海派新戯的分析」の後半部などでも、周信芳と、同じく上海の名旦の一人である王芸芳の作品について、京派の俳優より高い評価を与えている[4]。そして周信芳評価がおおむね好意的なものに変化するのは、一九二八年初演の連台本戯『封神榜』の上演以降のことであった。この劇の成功で周信芳は幅広い層の支持を獲得し、海派京劇の頂点としての地位を確立していく。

『封神榜』は上海市街の二馬路（現在の九江路）口の天蟾舞台（後に福州路に移転、現存）で上演された。これに遡る一九二五年、二年にわたる北方公演から戻った周信芳は、いったん古巣の丹桂第一台に所属、連台本戯『漢劉邦統一滅秦楚』、『天雨花』の制作および上演を行い、一九二七年に招聘されて天蟾に移っている。以後『華麗縁』、『六国拝相』、『龍鳳帕』などの連台本戯を上演しつつ、『打厳嵩』、『平貴別窰』、『清風亭』といった伝統演目、自身の手になる『蕭何月下追韓信』などの十八番に磨きをかけながら、『封神榜』の大成功を経て抗日期の愛国活動へと続いていく。また、同時期に田漢の南国社に参加、同社公演で欧陽予倩（一八八九—一九六二）の歌劇[5]『潘金蓮』に出演（武松に扮した）、話劇界との接触も注目に値する。

このように精力的な活動が行われた天蟾舞台期であるが、一九九〇年代までの周信芳研究ではまとまった形で言及されることは少なかった。連台本戯のテキストの多くが単独で出版される性質のものではないため、上演記録として参照しにくいこと、通俗的イメージのある連台本戯の上演活動が、現代中国における「革命的芸術家」周信芳像にそぐわないことなどがその理由であろう。しかし、近年は各種研究で、この時期を周信芳の舞台活動の転換期として注目する見解が見られるようになった。たとえば、沈鴻鑫『周信芳評伝』では、天蟾舞台期を周信芳にとっての新たな段階への飛躍、具体的には流派（麒派）形成期と見なし、一章を割いて分析しているが、その指標として「一連の特色ある上演演目の蓄積」、「鮮明な、かつ比較的安定した演技上の特徴の形成」、「明確な指導的思想の保持」、「演劇界での麒派学習者、社会における熱心なファンの出現」を挙げ、周信芳がそれまで先人や同時代人から吸収してきたさまざまな要素や舞台経験が実を結んだと述べている。[6]

本章でも同様に「転換期」としての認識を持ちつつ、天蟾舞台時代の周信芳を追っていく。先述のように、上演活動のみに的を絞って論じるのはいささか困難を伴うため、今回、周信芳が同時期に上海伶界聯合会機関紙『梨園公報』に発表した長短二三篇の文章に注目し、文字からうかがうことのできる当人の演劇観を中心に検討していくこととする。その際、より立体的な姿を浮かび上がらせるために、同時期の他資料に見られる周信芳評も適宜参考にしていく。

『梨園公報』

一　上海伶界聯合会、『梨園公報』と周信芳

『梨園公報』への寄稿は、周信芳にとって上海伶界聯合会での活動の一環であった。同会は、辛亥革命直後の一九一二年、潘月樵、夏月珊兄弟らが孫文に設立を申請、認可された京劇俳優の連合組織である。(7) このような俳優のギルド団体として、清代の北京では精忠廟が成立、以後民国期に至って正楽育化学会から北京梨園公益会へと引き継がれていったが、上海においてはこの上海伶界聯合会以前に例を見ない。代々上海京劇の名優を会長に戴き、冠婚葬祭の援助や、チャリティー公演の開催、外地から来た演劇人の接待、また同業者子弟のための小学校開設(8)など、幅広く活動していた。

周信芳が伶界聯合会の中軸となった頃は、すでに組織として軌道に乗り、諸般の事業や活動を活発に行っていたようだが、こんにち、同会についての総括的言及が比較的少ないため、周信芳自身の活動は当時の新聞や雑誌に掲載された記事から推測するしかない。それらの資料からは、天蟾舞台時期の周信芳が『梨園公報』発刊の発起人として積極的に会に参与[9]、以後、毎年同会で開催される役員選挙に高得票で当選し、一九二九年と一九三〇年には執行委員となり、劇務部長、交際部長などの役職に就いたことが分かっている[10]。当時まだ三〇歳代ながら、周信芳が上海演劇界でかなりの発言力を持つようになっていたことがうかがわれる。

さて、『梨園公報』は一九二八年九月に創刊され、一九三一年一二月に停刊、三日刊で一部四頁立て、全部で三九六期刊行された。主編は長期にわたって初代の孫玉声が務めたが、その後王雪塵、張超に引き継がれている。発刊の主旨として「一に芸術の研究、二に事実の宣伝、三に虚妄の矯正」[11]を掲げているが、ここから伶界聯合会が、該報に公的な団体の機関紙としての性質を強く打ち出そうとしていた（小報のゴシップ記事への対抗措置的意味を含め）ことがうかがえる。

主要な寄稿者として、主編の孫玉声をはじめ、周信芳、欧陽予倩、ほかに景孤血、月旦生といった上海の演劇関係者や文人の名が挙げられる。内容は伶界聯合会の活動報告のほか、演劇論、旅行記、回顧録、定番の「秘本」紹介や役者の銘々伝など、比較的バラエティーに富んでいる。劇種については京劇、崑劇のほか、当時上海に根を下ろしていた広東粤劇や、他の主要地方劇に関する記載が見られる。また話劇についても、周信芳が一九二七年頃より南国社との関係を深めていた事情もあって、『梨園公報』刊行初期には該社の動向が紹介されており、田漢自身による演劇改革論も掲載された[12]。当時上海に進出し始めていた越劇など江南各地の地方劇まではさすがに言及されておらず、上海演劇界の全ての層を網羅しているとはいい難いが、基本的に上海で活動する演劇人の手になる出版物のため、特に京劇に関しては現地事情を公平に反映したものといえる。

伶界聯合会内での大きな影響力を背景に、周信芳は『梨園公報』上で比較的自由な発言を行った。それまで上海の演劇界では、古くは南下してきた汪笑儂をはじめ、欧陽予倩、馮子和などの知識階層出身者、または若年から識字教育を受けた一部の俳優たちが健筆をふるってきた。しかし、ほとんどの伝統劇の俳優たちが文章を綴れない、甚だしくは文字さえ書けないという事実は、一九三〇年前後の『梨園公報』上でもしきりに俳優の識字運動が叫ばれていたことから分かるように、長く切実な問題であり続けた[13]。周信芳の家は代々の「梨園世家」ではなく、祖父の代までは読書人であったといわれるが[14]、彼自身は旧来の養成システムに組み込まれて世に出た俳優であり、文字を習得したのは後日のことであった。彼と似た背景を持つ同時代の俳優の中で、この時期文章をものした人物は少ない。また、京派偏重の風潮も、当時は幾分改善の兆しが見られたとはいえ、いまだ海派京劇を同じ線上で論じようというレベルまでには十分到達していない。そのような中で、海派陣営に属する俳優が自らのことばで、自身の演劇観や当時の演劇界の状況を綴った事例は稀有であり、また大変興味深い事実だといえよう。

二　『梨園公報』の文章に見る周信芳の演劇観

『梨園公報』上で周信芳の手になるものと確認できた文章は以下の二三篇である。（発表年代順、番号は筆者記。題名、署名、発表年月日の順に記載。）

一　談譚劇　（士楚　一九二八年九月五日～二三日、一〇月一一日～一一月五日）

二　対於『別窰』的一句　（士楚　一九二八年九月二六日）

三　南翔重遊記（士楚　一九二八年九月二九日～一〇月八日）
四　談談学戯的初歩（士楚　一九二八年一一月二六日～一二月二九日、一九二九年一月五日～一七日、二六日～二九日）
五　最難演之『雪擁藍関』（信芳　一九二九年一月二三日～二六日）
六　封神榜本事（鍾儀　一九二九年三月一七日～二六日）
七　烏渓鎮的「渭水河」（鍾儀　一九二九年三月二九日）
八　老頭児戯要絶戸了（士楚　一九二九年四月一七日、二三日～二六日）
九　吾惋惜姚俊卿之聡明（署名なし　一九二九年六月二日～五日）
一〇　最苦是中国伶人（信芳　一九二九年七月八日）
一一　王芸芳董家渡買房子（優旃　一九二九年七月一一日）
一二　王芸芳喫飯的新計画（優旃　一九二九年七月一七日）
一三　汪笑儂先生軼事（信芳　一九二九年七月二三日～二九日）
一四　汪笑儂之詩（信芳　一九二九年八月一四日）
一五　「『探母』新旧劇詞商権」之商権（優旃　一九二九年一二月一四日～二〇日）
一六　読徐則曾的『顧誤録』（愁伶　一九二九年一二月一七日～二三日）
一七　壱盞灯軼事（鍾儀　一九二九年一二月二三日～二六日）
一八　理想的劇場――戯徳（優旃　一九三〇年八月二日）
一九　理想的劇場――面部的方位（鍾儀　一九三〇年八月五日～八日）
二〇　理想的劇場――新腔和老調（軒轅生　一九三〇年八月一一日）

二一　張飛与魯粛（愁伶　一九三〇年八月五日～二六日）
二二　答黄漢声君（軒轅生　一九三〇年八月二九日）
二三　伶人亦有自由否（余哀　一九三〇年九月二三日）
＊『周信芳文集』（中国戯劇出版社、一九八二年）、四一〇頁「周信芳文章編篇目索引」参照。六、一一、一二、一八、一九は「索引」未収録だが、「索引」所収の文章と同じ署名のため、周信芳の文章と判断した。

内容は、自身より前の世代の俳優に言及したもの（一、四、一三、一四、一七）、特定の演目の内容、歌詞と科白、登場人物について言及したもの（二、五、六、七、八、一五、二一）、同時代の俳優や演劇界の現状について言及したもの（九、一〇、一八、一九、二〇、二二、二三）など多岐にわたっている。以下、主要な文章を中心に、分析を進めていきたい。

まず最も重要なのは、文字数も多く、全篇を通じて周信芳の演劇観が最も明確にあらわれている「談譚劇」（一）、「談談学戯的初歩」（四）の二篇である。もっとも、両者は連続した関係にあるわけではなく[15]、周信芳の個性がより強く出ているのは後者の方である。

この二篇が著された時点で、譚鑫培の死後一〇年が経過していたが、その影響力は全く衰えず、新聞雑誌に彼の名が登場しない日はなく、老生で彼を学ぶものは引きも切らないというありさまであった。劇場の広告にも「正宗譚派老生某某」という文字が絶えず、周信芳とほぼ同時期に活躍した余叔岩、馬連良、譚富英、楊宝森らの老生も、初めは誰がどのように「譚派の衣鉢」を継いでいるかという点に評価が集中したほどである。

前述のように、周信芳の声質では、老生として歌唱力を謳われた譚鑫培の模倣者となることはとうてい不可能であった。当然、得意とした演目も大幅に異なり、重複しているのは『清風亭』、『坐楼殺惜』など数えるほどしかない。では、ここであらためて譚鑫培を取り上げた周信芳の意図はどこにあったのか。

「談譚劇」は、周信芳が年少期の記憶に基づいて、譚の演技の特徴を演目ごとに詳細に述べたものである。たとえば、『失街亭』で諸葛亮が趙雲に戦功を賞する酒杯を授け、趙雲が馬謖のために申し開きをしようとする場面などは、譚の扮する諸葛亮の表情、目つき、笑い方、語調、間の取り方、そしてそういった演技の中の含意が、細かく描き出されている。以下、一部を引用する。

普通の演じ方はこうだ。趙雲が登場し、酒を受け取ると、退場口（左側）に向きを変えて中を見る。孔明が拱手し、趙雲も拱手し、そして退場となる。譚氏はどこが違うのかというと、それは、趙雲と孔明の科白がない場面の、心中伝えたく思っていることばや、喜怒哀楽の表情を、とても生き生きと演じていることである。まず趙雲が登場、「丞相」という。諸葛孔明は拱手するが、顔には怒りを含んだ、いわばうわべだけの作り笑いを浮かべている。そしてくるりと振り返って文堂が持って来た武功をねぎらう酒を受け取り、実に恭しく趙雲に授ける。趙雲は酒を受け取ると神を祭るしぐさをし、振り返って酒杯を上場門（右手）の文堂に渡し、孔明の幔幕に突進し、馬謖のために許しを請おうとする。孔明は両の腕で遮り、首を振って、再度わずかに苦し気に微笑み、拱手して、左手で招く。この意味するところは、孔明は趙雲が幔幕に入ってきて陳情しようと思っていることは分かっているが、応えなければ趙雲の面子がつぶれるし、応えれば死んだ劉備や他の諸将に申し訳が立たないので、話すことができなかったということだ。遮るしぐさは彼が幔幕に入るのを許さないこと、首を振ったのは陳情は不要であること、微笑んだのは自身が詫びる気持ちを、拱手は彼に休んでもらおうということ、そして手で招いたのは彼を急いで呼び戻そうとしていることをそれぞれあらわしている。趙雲は孔明に遮られ、入るのを許されないので、急に勇気も無くなり、がっかりした様子で、ゆっくりと退場門に向かうが、はっ、と気付く。孔明の意味するところは、自分に中に入るのを許さぬということではなく、幔幕の外で二言三言述べるくらいはかまわないということなのだ。そしてにわかに向きを変え、再度馬（謖）の命乞いをしようとする。孔明は趙雲が戻ってきたのを見るや、また両腕で遮り、厳しい表情のままでやや俯き、目も彼を見ようとはしない。趙雲は取り合ってもらえないのを見るや、自分が馬（謖）のために命乞いをするのなら、自身に備えが必要であることを知る。遮ったのは入るのを許されないこと、厳しい表情は口を開くことが難しいこと、俯き加減で見ようとしないのは、耐えられないということを意味している。また孔明を見ると、満面怒りに満ちていたため、あえてそれを冒して話すことができない。また幔幕の中を見て見ると、将兵が林のごとく並び、ますます陳情するような雰囲気ではなかったので、趙雲は希望が無くなったことをはっきり悟り、ため息をついて退場するほかなかった。（中略）趙雲が去った後、譚氏は全精神を集中し、たちまち表情を変え、目を見開いて左右を顧みて、にわかに「幔幕をあげよ」といい、左袖を払い（右は扇をもっている）、身を翻して首を振って下げる。そして腕を震わせ、足をよろめかせ、怒りを抑えられないといったさまで中へ入り、腰を下ろす。

劇評に濫用される文語の常套句がほとんど無く、非常に平明なことばで書かれているが、かえってそれが臨場感を醸し出している。しかしここで周信芳が評価しているのは、譚鑫培の演技における「型」の完成度ではなく、譚が一般的な「型」に安住せず、自身が扮する人物の劇中でのシチュエーションを十分考慮し、表現に工夫を重ねている点にある。一般的に、伝統劇において、諸葛亮なら諸葛亮の先人による人物造形を模倣し、洗練していくという演じ方があるが、周信芳はこれを否定し、まず演目の歴史的背景を把握し、登場人物の置かれた環境、心理状態に即して、一から人物を作り上げて演じるよう主張する。特に、読書家でもあった周信芳は「張飛与魯粛」(二一)という文章で、歴史物を演じる際は史書や先行する小説類を読み込んで、特定の演目における登場人物のイメージにとらわれないようにする必要があると述べている。[16]

また、周信芳は、譚鑫培が「他人が軽視するような場面であればあるほど、細心の注意を払って演じていた」ことを指摘しているが、これは譚が劇の高潮点のみ力を入れて演じればよしとしていたのではなく、劇全体に全力投球していたことを評価しての弁である。また、歌唱部分の高潮点を劇中の最重要部分とする従来の伝統劇のとらえ方に、一種の疑問を呈したものだともいえる。同時に、譚鑫培についての他の劇評や回顧録では、声質に始まり、果ては一字一句における微妙な音律上の工夫点まで必ず大きな分量を割いて言及される歌唱技術について、周信芳はあまり触れていない。その分、他人が印象論で済ませがちな科白、しぐさ、表情に関する記述が徹底している。周信芳の歌唱に対する考え方は後述するが、科白、しぐさに重きを置く「做工老生」としての自己認識から、歌唱以外の要素に言及を絞ったことがここから見てとれる。

続く「談談学戯之初歩」において、周信芳はあらためて京劇俳優として演技を学ぶ際のさまざまな問題点について、より深く幅広く言及している。まずは、演技の基礎的蓄積もなく、流行に便乗して安易に「譚派」の歌唱のみを模倣し、それをよしとする当時の風潮を半ば揶揄するような口調で非難する。

今の先生様たちには、利口も馬鹿もいるが、能力のある者はもとより少なくない。もっとも、「百代公司（レコード会社）卒業」というのがたくさんいるが。蓄音機から「うた」のいいところを何節か習って、目をつぶり、眉間に皺を寄せて、身体を揺すり、頭を振り、声を嗄れさせて得意げに、彼の「譚派の学徒」に教えてやるのだ。かわいそうな生徒たち！　教師のこんな表情や声、うたい方を全部習得すれば、「譚派正宗」と称していいわけだし、譚派を一生懸命学んだことになるのだから。

本来は、譚鑫培という俳優が簡単に模倣できるレベルではないことを警告する主旨の文章だが、一方で、単なる「完成品」として譚を模範視するのではなく、旧規にとらわれず情理にあわせて科白やしぐさを変えていった「改革者」としての側面こそ重視すべきで、かつそこに学ぶべきだという主張でもある。

京劇の各役柄における流派の別やその継承については、現在もさまざまな意見が存在するが、創始者をスタンダードとする考え方はやはり根強い。後世、譚派はそのまま模倣継承されるだけではなく、幾つかの新しい流派を生み出す基盤となったが、それは流派の創始者となった俳優たちが譚をコピーするのではなく、必要な部分を摂取し、自己の条件にあわせてアレンジした結果のことであった。また、譚鑫培自身の先人に対する態度も同様であった。こうした態度が京劇の硬直化を防いできたことを理解しない者が、当時はそれだけ多く、周信芳も苦々しい思いでこの現象を眺めていたのであろう。皮肉なことに、後に麒派が一世を風靡した際、愛好者たちが周信芳を真似てわざと声を嗄れさせたため、それを批判する声が挙がった。(17)また、建国後、周信芳のもとにわざわざ悪声の学生が選ばれ送り込まれてきたが、彼はこの件に対し非常に憤慨したという。(18)「悪声」がトレードマークのようにとらえられたことに対する不満もさることながら、長所短所をおしなべて流派の特徴とし、「死学」させる状況がいつまでも無くならないことに対する、周信芳の嘆きがここにもあらわれている。

一方で周信芳の弁は、譚鑫培という俳優個人を絶対視することと同じ文脈で、京派京劇のみに演劇としての価値を見出そうとする者たちへの批判へと及ぶ。本書序論(二五頁)で引用した、「現在の上海で演じられているのは、全て驢馬だか馬だか分からないような新作劇ばかりで、全くもって見られたものではない」という、海派京劇を軽視した意見に対し強い抵抗感を示した部分がそれである。

上海においては辛亥革命直後の一連の革命的演目をはじめ、現代物、そして連台本戯など、多くの新作が創作、上演されてきた。しかし前述のように、上海現地でさえ、それらの新作に対する積極的な評価はさほど多くなく、新聞や雑誌の多くが北方の俳優の公演についての記事で占められていた。また、北方の新作の例として、ブレーンたちによって綿密に練り上げられた梅蘭芳の『天女散花』、『黛玉葬花』などの古装劇が挙げられるが、上海のものとは対照的に、脚本における文辞の芸術性や完成度の高さが「専門家」たちに非常にもてはやされていた。

現実には、こうした「文人墨客」によって制作された劇本とは異なり、上海の「新戯」は劇本そのものの残存さえ不十分であり、仮に編劇者の名が伝わっていたとしても一部を除き多くは無名で、来歴不詳のまま題名と内容が人々に記憶されるのみであった。また、周信芳がそうであったように、俳優自身が単独または集団で劇本を執筆することもあった(19)。

しかし、劇の成功は、観客の評価に大きく頼る部分があり、劇本の文辞が美麗かつ高尚であり文学性が高ければ高いほど、かえって大衆層による受容と相容れなくなることは、崑劇の衰退の例を見ても明らかである。特に上海においては、大多数を占めるそのような観客の需要に対する配慮は避けて通れないことであった。いわゆる「悪性海派」と称された、エログロ趣味を強調する一連の劇のイメージが先行したこともあり、長らく海派京劇は軽視されてきたが、その列の一端に加わる周信芳がこういった紋切り型の扱いに不満だったのは至極当然のことである。加えて、周信芳の言に「低俗」な芝居をはっきり非難攻撃するものは見られない。「古い芝居でも新しい芝居でも、道理に合ってさえいれば良い芝居なのだ」といい切る周信芳は、内容云々よりも変革の持つエネルギーを重視し、新しい劇を世に問い続けた海派京劇の歩みを肯定したのである。

総括すれば、周信芳はこの二篇で、伝統劇の俳優として旧来のスタイルの墨守に価値を見出すことを否定し、完成度の高い演技術でも単なる模倣に終わっては意味が無く、それを踏み台にして自らのオリジナリティを打ち出してこそ真の発展に繋がると主張したのである。実際の譚鑫培は、決して天才などではなく、まさに周信芳が評したとおり、苦心して老生の演技に大小さまざまな改革を行い、洗練の度合いを高めた俳優であった。しかし、その苦心の歴史を忘れ、譚を単なる偶像に卑小化してしまうことが、すなわち劇種の硬直に繋がることを、京劇の斜陽期の入り口に立っていた周信芳は非常に危惧していたのである。京派京劇を「保守的」、自身が属する海派京劇を「改革的」と明確に割り切って述べる部分などは、幾分図式的に過ぎるきらいもあるが、「旧劇」、つまり伝統劇が後世に生き延びるためには、自分たちのスタンス、つまり時流に応じて柔軟に改革していくやり方に理があることを証明しようとしたのである。

このことは、改革派として南北に名高い汪笑儂に対しては、むしろ演目の回顧など比較的簡単な言及にとどまっていることからも見てとれる。結果的に、改革者としての評価が定着している汪を挙げて論じることよりも、保守的立場のシンボルともいえる譚鑫培を「旧規を破壊した〝罪人〟であり、改革の先駆者である」と断言し、あえて改革者として評価することで、伝統の墨守に価値を見出す人々に強い抗議の意をあらわしたのである。

以上見てきたように、「談譚劇」、「談談学戯的初歩」で周信芳は、歌唱を最重要視する京劇の老生でありながら、あえて科白、しぐさに重点を置いた譚鑫培論を展開した。それから二年後の「答黃漢声君」（二二）という一文には、より詳しく周信芳の演技論が展開されている。これは、先だって書かれた「理想的劇場――新腔与老調」（二〇）という文章中で、周が「歌唱は京劇においては付属品である」と述べたことへの反論文（黄漢声「読了新腔与老調以後」[20]）に対し、あらためて反論したものである。

周信芳は、「談談学戯的初歩」の中で、初学者が歌ではなく科白から学び始めることの必要性をはじめ、京劇における科白の重要性、難しさを説いているが、この「答黄漢声君」ではさらにそれが強調される。彼の考えによると、基本的に劇とはしぐさと科白のみで筋を説明できるため、歌唱はあくまで喜怒哀楽の補助的表現手段に過ぎず、ゆえに「従」の扱いとなる。また、「説白是工筆、唱是写意（科白は細密画法で、歌唱は写意画法）」という表現の中に、歌唱に比べれば、科白にはより緻密な技術が必要であるという周の考えが明快に打ち出されている。

確かに周信芳が強調するように、京劇界では「七分念白、三分唱」といういい方があり、科白の重要性は無視できない。しかし実際に、歌唱は京劇を京劇たらしめるための欠くべからざる要素である。たとえ歌唱力を長所として前面に打ち出せない個人的事情があったとはいえ、一般には歌劇として認識される中国伝統劇の俳優として、周信芳が「歌唱」をここまで冷遇するのはなぜだろうか。

この文章では、科白の重要性を説く際、「文明戯」、「愛美劇（「アマチュア」の音訳）」が「歌唱無しで成り立つ演劇」の例として挙げられている。後日、実際に話劇の舞台に立つ[21]こととなる周信芳であるが、この時点で考えられるのは、やはり田漢の南国社への参加とその影響である。

当時の周信芳には、たとえば田漢や欧陽予倩とは異なり、演劇理論に直接依拠した論は見られず、諸外国のさまざまな演劇論に直接触れ、影響を受けた痕跡は無い。しかし、周信芳が話劇人たちから間接的に諸理論の影響を受けたであろうことは想像に難くない。特に、さまざまな文章中で、劇の筋にふさわしい「自然な」科白、しぐさ、表情の必要性を繰り返し強調する部分に、リアリズムへの指向が感じられる。[22]確かに、歌唱はリアリズムとは相容れない要素である。同時に、本書でも後述するが、一九二七年一二月に欧陽予倩作『潘金蓮』に武松役で出演したことの影響も考慮すべきであろう。欧陽予倩とは何度か京劇の舞台をともにした周信芳だが、この劇は予倩が一九二八年一〇月、話劇の脚本として『新月』第一巻第四期に発表したものが基礎となっており、「歌劇」と銘打ちながら実際は京劇の歌唱が用いられたものである。(23) 潘金蓮を従来の悪女ではなく、理不尽な環境に抑圧されつつも、自分の感情に正直に生きようとした女性として描いたこの劇は、従来の『金瓶梅』劇の人物解釈とは異なっており、単純な善悪の枠にはおさまらない「ゆれ」を持った人物描写にも、伝統劇の枠を越えたものがある。ことば一つ取ってみても、たとえば最も有名なラストシーンの「私のこの白い胸の中には、一粒の赤くて熱くて純粋な心が隠されているのよ」をはじめ、ここから武松に刺し殺されるまでの潘金蓮の科白は、典故や比喩を多用する伝統劇のことばとは異なり、ずっと簡明直截なものである。いうまでもなく、相手役の武松に扮した周信芳も従来とは異なるパターンの演じ方をしなければならなかった。この劇でのさまざまな経験は、やはり『梨園公報』の文章に反映されているのではないだろうか。

一方で周信芳には、皮黄戯のあり方について、以下のような言がある。

現在の皮黄戯は、まさに四面楚歌の時にある。道を切り開くには、全面的な計画に着手しなければならない。科白でストーリーを語り、しぐさで不足を補い、鑼鼓の音で劇の緩急をつけ、観客の精神を奮い立たせ、舞台の上で起こっているのが事実なのか芝居なのかと迷わせ、喜怒哀楽の情の全てを共有させる、これこそが演劇なのだ！

――「理想之劇場――新腔与老調」

「新腔与老調」に読者からの反論が届いたことは前述したが、この一文ではもはや歌唱の存在が欠如している。周信芳が脳裏に描いていた理想の演劇がいかなるものなのか、これ以上細かく説明されていないため具体的な輪郭を摑むことができない。試みに「談譚劇」に前後して『梨園公報』に発表された田漢の「新国劇運動第一声」を見てみると、いったん伝統劇の諸要素を認めた上で、歌唱も含め、音楽や内容を全て高めていく旨の発言がなされており、周信芳がこの論を踏まえて歌唱を従としたわけではないようである。

それではなぜこのような文章が周信芳の手から生まれたのか。まず「談談学戯的初歩」と連動させて考えると、この文章は歌唱の巧拙のみが取り沙汰され、他の要素を顧みることがおろそかになればなるほど、演劇としての京劇は硬直して生命力を失い、衰退に加速がつくことに対しての苦言だと見なすことができる。これに加えて異なる体系の演劇に接した結果、歌唱以外の要素に京劇を再生させる鍵を見出したのであろう。

人民共和国建国以降、周信芳の麒派は、しぐさ、科白を重視するのはいうまでもなく、写実的な人物描写で独自の境地を拓いたと評された。主に歌唱法にアイデンティティーを見出す老生の他の流派に比してみると、非常に特異な存在である。かつ、『梨園公報』に発表された文章群を見れば、この時点で周信芳の心中では自身の演技に対する基本コンセプトがすでにでき上がっていたことが見てとれる。そこで語られる演劇論は、決して急激な変革を提示するものではない。しかし、旧規を墨守しようとするがゆえにもたらされる硬直化の否定、それを受けての上海京劇のダイナミックな変革に対する積極的な評価、そして一人の京劇俳優として、歌唱のみを重視せず、科白やしぐさといった他の要素を総合的に重視し従来の京劇の枠にとらわれない演技をすることへの主張など、各々の論が今後の京劇のあり方に対する当時の彼なりの回答であったといえる。

三　『封神榜』の成功に見る周信芳の到達点

『梨園公報』発行と平行して、周信芳は天蟾舞台で連台本戯『封神榜』を上演していた。前述のように連台本戯の性質上テキストの完全な保存は望めないが、当時非常に評判となったため多くの劇評が残され、そこから当時の様子をうかがうことができる。周信芳の演劇観が実際に舞台上に反映されていたのかどうか、簡単ではあるが見ておきたい。

一般に連台本戯は豪華でリアルな背景や精緻な仕掛けを売りにしていたが、実は周信芳がこうした要素を徹底して導入したのはおそらく『封神榜』が初めてであった(24)。当時の劇評や回顧録でまず目につくのも、そういった上海人好みの派手な演出に対するコメントである。

中には以下のような文章も見られた。

一部の骨董品のような「顧曲家」たちは、時代の潮流の趨勢というものが分かっておらず、ガチガチに凝り固まった顔を膨れあがらせ、(『封神榜』を)「魔術文明戯」の変形といわなければ京劇のきまりをぶち壊すものだといい張る。こんな論調にかかわり合う価値はない。なぜなら、全く変化しない旧式の京劇は、もはや時代の落伍者だからだ。もしある劇場がたくさんの契約金で、一〇何人かの北京の役者を呼んできても、いくらも儲かるかどうか分かったものではない。だが、北京の役者などいない多くの劇場が、ちょっと頭をひねって新しい芝居を編んで、元手を出し、仕掛けや背景を備えれば、センセーションを巻き起こすことができるのだ。天蟾舞台の『封神榜』のように、ストーリーが良くて役者も揃い、しかも精巧極まり無いセットにとびきり新しい色とりどりの衣装、特別にアレンジしたすばらしい歌舞があれば、どの場面でも人を佳境に引き込むこと間違いなしだ。その上で文章をもって宣伝を行えば、ただ一時の流行にとどまらず、全国あらゆるところを風靡することだってできる。「全く変化しない」旧式の京劇がどうしてかなうものか！

――伯温「由『封神榜』説到時下舞台的趨勢」（『申報』一九二八年一二月一日）

セットとからくりの効用を真正面から肯定する文章だが、「全く変化しない」旧劇――京派を指すと思われる――の体質やそれを持ち上げる人々を切って捨てる論調は、周信芳の「談談学戯之初歩」に通じる部分がある。もはやこうした意見を堂々と発表しても、非難より支持する声が多いほど、海派の典型とされた派手なスタイルが成熟していたと見なすこともできようし、逆にこうした言論が背景にあったからこそ、周信芳も思い切った演出をすることができたのだともいえる。

また、『封神榜』のストーリー自体は、いうまでもなく神仙や妖怪が中心となるいわゆる「神怪もの」であった。従来、このような芝居は「荒唐無稽」の一言で片づけられがちであったが、全くのオリジナルではなく、折子戯（歌舞伎の見取り上演に類する上演形式）として伝わってきた場面が存在し[25]、かつて北方で連台戯として上演されたことがあるなど[26]出自がはっきりしているということで、「専門家」も一目置かざるを得なかったようである。冒頭に挙げた『戯劇月刊』なども、どちらかといえば京派京劇に重きを置き、海派の動向を逐一紹介するような雑誌ではなかったが、主編の劉豁公による紹介文[27]や、部分的ではあるが脚本が掲載されるなど、『封神榜』に関しては一定のスペースが割かれた。こういった動きから、『封神榜』の勢いに「専門家」も向き合わざるを得ない状況が生み出され、やがてその影響力を認めてゆくさまが見てとれる。ただ、周信芳自身は初演に遅れること約半年、『梨園公報』上に「封神榜本事」（六）と題する文章を発表、神怪ものとはいえ、歴史上の事実に極力のっとった作劇を心がけた旨を述べている。「芝居とは全て人の世の意志の闘争を描いたものである」（「談談学戯的初歩」）とも述べた周信芳は、『封神榜』に「暴政への抵抗」というテーマを与え、単に娯楽に重点を置いた作品と見なされることを避けたのである。

ここで『戯劇月刊』に掲載された、『封神榜』頭本（第一回）の広告を見てみたい。

◎本劇の一〇大特色

①神怪ものの色彩が強い物語ですが、あちこちに勧善懲悪の要素を盛り込み、観る人に猛省を促します。

②この芝居では、セットの専門家がこしらえたさまざまなからくりや背景、新型の衣装がお楽しみ頂けます。全部で二万金以上するものです。

③紂王が即位する場面では、豪華絢爛な宮殿がしつらえてあり、荘厳で華やかな儀仗が並んでいます。専制時代の帝王が、いかに暴威をふるったかお分かりになるでしょう。

…（中略）…

⑩琵琶の精を焼き殺す場面は、とりわけ見ものです。ピチピチした絶世の美女が火にかけられるやいなや、一瞬にして

『封神榜』で梅伯に扮する周信芳

玉の琵琶になってしまいます。仕掛けは誰にも分かりません。

こういった広告はあくまで劇場側が用意した煽り文句であり、実際に舞台に立つ俳優がそこにどれほど関係しているかは想像の域を出ないが、冒頭に「勧善懲悪」を持ってきたあたりは、周信芳の意向がある程度反映されている可能性もある。ただし、省略した部分を含め、ほとんどは仕掛けの新奇さの紹介に費やされており、その点は従来の広告と変わらない。劇場と役者個人が契約を交わし、上演活動が行われてきた上海では、劇の内容も含め、俳優が劇場側の意向を全く無視することはできなかったのである。

一方、『封神榜』の広告の中には、俳優陣の顔ぶれの豪華さ、つまり演技水準の高さを喧伝するものがあった。序論の四（「出版メディアと劇評」）でも紹介したが、頭本上演時に『申報』に載せられた大広告（一九二八年九月一五日）では、主要な俳優が劇中の人物に扮した写真が掲載され、以後も各々の演技上の見所が折に触れて紹介された。また劉豁公も「天蟾舞台『封神榜』之特色」（『申報』同年八月三〇日）で周信芳、王芸芳、小楊月楼、劉漢臣、高百歳らの名を挙げ、「現在最高の顔ぶれ」と称賛している。当然、ほかよりも抜きん出ていたのは周信芳であり、全一六本のこの『封神榜』において、姜子牙、梅伯、比干など何人もの異なった登場人物を演じ分け、それぞれに高い評価が与えられた。たとえば、第三本で伯邑考に扮し、俯いて琴を弾き続けることで妲己の誘惑をやり過ごす場面では、表情を微妙に変化させるだけで心中を雄弁に表現した演技と、妲己に扮した小楊月楼の妖艶な演技とのバランスの絶妙さに高い評価が集まったという。

それでは周信芳にとって、『封神榜』という劇はいかなる意味合いを持つものだったのか。まず、周信芳の舞台歴を顧みると、冒頭で述べたように、この劇の成功は好意的な劇評が増えるきっかけとなり、彼に「上海京劇界の頂点」

という地位をもたらした。かつこれ以後、海派京劇の勢いを良きにつけ悪しきにつけ加速させることになった。一方、演技について、本章ではこれまで周信芳の伝統演目の演技については触れてこなかったが、ここで、周信芳が「一連の特色ある上演演目の蓄積」を成した時期は天蟾舞台時代であるという沈鴻鑫氏の言に立ち返って考えてみたい。『封神榜』のような連台本戯を上演している期間も、週末には必ず「日戯」と呼ばれる昼間の芝居があり、どの劇場でも主に伝統演目が上演されていた。『平貴別窰』、『清風亭』、『打厳嵩』などは、今日麒派の中心演目として重要視されるものであり、当時も盛んに上演されていたが、いずれも周信芳が長年にわたって磨き上げてきた演目である。これらの劇中で周信芳が扮する薛平貴、張元秀、鄒応龍といった人物は、いずれも非常に正義感が強いという点で共通性を持つが、同じく老生が扮するものではあっても、青年武将、市井の老人、官僚といった区別があり、各々の人物造形はおのずと異なってくるはずである。天蟾舞台期の周信芳は、一方で連台本戯を華々しく発表しつつ、もう一方でそれまで演じ続けてきた伝統演目の人物造形を熟成させ始めていたのである。劇評において代表作としていくつかの決まった演目名が挙がり、一方で彼のレコードや脚本集を好んで購入する層が出現したことからも、それはうかがい知れる。また両者は当然相互に無関係なわけではなく、伝統演目で多くの人物を演じ分ける技量が、『封神榜』で毎本異なった人物像を創造するにあたって力を発揮したことは十分考えうる。

周信芳は上海に長年身を置くことで、この地で芝居をヒットさせるための要素をよく押さえていたと考えられるが、最終的に『封神榜』に成功をもたらしたのは、派手で精巧な演出という全体的な事象と、京劇俳優として自己の演技を確立し熟成期に入った周信芳の表現力という個人的な力量との相乗効果によるものであったといえよう。

最後に、周信芳が天蟾舞台で活動していた時期をもう一度振り返ってみたい。この頃になると、演劇改革運動の大きなうねりもおさまり、伝統劇、話劇を問わず理論から実践を重視する時期に移行しつつあった。その中で、伝統劇の俳優であると同時に「上海」の俳優でもあった周信芳は、新旧双方の演劇界からの攻撃の矢面に立たされていた。

まず、周信芳自身も述べているように、当時京劇俳優が上海を地盤に上演活動を行うことは、語感の善し悪しを問わず「改革派」と位置付けられることに繋がっていた。しかも、内輪の『梨園公報』紙上でさえ、好んで周信芳を「改革派」と形容したほどであるから、彼の言動がほかからは際立っていたことがうかがえる。しかし文章を読む限りでは、過激、過剰というほどのことはなく、全ては京劇俳優としての実践を通じて紡ぎ出されてきたものであり、かえってこんにち的感覚からすれば、一個の俳優として至極当たり前のことをいっているように思われる。しかし、それが当たり前でないというとらえ方をする一群の人々、具体的にいえば京派の伝統的保守性に対してのみ価値を置く人々にとっては、周信芳の舞台など「邪教異端」以外の何物でもなかった。また、伝統劇を否定する立場からの「旧劇はいずれ破産する」という誹謗にも立ち向かっていかねばならなかった。

そういった中で、さまざまな文化が流入し、進取の気風に富む上海という土地に身を置き続けることが、旧来の規範に縛られることなく、自分なりのスタイルを形成するにあたって有利になることを、周信芳はよく知っていたのではないだろうか。特に、世間で「上海人看戯」と評されたように、上海には視覚重視の傾向があることはすでに序論で述べた。その傾向が極端に向かった結果、例のからくりや背景の精密化にたどり着いたわけであるが、それは梅蘭芳が『天女散花』などの劇で目指した視覚の美とは異なる、もっと具体的で分かりやすいものであった。そうした環境の中で、歌唱に頼れない自身の欠点を逆手にとった周信芳は、しぐさや表情を重視した「観る京劇」を強く打ち出し、視覚重視の上海の潮流を上手く利用することに成功したのである。付け加えていえば、代表演目として必ず挙げられる『徐策跑城』、『蕭何月下追韓信』などは、やはり做工戯の中でも特に視覚上の効果を狙ったものであった。

徐城北が「従梅蘭芳看周信芳(28)」という一文の中で、「梅蘭芳は強力な競合者を持たなかったが、周信芳は弱肉強食の地にみずから血路を切り拓いて進まねばならなかった」と述べているとおり、観客の好みに敏感でなければならない上海で根を張り続けるのは、困難極まることであった。いい換えれば、優れたエンターテイナーであり続けねばならなかったわけであるが、同上の文にもあるように、周信芳は観客に歓迎される劇を創作しつつも、心中どこかで「伝統演劇の俳優」としてのアイデンティティーを強く意識していたのではないだろうか。『梨園公報』の文章に見られる京派信奉者への強い反抗心は、伝統的な京劇俳優としての側面が認められないことへの不満のあらわれでもあったのだろう。

総括すれば、『封神榜』の成功は、流行を踏まえつつも単純な娯楽に終わらぬよう腐心した周信芳が、エンターテイナーかつ伝統的な京劇俳優としての自身のバランスをギリギリの地点でとり続けた結果もたらされたものである。この時期の周信芳は、舞台人生における幾つかのピークの一つに達したといえるが、以後、時代的な制約もあり、ここまで徹底して「海派」的要素を追求した劇を上演することはなかった。民国期上海京劇の大立者周信芳が、「上海らしさ」と「伝統」を巧みに調和させた劇を演じた最後の時期だったのである。

【注】

（1）劉華庭、江敦熙、陳中朝、陳偉『中国現代戯劇電影期刊目録（初稿）』（上海文芸出版社、一九六二年）に記載されている演劇専門誌（伝統劇、話劇とも。含む画報、総合雑誌）で上海発行のものは、二〇年代が一六種、三〇年代に入ると五七種にも及ぶ。

(2)「談譚劇」(『梨園公報』一九二八年九月～一一月)の中で、周信芳が北方公演の最中、出会った「譚派」を標榜する元俳優の、自身に対する態度についてこのように述べた。

(3) 早期の周信芳に関する劇評には、民国初期の『申報』にまとまった数量が掲載されているのが注目される。当時新新舞台に所属していた周信芳は、この頃から新戯、伝統演目双方に力を注いでおり、前者には健児「評新編之『要離断臂』」(一九一二年六月一九日)、玄郎「新新舞台演『宋教仁遇害』」(一九一三年三月二〇日)、後者には玄郎「評麒麟童之『殺惜』等」(一九一二年一〇月三〇日)、同「評劉禹臣、麒麟童之『浣花渓』」などの劇評が残っている。評価はまちまちだが、「做工純以細到勝人」(「評麒麟童之『殺惜』等」)などの語も見られる。また、本邦では早くも大正一四年(一九二五年)、波多野乾一『支那劇と其名優』一二五頁に、「做白を主とする老生として名がある」と紹介されている。以上は本書第二部で詳述する。

(4) 馬連良の「新戯」(演目不詳)、尚小雲の『摩登伽女』と、周信芳の『臨江驛』『蕭何月下追韓信』、王芸芳の『失足恨』を比較、後者の完成度と演技に軍配をあげている。

(5) 一九二七年一二月上海芸術大学で開催された「魚龍会」で初演。「歌劇」と称するが、話劇の分幕方式を用いた京劇で、周信芳のほか、作者の欧陽予倩(潘金蓮)、高百歳(西門慶)、唐槐秋らが参加した。詳細は本書第一部(下)第四章「欧陽予倩『潘金蓮』論」参照。

(6) 沈鴻鑫『周信芳評伝』(上海文芸出版社、一九九六年)参照。

(7) 伶界聯合会の成立と沿革については、「伶聯会小史」(『申報』一九三一年一月九日)、「伶界聯合会之由来」(『梨園公報』一九二八年一〇月二日、一一月二日)、また文革後では陶雄「上海伶界聯合会」(『戯曲研究』一八、文化芸術出版社、一九八六年)に詳しい。

(8) 榛苓小学といい、一九二〇年開校。上海の京劇関係者の子弟は無料で初等教育を受けることができた。後に貧困階層の子弟にも開放。初代校長は孫玉声。本書付論「檔案資料に見る榛苓小学の展開とその教育」参照。

(9) 庸伶「『梨園公報』出版感言」(『梨園公報』一九二八年九月五日)による。

(10)『梨園公報』停刊直前の投票で最高得票となり、辞退したものの会長職に就いたようである。

(11) 漱石生「発刊詞」(『梨園公報』一九二八年九月五日)。

(12) 田漢「新国劇運動第一声」(『梨園公報』一九二八年一一月八日～一一日)。

(13)「生行組着手進行」(『梨園公報』一九二九年四月一一日)には、周信芳が識字運動について演説したことが記されている。また、茫茫「怎様能使同志們識字」（同七月一四日）では、識字の必要性とその対策が述べられている。

(14) 父親の周慰堂はアマチュア俳優の票友から正式にプロの京劇俳優になった。

(15) 「談談学戯的初歩」は『周信芳文集』（中国戯劇出版社、一九八二年）に採録されるにあたって、「怎様理解和学習譚派」と改題されているが、「談譚劇」と異なり、文章の主旨は譚鑫培その人の演技を語ることには無い。

(16) 老超「周信芳研究詩書」（『梨園公報』一九三一年八月五日）には、周信芳が常に書籍を持ち歩いていることが紹介されているが、このように周信芳の書籍好きに関するエピソードは枚挙にいとまがない。余談となるが、伶界聯合会の図書室設置に際し、周信芳が積極的に活動していたことが『梨園公報』の記事にも見える。

(17) 王瀚泉「談談麒派」（『戯劇旬刊』第三一期、一九三六年一二月一〇日）など、三〇年代に入ると周信芳の弟子たちをはじめ、麒派の票友、あるいは一般の愛好者に対しても、このような批判が目立つようになる。

(18) 何慢「麒派芸術友人談」（『周信芳芸術評論集続編』中国戯劇出版社、一九九四年）参照。

(19) 『申報』の上演広告などには「周信芳作劇」と必ず書かれており、全て執筆したのではないとしても中心的役割を果たしていたことがうかがわれる。また、『戯劇月刊』に『封神榜』の脚本が掲載された際、誰が執筆を担当したかということが表記されていた。

(20) 『梨園公報』一九三〇年八月二六日、二九日掲載。歌唱が京劇の中心であることを、さまざまな例を挙げて反論している。

(21) 一九四〇年一月二三日、難民救済の義務戯として『雷雨』が上演された際、周樸園に扮した。

(22) 雪梨「梅蘭芳前日抵滬之盛況」（『梨園公報』一九三〇年七月二〇日）に、周信芳が洋行帰りの梅蘭芳をうらやましがり、自分も行きたがったというくだりがあり、もし実現したら周信芳は「写実派戯劇芸術博士」という肩書きをもらってくるだろうという一文で締めくくられている。この部分から、周囲の人々も周信芳の演技を「写実的」と認識していたことが分かる。

(23) 田漢「我們的自己批判」（『南国月刊』第二巻第一期、一九三〇年三月）によると、この劇は「本是話劇、但演時以比較有声色改成歌劇」とあり、オリジナルの話劇との内容の差異については記されていない。本書第一部(下)第四章「欧陽予倩『潘金蓮』論」参照。

(24) これに先立つ周信芳の連台本戯『龍鳳帕』、『華麗縁』についての劇評が『申報』（成言「天蟾最近之両新『龍鳳帕』『華麗縁』」一九二七年五月二五日）に載るが、仕掛けや背景については全く言及されていない。

(25) 『戯考』には「封神榜故事」として、『朝歌恨』、『渭水河』など五出が収録されている。また、漱石「排演『封神榜』全部之源流」（『梨園公報』一九二八年九月八日）には『反五関』、『炮烙柱』など六出が挙げられている。

(26)　注（25）「排演『封神榜』全部之源流」参照。『周信芳与麒派芸術』（華東師範大学出版社、一九九四年）所収。
(27)　『戯劇月刊』第一巻第九期、第一一期、第二巻第一期、第三期に掲載。
(28)　注（26）『周信芳与麒派芸術』所収。

第二章　周信芳評価の一側面――一九三〇年代の資料から

一　若年時の周信芳に対する評価

周信芳の中国京劇史における位置は興味深い。その理由は前章でも述べたが、やはり京劇の本拠地たる北京ではなく上海を生涯の活動拠点としたこと、そして歌唱技術が批評の主要対象となる老生として、あえてしぐさと科白を中心とした「做工老生」の道を選んだ――悪声のため選ばざるを得なかった――ことが挙げられる。こうした大きな負の要素、特に長らく酷評された声質の問題を抱えつつも、かの梅蘭芳と並び、中華人民共和国建国後の彼は京劇界二大巨頭の一人としての地位を確固たるものにした。突出した扱いを受けた原因には、早くから左翼系知識人と接触があった、演劇界における北京と上海とのバランスが考慮されたなど、いろいろな理由が考えられる。他方、大衆的な人気があり、京劇の改革者として注目を浴びてはいたものの、周信芳を京劇界全体の頂点と見なす共通認識が全国レベルで形成されていたとはいい難い。現にこんにちでも、北方で麒派が特に尊重されているとはとても思えない(1)。また同世代の老生全般を見渡しても、より安定した評価を受けていた人物はほかに何人か存在する。では、周信芳の演技水準が彼らより劣っていたのかというと、決してそうではない。むしろ、こうした背景を持ちながら最上級の扱いを受けることに異論が出ないほど、周信芳の舞台は幅広い層に受容され、支持されていたのである。同時にそれは、歌唱に優れてこそ京劇老生という従来からの根強いとらえ方に、ある時点で変化があらわれたということでもある。本章では、彼がそれだけの位置へ至るにふさわしい評価を得るようになった経緯を、中華民国期、特に一九三〇年代の新聞や雑誌記事を紹介しつつ、見ていくことにしたい。

周信芳が初舞台を踏んだのは、その芸名「麒麟童」が「七齢童」の誤記(呉方言では「lin/ling」の区別がない)から来ているとされている点からも分かるように、幼年期のことだと思われる。また、少年期に北京の喜連成(後の富連成)に身を置き、公演活動に参加したことも確かなようである。(2) その後、上海にて本格的な職業俳優としての道を歩み始めるが、その当時の劇評を一篇紹介してみたい。

……しぐさはしっかりしていて気風も人に勝るが、ただ白鬚生(白い鬚を付ける役柄)に扮したときは怒気が激し過ぎていただけない。喉が嗄れ、声もしわがれていて、潘月樵と同じ欠点がある。紗帽(官僚)に扮するのがいちばんしっくりしていて、『打厳嵩』の鄒応龍、『清官冊』の寇準、『群英会』の魯粛、『白門楼』の陳宮、『八大錘』の王佐、『御碑亭』の王有道、その人物を表現するのに情理を尽くすさまは、非常に的確なものである。

――玄郎「滬伶演最相宜之角色」(『申報』一九一二年一〇月二日)

このとき周信芳は二〇歳前だが、引用文に見られる演目は『打厳嵩』を除き純粋な做工戯ではない(いずれの演目も歌唱とともに科白またはしぐさを重視する)上、後日常演されるようになった演目ではないことから(『群英会』は時に演じた)(3)、まだ試行錯誤の段階であったことが分かる。同時期の『申報』には周信芳の演技に関する情報が比較的多く提供されており、ほかにも「一語一語が冷厳で深みがある」(健児「『収関勝』『悪虎村』『打厳嵩』」一九一二年九月六日)、「(黄天覇を阻止する場面で) 潑剌と飛びあがり、身のこなしも機敏。機を得て勢いを得るさまは、非常に引き締まっていた」(玄郎「麒麟童之『八蜡廟』及金秀山之『穆柯寨』」一九一二年一二月二三日)など、周信芳評価においてよく用いられる定番の評語とは異なった表現を見ることができる。もっとも、この時期の評語は『申報』に限らず、「神気勝人」、「入情入理」など常套句がまだまだ多用されており、演技の独自性にかかわるような詳細かつ具体的な表現をこれらから拾い出すことは難しい。とはいえ、早い時期から一定の肯定的評価を受けていたことは記憶しておきたい。

二　一九二〇年代から一九三〇年代へ――評価の転換

その後、一九二〇年代前半は長期の北方巡演活動を行うなどの影響で、地元上海で記事になることの少なかった周信芳だったが、後半になると次第に注目を浴びるようになる。とはいえ、この時点で新聞広告における連日の派手な宣伝文句などから推定される大衆的な人気に比して、劇評などにおける彼への言及頻度はいまだ高いとはいえない。たとえば、当時出版状況が充実し始めていた演劇専門誌において最も有力な『戯劇月刊』に限ってみても、周信芳個人に関する文章はほとんど目にすることができない(4)。時に取り上げられることがあっても、肯定的評価を与えているものは少ない。しかし、前章「周信芳と『梨園公報』」で論じたように、いわゆる「麒派」の確立期はこの一九二〇年代末から三〇年代初頭であると考えられる。この時期に周信芳が行った多彩な活動のうち、新歌劇(5)『潘金蓮』の上演(一九二七年)、上海伶界聯合会機関紙『梨園公報』への寄稿(一九二八~一九三一年)、連台本戯『封神榜』の商業的成功(一九二九~一九三一年)などは、いずれも彼の舞台生活における最大のメルクマールと目されるものだからである。特に注目すべきが『梨園公報』に掲載された二三篇の文章で、自身の芸に対する直接の言及こそ無いものの、上海京劇における名優や名劇の紹介など史料的なもの、海派京劇俳優としての京劇改革論、さらには演劇そのもののあり方への提言など内容的に多岐にわたり、伝統劇に対する当の俳優自身の考えを知るための貴重な資料となっているのは先章で詳述したとおりである。

さて、これに続く一九三〇年代以降が周信芳の円熟期・安定期であり、冒頭で述べた彼の位置付けに対するコンセンサスはこの時期に確立したと考えられる。観客に関しては、麒派の演技を愛好する層——「麒迷」の登場が挙げられるであろうし、新聞紙上での「伶界泰斗」（『申報』「麒麟童先声奪人」一九三五年四月一一日）、「伶界革命鉅子」（同、「麒麟童将演『王宝釧』」一九三五年七月一日）などといった冠称からも、彼の京劇界における位置がどれほどのものであったかが容易に見てとれる。また雑誌においても、『戯劇週報』（一九三六〜一九四〇年、王雪塵主編、上海戯劇週報社発行）では「麒麟童専号特輯」という名で周信芳の特集が組まれるなど、積極的な紹介、評価の文章が多数掲載されるようになる。

世人でいまだ麒の芸を理解していない者は、彼を何かと貶めるが、惜しむらくはみなもっともなようでそうではなかったり、理解に誤りがあったりするものなので、私はこれを糾さずにはおれない。麒麟童の唱は、しわがれ声であるがゆえに調子が外れることもあるが、響きは味わい深く、聴いて激賞しない者はない。『追韓信』、『跑城』などのレコードが一〇何万枚も売れているのがその確かな証拠である。（中略）そのしぐさは、深みがあり精緻で、この世に並ぶ者が無いといってもよい。優れた目つき、伴奏にぴったりと合った一挙手一投足、「圓場」（舞台上を円形を描きながら移動すること）の落ち着き、脚運びの重々しさ、鬚をととのえたり引っぱったりするさまの美しさ、

『戯劇週報』「麒麟童専号特輯」の目次

> 「搶背」、「吊毛」（ともに空中で回転する技）、「僵尸」（直立姿勢のままうしろに倒れる技）の確実さ、甲冑を着た役柄での武功の老練さ、「翻袖」（袖を翻す技）、「踢袍」（上衣前面を蹴り上げる技）のきっぱりした様子、これらいずれもが未到の境地に達しているのである。数年前の芝居は、まだオーバーアクションに流れがちであったが、昨年捲土重来の後は、もはや名人の域に達しているといっても良く、完全に荒さが抜けている。もし、彼は気負いすぎだなどという者がいれば、その人は最近の麒麟童の芝居を見ていないに違いないと断言できる。
>
> ——白雪「麒麟童芸術我観」（『戯劇週報』第一巻第六期　一九三六年一一月一四日）

欠点とされていた声質に対し、味わい深いものとして肯定的な評価を与えているなど、この文章は一見、単なるファンによる熱烈な賛美のような感があるが、書き手自身は京劇改革の第一人者としての周信芳を大まじめに論じているつもりなのである。ちなみにこの雑誌の執筆陣は、演目の来歴や舞台上の決まりごとに関する詳細な知識の保有を自負する、いわゆる伝統劇専門家とはやや異なる層で構成されているようである。(6) ゆえに演劇に関する知識水準にはばらつきがあり、全てを専門家の視点から論じたものとは見なしづらい。しかし、他メディアの論調もおおむね類似したものであり、こうした空気が伝統劇専門家らの発言に影響を与えた可能性もある。一例として、上海芸術研究所研究員の高義龍の弁によれば、[7]一九三〇年代に活躍した劇評家の張古愚（一九〇五―二〇〇八）は、当初京劇の伝統性を保存することを主張し、海派京劇全般に対して批判的であったが、やがて周信芳の芸の前に「屈服」したのだという。張に限らず、京劇の専門家や劇評家を自任する一群の人々は、一部を除きかなり早い時期から上海京劇全般に嫌悪感をあらわしていた。そして前述のように、老生俳優として型破りであった周信芳に対しては、手厳しい非難か、あるいは無視のいずれかの態度がとられていたが、高氏の言は彼らの態度の軟化、あるいは転向を裏付けるものであるといえよう。

ここで、張古愚の周信芳に対する評論二篇を実際に比較することで、評価の変遷を見ていくことにする。

最近、各地の平劇（京劇のこと。北京を「北平」と称した時期の名称）を愛護する方々から、本誌に「つとめて『三害』を除け」[8]とのお便りが届いている。三害とは、馬連良、麒麟童、程硯秋のことである。馬、麒、程をなぜ除かねばならないのか、当然相応の説明がなければならぬだろう。（中略）麒麟童のしぐさだが、『一捧雪』などにあっては、適切であるといえよう。『四進士』では、オーバーアクションに過ぎるように思う。宋士述（傑）は怒気の抜けきった憎たらしい訴訟代行人であり、切れ者で陰険なのはよろしいが、怒りがチラチラ見えるのはよくない。「害」は「做《しぐさ》」にあるのではなく、「唱《うた》」と「白《せりふ》」、つまりしわがれ声で、一語一語に力が入っていることにある。『別窰』は「非戦主義」の唯一の佳作で、若い夫婦が生き別れになろうとする嘆きの場面を描いたものである。平貴に扮する者は、低くおだやかな声で唱って悲惨なさまを表現するのがよいが、麒麟童は慷慨してそこからはみ出てしまっているため、辻褄があわなくなっている。また、幾つかの科白は、多くのところで平仄を取り間違えている。この際、怒気は小さなことだ。人はそれをもって「二易」とする。学び「易」いものは、歓迎を受けることもた「易」

い。ついには「蓮花落」[9]のように、長江流域で盛んに行われるようになるのである。内地で俳優を招聘するとき、看板役者は必ず麒派の芝居を唱えるものを選ぶし、甚だしい場合は滑稽劇団と契約するのもまた同じことである。

——「後台」（『戯劇旬刊』第一二期　一九三六年六月二日）

この文章では周信芳の演技について、基本的に否定的なトーンで語ることに終始しており、やはり歌唱に優れてこそ老生という観念が根強いことをうかがわせる。また注目すべきは、做工老生としてしぐさと並んで重要な科白に対して、「過剰である」として辛辣な批判がなされていることである（もっとも、これは周信芳批判では非常に多く見られる言辞である）。ちなみに『戯劇旬刊』（一九三五〜一九三七年、上海国劇保存社）の編集には、鄭過宜、張肖傖ら著名な劇評家が当たっているが、張古愚は創刊号から精力的に文章を発表しており、後にリニューアルされて『十日戯劇』（一九三七〜一九四一年、上海国劇保存社）と名前が変わった際には、編集の一端を担うまでになる。次に引用するのは、先の引用から三年後の同誌に掲載された文章である。

「面に芝居あり」。つまり眼に生気があれば、眼からエネルギーが放たれ、「面に芝居がある」ようになるのだ。両眼による表現が無ければ、決して面に芝居を観ることはできない。周信芳の目つきは大変優れている。彼を持ち上げるものはみな「背に芝居あり」というのが好きなようだが、私は「周信芳の眼は語ることができる」とのたとえには及ばないと思う。瑞徳宝によると、譚鑫培がもともと『烏龍院』を演じようとしなかったのは、自身の眼が小さすぎて眼力が足りないことを知っていたからだという。惜姣が「宋江よ、宋江、私はあんたみたいな間抜けを……」という科白をいうときの、（宋江の）こなしでの目つきは盧台子（勝奎）に及ばない。だから、盧台子が死んで何年も経ってから譚は初めてこの劇を演じたのだという。周信芳の眼は、喜怒哀楽のほかにも、驚き、おだやかさ、落ち着き、荒々しさ、全てを説明することができる。ただ惜しいことに、斜視が非常に多い。

――「談周信芳之好処（下）　六、眼神」（『十日戯劇』第二巻第一五期、一九三九年六月三〇日）

先の文章に較べると、題名からも見てとれるように、周信芳の演技を肯定的にとらえようとする姿勢があらわれている。張古愚による周信芳評価の転向がこの三年の間になされたのかどうかは、いまだ想像の域を出ない。ただ、少なくとも、京派のみを支持する「劇評家」らの文章に潜む「正宗」意識から解き放たれつつあることは見てとれる。彼のような伝統劇の素養を備えた人物による、長所短所を厳密に分析した文章は、熱狂的なファンや、逆に俳優個人に反感を持つ人物が書いたものとは異なり、冷静かつ的確である。ゆえに、周信芳の演技が当時どれほどの水準に達していたのか、我々に信頼に足る情報を提供してくれる資料と見なすことが可能である。余談ながら、この時期になると、まだ表現的にはいくぶん硬いが文章に白話が用いられ、決まり文句的なことばに頼った表現も、残滓は見られるもののかなり減少している。こうした文体の変化は、劇評から具体的な情報を読みとるために、いうまでもなく歓迎すべきことである。

三　「海派」の力

張古愚の二篇の文章から見出せるのは、周信芳が京劇専門家を自任する人々に迎合したのではなく、彼の演技スタイルそのものが彼らにも受容されるようになったという事実である。高義龍が述べた「屈服する」ということばは、それまで規格外のものとして否定的にとらえるしかなかった周信芳の演技術――しぐさ、表情、科白、歌唱、いずれも同時代の京劇界においては、確かに群を抜いて個性的なものである――をも評価しうる感覚を、評者が備えるに至ったことを示している。こうした現象がもたらされた背景に考えを巡らせると、以下のように概括することができよう。そもそも「伝統演劇」京劇に対する思い入れが北京ほど強烈ではない上海で、正統性や規範に縛られるのはごく一部の層だったはずである。圧倒的多数は新奇なもの、個性の強いものに注目し歓迎していたはずであり、事実、周信芳が専門誌において評価を得始めた時期に、河北の評劇や浙江の越劇など新興の地方劇が都市部観衆の支持を得て大発展を遂げている。このように大衆の持つ、地方劇の「分かりやすさ」を受容するような風潮は、視覚を通じた直接的な理解を身上とする海派京劇にも共通して見られるものであり、それらを支持する熱気が京劇の正統性、様式性に拘泥する層を突き動かすに至ったのであろう。

最後に、先の『戯劇週報』「麒麟童専号特輯」から次の文章を紹介したい。

我々の熱烈な「麒芸」へのこうした賛美が、「譚派を範とする」老先生方の反発を引き起こすことはよく分かっている。彼らは激しく拒絶し、「三生有幸」[10]を蛇蝎のように恐れる。しかし、これはどうしようもないことではないか。私は老譚（鑫培）を崇拝もせず、彼に感服もしない、というわけではない。だが、老譚がすばらしいといっても、彼はもうこの世にいないのだ。我々が必死に彼のあんなところやこんなところが良いといったところで、いったい何の意味があるというのか。私は老譚がどんなにすばらしかったかを述べるより、現在彼の後裔を名乗る一群の人々がなんの進歩もなく、演技は分かりにくく、ただ目を閉じて顔をしかめて舞台で唱うだけというありさまで、譚派の名誉を汚していることをはっきり訴えたい。芝居を語ることに、どうしてほかのこととの違いがあろうか。我々はなぜ、過去を捨て去らずに未来を捨て、そして現実をとらえようとしないのか。……

——梯公「麒専雑感」（『戯劇週報』第一巻第六期　一九三六年一一月一四日）

これはある意味、極端な物言いのように思われるが、「芸」を保守することが逆に京劇の生命力を損なってしまうという考えは、こと上海にあってはすでに広く受け入れられていた。実際は、伝統劇専門家が称賛した譚鑫培や梅蘭芳とて、そもそもは前時代の演技に大幅な改革を加えた部分も多く[11]、特に後者には登場当初に異端視する声も一部存在した。そうした声は、俳優の個性、演技の熟練、観衆の嗜好とがかみ合った時、その勢いに圧倒される。周信芳もまさにそのような時期を迎え、さまざまなレベルの受容者から安定した評価を得て、新中国の建国を迎えることになったのである。

以上、本章ではごく一部を紹介したに過ぎないが、周信芳に関する一九三〇から四〇年代にかけての資料は相当数残っている。こうした文字資料から各々の演目における演技内容の詳細を再構築すべく、以下の章でもさまざまな角度から周信芳に関する言説を分析していくことにする。

【注】

（1）伝承者が極めて少なく、注目度が低いという事情をまず考慮すべきだが、筆者の個人的経験として、周信芳ではなく他の北方老生を研究するよう、中国現地の京劇関係者に勧められた経験があることを紹介しておきたい。
（2）唐白弢『富連成三十年史』（白化文修訂、同心出版社、二〇〇〇年。原著は一九三三年出版）「搭班学芸之学生」。
（3）周信芳が『群英会』で演じた魯粛については、楊貌「麒派魯粛」（『周信芳芸術評論集』中国戯劇出版社、一九八二年、三一五～三一六頁、原載『新民晩報』一九六一年六月一三日）に紹介されている。
（4）『封神榜』に関しては、同誌第一巻第九期（一九二九年三月一〇日）に周信芳が伯邑に扮した際の演技に関する文章が掲載されている。
（5）『潘金蓮』の演劇としての形態については、本書第一部(下)第四章「欧陽予倩『潘金蓮』論」を参照。
（6）周信芳を「捧」、すなわちひいきにしていた人々がかかわったと考えられる。
（7）一九九七年八月同氏へのインタビューによる（所属は当時のもの）。
（8）原文は「除三害」、同名の演目にかけたもの。
（9）本来、曲芸の名称としての蓮花落が指す範囲は広いが、ここでは東北の蓮花落から発展し、上海でも人気を博した評劇を指すと思われる。
（10）周信芳の演目の中で最も人口に膾炙した『蕭何月下追韓信』で、最も有名な一節。劉邦のもとを逃げ出した韓信に追いついた蕭何が説得をする場面での唱い出しの一句で、「麒麟童の唱」の代名詞として良く用いられた。ここに来ると必ず劇場中の観客が合唱したという。
（11）第一部(上)第一章「周信芳と『梨園公報』」参照。周信芳は『梨園公報』創刊から「談譚劇」という文章を「士楚」名義で連載、譚鑫培の革新性を説き、その演技をなぞり死守することに終始する一群を厳しく非難した。

第三章　周信芳と劇評家

はじめに

周信芳の演劇活動は、民国期上海京劇の多彩な展開をそのままなぞっているといっても過言ではない。一九一〇年代は新作戯、一九二〇年代は連台本戯、そして一九三〇年代には抗戦演劇の、それぞれ創作と上演にかかわり、時にこれらの演劇ムーブメントの中心人物となった。

これまで本書では、第一部（上）第一章「周信芳と『梨園公報』」において、一九二八年九月初演の連台本戯『封神榜』が、進取の気風を尊ぶ「上海らしさ」と「伝統」を「巧みに調和させ」て制作された結果、商業的に成功するに至り、周信芳の上海伝統劇界における支持基盤が確立したと結論付けた。(1)その際、周信芳が『梨園公報』に執筆した京劇論、特に上海京劇について述べた部分を取り上げ、その舞台実践との相関性を分析した。

この時期に続く一九三〇年代の活動に関して、周信芳の評伝や演劇史などにおいては、抗戦運動や話劇、映画への参画が重視されることが多いが、(2)これらの活動は芸術的成就の方向性を大きく転換するものではないと考える。むしろ、民国期全体を通じてなされた伝統演目の着実な洗練が「麒派」の根幹を形作り、建国後の華々しい活躍の基礎となったといえる。また、そうした洗練の過程は、民国期に活躍した劇評家（評劇家）と称された演劇専門家による発言からもうかがい知ることができる。彼らの多くは旧派文人の出身であり、中華人民共和国建国後は劇壇から退場した者も多いが、その言を顧みずして周信芳の芸術的到達点の実像を知ることもまた困難である。こうした点に鑑み、同第二章「周信芳評価の一側面――一九三〇年代の資料から」において、伝統演目を中心とした周信芳の舞台活動とそれに対する評価の一端を論じた。(3) ここでは『封神榜』を支持した一般観衆に近い視線からの発言と、上記劇評家の発言とをともに取り上げた。結果、劇評家も周信芳に積極的評価を与え始めており、建国後の高評価に繋がる素地がこの時期には作られていたとの見解を示した。(4)

以上の基本スタンスにのっとり、あらためて一九三〇年から四〇年代前半の、劇評を含めた各種資料を分析してみると、周信芳と上海京劇に対する評価はより複雑な様相を呈していることが分かる。具体的に述べると、書き手によって評価に振幅があり、単純に「専門家のお墨付きをもらった」と判断できない要素も見受けられる。

特に周信芳クラスの俳優になると、媒体によってはネガティブな評価が意図的に排されることも多く見られる。しかし人民共和国建国後とは異なり、文芸政策に配慮する必要もなく、もっぱら自己の知識と関心に基づく発言だからこそ、俳優の演技術の長所短所、およびその変遷過程を公平に論じていると見ることもできよう。これを踏まえ、本章では大衆的視点に基づく肯定的な評価を再度検討した後、続いて建国前夜の一九四〇年代における劇評家の周信芳評について、書き手の京劇観を考慮し、より詳細な分析を加える。同時に劇評家と俳優との間の演劇に対する認識の差異を確認し、最終的には周信芳が各層から高い評価を得るに至った原因と、京劇の現状と将来に対する当時の認識をより明確にしようとするものである。

ほぼ同じ年齢の梅蘭芳とは異なり、周信芳の記事数は時期により多寡が見られる。一九一〇年代初頭には『申報』で数本の劇評が残されているものの、[5] 北方の俳優が続々と南下することで地元上海の舞台に対する注目度は相対的に低くなる。続く一九二〇年代は演劇専門雑誌の勃興期であり、[6] 一九二八年創刊の『戯劇月刊』のような内容の充実した専門誌も登場したが、該誌には『封神榜』の曲譜などが一部掲載されたものの、周信芳自身に関する記事は極めて少ないのはこれまで述べてきたとおりである。以後、一九三〇年代の『戯劇旬刊』（一九三五〜一九三七）とその後身『十日戯劇』（一九三七〜一九四一）に至り、ようやく周信芳に関するまとまった記事が掲載されるようになる。

他方、周信芳がかかわった上海伶界聯合会機関紙『梨園公報』では、上海京劇や周信芳への積極的な評価が目立ち、かつ周信芳本人もさまざまな筆名で寄稿している。[7] また一九三〇年代には周信芳が顧問となった『戯劇週報』（一九三六〜一九四〇）において、多くの称賛記事が書かれた。

一　「捧麒」する人々

前章「周信芳評価の一側面」で述べたように、この『戯劇週報』は「麒麟童専号特輯」と題した特集号を発行している（第一巻第六期、一九三六年一一月一四日）。本節では「捧麒」、つまり「麒麟童を持ちあげる、ひいきにする」をキーワードに、あらためてこの号の文章を検討したい。この「捧」という語には、第三者的視点による貶義のニュアンスも多分に含まれるが、[8]「捧麒」する人々はこうした批判的視線を甘んじて受け、その上で周信芳に対する自らの肯定的見解を示そうとしている。

まず、以下の二文は、周信芳の京劇改革に対する姿勢を論じるものである。

（a）まず、信芳は理想的な演劇界の「完璧人」だといいたい。彼の思想、学問など各方面での素養は前途ある人々（「若い世代」の意か）のレベルにはまだ完全に至ることができない。しかし、我々がやはり彼を持ちあげ、そして熱狂的に支持するのは、日々没落していく旧劇に対し、信芳は新たな命を注入することの必要性をすでに意識し、その実現に向けた努力を実行しているからである。その功績はいちいちいうまでもないもので、彼の先見性と気魄こそが熱狂的な支持を得る最大の原因なのである。

旧劇は現段階まで発展してきたが、もはや滅亡と生存との瀬戸際にあることには疑いの余地が無い。成長し続けて、新時代の歌劇に変化しようとするなら、旧劇自身がまだ多くの改革をする必要がある。「旧劇は根本的に改革などすることはできない」という見解を維持する一部の者を除き、我々はいささかなりとも旧劇改革に心を砕く役者全員に対し、敬愛の念を抱かねばならない。たとえ（その試みの）数千分の幾つしか成功しなかったとしても。旧劇自身がまだ変化の途上にあるが、まさに一つの巨大な革命事業が始まったばかりであるのと同じで、大衆の耳目を刺激するという点から見れば、幾分の誇張をもって煽動するのは必要なことである。これもまた、私が「捧麟」する理由である。

——酔芳「捧麟的時代意義」

（b）麒麟童はいう。旧劇の整理は、まさに、目下急いでやらねばならないことである。およそ梨園に属する同人であれば、それに等しく限りない責任を負わねばならない。特に、扉を開くという観点からすれば、譚派、王派、程派[9]、海派などという名目を撤廃して初めて、（旧劇という）芸術が雲を払い晴天を仰ぐ日を迎えるのだ、と。麒麟童のこの言には重みと含蓄があり、まことにこんにちにあって、心ある人だというべきである。（中略）かつて胡梯維君が『小晨報』[10]に文を発表し、梅蘭芳と周信芳を「鳳凰の羽、麒麟の角」（極めて得難いもの）にたとえ、尊重するにふさわしいと述べたが、筆者はそれについてこう思わずにはいられない。演劇界で突出した人材で大きな成果を挙げているのは、わずかに梅、周の二人だけであり、国劇（京劇）の復興もまたこの二人だけに背負わせようとするなら、並大抵ではないこの仕事の、なんと（達成の）困難なことであろうか。また、ある雑誌では梅を抑えて周を称え、麒麟童の演技は真剣で、京朝派はすでに海派の写実性に及ばないとまで述べている。国劇復興の希望は、麒麟童を尊重することで増すのだと私は考えている。

——雪梨「麒芸総検討」

（a）は『梨園公報』紙上で京劇改革について熱弁をふるっていた周信芳自身の発言を彷彿とさせる文章である。[11]その演劇活動が「旧劇を改革する」という明確なビジョンにのっとっている（他方、批判する者にとっては破壊にほかならない）ことに共感を寄せていることが分かる。危機的状況にある旧劇も、周信芳という人物をもってすればまだ改革の余地があるということであろう。また、「大衆の耳目を刺激するために、幾分の誇張をもって煽動する」という表現は、周信芳の改革に反発する人々の存在が意識されたものである。対して（b）では、「麒麟童の述べた言」として流派に関する問題が挙げられている。ここでは俳優の演技上の個性を「流派」と呼ぶ以外に、地域による差異も含まれているが、実際、周信芳はこれに類する発言を『梨園公報』誌上で行っている。[12]この時期、すでに自身の流派が「麒派」と称され、模倣者も出ていることに鑑みると、一見矛盾しているようだが、周信芳が糾弾したのは、流派の墨守に拘泥する態度そのものであった。とりもなおさず、この二文は京劇改革者としての周信芳に対する手放しの支持であり、同時に一部の劇評家、つまり海派京劇や周信芳を貶める者に対する批判でもある。

一方、周信芳人気を支えた一般観客の視点により近いのは、以下の二文である。

（c）「演劇界の三害を除け」[13]などというものに至っては、もとよりくだらぬ戯言であり、どんな者であっても本気になどはしていない。私が南京の福利戯院で見た二つの芝居を挙げ、比較してみたい。一つは梅蘭芳の『探母回令』、もう一つは周信芳の『追韓信』[14]である。同じく観客で満員という状況だったが、前者はほとんどが梅博士[15]の風采を敬慕してやって来たものであり、真に芝居の意義を理解している者はおそらく少数中の少数だったことだろう。後者は劇場全体の空気が完全に静まりかえり、観客の心はすっかり舞台に奪われている様子であった。これは『追韓信』の脚本が『探母』より優れているからではなく、間違いなく演技者の気力が観客の心をとらえ、見て、聞くことに注意を傾けるほかない状況をもたらすことができたからである。（舞台とは）一部の玄人筋だけに供されるものではないことを、私たちは知っている。信芳のこのようにすることが可能な力量は、実に得難いものであり、彼が「演劇界の害」であることなど、世の中の人間がみな無知でない限りどうしてあり得ようか。

――鐘秋[16]「我来談談周信芳」

（d）演劇について、私は門外漢である。ゆえに劇場に行っても、私は芝居を「看《み》」るだけである。決して（芝居を）研究している人たちのように、芝居を「聴《き》」きに行くわけではない。聞くところでは、北方人は劇場に行くことを「聴戯」というそうだが、それというのも彼らは平劇の産地で生まれ育っているため、みないくらか時間を費やして研究すれば歌詞が理解できるのである。上海人はそうではないので、「看戯」というのである。聴くのは唱であり、唱はおのずと理解しづらいものだが、看るのは做（しぐさ）であり、做は盲者以外は誰でもみな理解できる。唱と做とは本来どちらも重んじられるものであり、何ら優劣は無い。たとえば、もし唱がなければ、それは無声映画を観るのとまるで同じであり、演劇たり得なくなる。そして、もし唱だけで做をしないなら、清唱[17]すればいいのであり、どうして扮装して舞台に立つ必要があろうか。

看て理解できる人は聴いて理解できる人よりおのずと多い。子供は劇場に行くのが好きだが、観るためではない子はいるまい。ましてや私のような者は、唱の善し悪しどころか、唱っている歌詞さえ聴いても少しも分からないのだから、做に看るべきものがなければ、わざわざ劇場に行ったりするだろうか。ゆえに実際は、做の方が唱よりずっと重要なのである。

——聴潮「為麒麟童専号作」

（c）は（b）と同じく、梅蘭芳と周信芳を京派、海派の代表として並べ論じているが、ここから後日、京劇界の最高峰として並び称される両者のポジションがすでに確立していたことが分かる。（c）の書き手は、あまたの「旧劇愛好者」ではない観客の心を摑むことができるのは、梅蘭芳ではなく周信芳の気迫であると断じており、京派の芝居は型のみで心情が伴わないという一部の海派支持者の見解が反映されている。（c）の冒頭に挙げられた「演劇界の三害」（原文「伶界三害」）とは、前章で述べたとおり、周信芳、程硯秋、馬連良の三名を指す。程硯秋は脳後音（喉ではなく、頭腔を共鳴させる発音方法）を用いた独自の歌唱法、馬連良は演技や扮装、歌詞の改編に対する批判が原因かと思われる。もっとも、馬、程両名は北方の俳優であり、周信芳より演劇界において優位性を持っていたことは否めない。

京派海派の差異を述べる点は（d）もまた同じである。ここでは「唱」と「做」について、北方では前者を、上海では後者を重視すると述べられるが、この言説は序論で述べたように、辛亥革命前後からすでに存在しており、目新しくはない。ところで、周信芳は武生とは異なり、立ち回り中心で歌唱や科白の少ない劇を演じることはない。つまりここでは述べられていないものの、実際には「做」を「看」るだけではなく、聴覚的にも周信芳の科白や歌唱は観客が容易に理解できるものであったことが分かる。いわゆる麒派戯の中には『打厳嵩』、『投軍別窰』など長段の歌唱を持つ演目があり、これらがレコードとして出回り、またラジオでも繰り返し放送されていた[18]。また音律を重視する論者により、南方人（浙江籍）の周信芳は呉方言の影響で正確な発音ができないと批判されてきたが、上海に住むごく一般的な観客にとってはむしろ聴き取りやすい発音だったのではないだろうか。

周信芳（1995 年発売の記念絵葉書『平貴別窰』）

結局、「旧劇」は一部の玄人筋だけのものなのか、大胆なアレンジを加えてでも幅広い層に受け入れられるものであるべきなのか。これは伝統芸能の抱える命題であり、筆者も繰り返し論じてきたが、この特集に文章を寄せた人々の見解は明快である。「旧劇」が生きた芸能としての命脈を長らえたいと思うならば、時代の要請に応じた上演形態や演目を選択し、大衆にも分かりやすい形にすべきだという周信芳の主張こそ、彼らにとっては当然支持すべきものだったのである。同時に、文章をものする層の拡大と活字メディア刊行量の増加が、「専門性」が高いとはいえない、こうした意見の流布を後押ししたことも念頭に置いておかねばなるまい。

二　劇評家たちの見解

一九四〇年代前半に目を移す前に、ここで現代中国における海派京劇研究の動向について少し触れておきたい。海派の強い娯楽性を否定した建国直後から文革後までと異なり、二〇世紀も終盤にさしかかると、民国期文化再評価の一環として海派京劇を肯定的にとらえる論考が増えている[19]。また周信芳についても、同時代の一次文献を渉猟・駆使した研究がすでに多数世に問われている。

たとえば、周信芳を論じた書として、先の章でも触れた沈鴻鑫『周信芳評伝』には「周信芳研究簡史」という章が設けられており[20]、本書で扱った民国期の雑誌記事や劇評も挙げられている。もっとも、ネガティブな論考は意図的に排除されているようである。これは本章で先に述べたとおりで、この時期周信芳に言及した劇評家は多いが、実際は批判的な視点に基づく文章も多く書かれている。以下、本節では論調の異なる文を挙げ、各々分析していく。

「麒麟童　旧劇の保存者にして旧劇の創造者なり」という移風社の広告を掲載したこともある[21]『半月戯劇』(一九三七〜一九四八、上海美美出版社)では、肯定的論調が比較的目立つ。その代表として、まず、梅花館主(鄭子褒)による「我対於麒麟童的認識」(『半月戯劇』三巻一二期、一九四二年二月)を挙げたい。なお、副題に「為麒麟童特刊作」とあり、他媒体のための文章かと思われる。梅花館主はこうした「特刊」の類に対する嫌悪感を示しつつ、周信芳に対しては自身その芸術を「絶対的に崇拝」する者であり、「容易に筆が動く」のだと述べる。

周信芳が丹桂第一台に属し演じていた時[22]、私と蔣箸超氏[23]はよく観劇に行った。蔣氏は私に、「信芳の芝居には、芸術的な才能がある。将来必ず大器になるだろう。南方でもまれに見る俳優であるだけでなく、北方の多くの俳優の中でも彼にかなう者はおそらくいるまい」と述べたものである。当時、私は蔣氏のこの評価を聞き、いささか大げさに感じはしたものの、麒麟童に対してはこの時から良い印象を抱くようになった。

一〇数年前、南北の劇評界は非常に明確に「京朝」、「海派」の境界線を引き、どんな俳優であろうと北方から来た者でありさえすれば、その演技の善し悪しにかかわらずみな一致して褒め、南方の俳優であればどれほど芸術的に高いレベルに達していても、持ち上げる者がいないだけではなく、あろうことか事実無根の攻撃までするありさまだった。麒麟童は南方の俳優であり、もちろん例外ではなかった。しかし、私は蔣氏の評価を聞いてから周信芳に対して早々に深い認識を抱いていたため、新聞紙上に掲載された麒麟童を攻撃する文を読んでも、賛同しないだけではなく、まだ芸術の評価を誤っている者がいることだと思ったのであった。

数年経ったが、新聞紙上の麒麟童に対する評価は相変わらずで、貶す者が多く褒める者は少ないという状況ではあったが、ラジオで『追韓信』、『打厳嵩』、『明末遺恨』といった路線の芝居が大々的に放送されるようになった。彼がカールトン（劇場）に登場するようになって、初めて麒麟童ファンたちが傾倒し、観客たちは熱狂し、新聞紙上の評論もその論調を転換し、軽視から崇拝へとあらためたのである。信芳が苦節し励むこと二〇年あまり、時ここに至って初めて大成功し、明るい前途が開けるという境地に達したのである。

この梅花館主は、多くの伝統演劇論を書き残した民国期を代表する劇評家の一人である。もっとも、自身が「麒麟童が丹桂第一台に所属していた」時期に積極的評価を与える文を発表したというわけではない。

ここで注目すべきは、ラジオを通じ、周信芳の唱が大々的に放送されたと明記されている点である。あらためてこんにちにおける周信芳および麒派に対する認識を概説的に述べると、「力強さと枯淡な風格とをあわせ持つ独特の嗄れた声で唱う。歌唱とともにめりはりのあるしぐさ、科白、表情を駆使した人物造詣に優れる」ということになろう。何度も指摘してきたように、老生の声が嗄れていることは本来大変な欠点であり、かつ梅花館主が述べるように、しょせん非主流の南方の俳優であるという見方と相まって、評価の対象外となっても致し方ない状況にあった。しかし、彼の「唱」はまず一般観客の熱狂的な支持を受け、「新聞紙上の評論もその論調を転換し」とあるように、専門家による評価をも受けつつあったことが分かる。

この「聴覚的評価」に関する記事を、同誌からもう一つ引用する。

麒麟童の芸については、一〇年前であれば芝居に精通した者は歯牙にもかけず、加えて新聞紙上で公に批評を行う者は、一様に「海派」の名の下に貶めていた。しかし、蓓開（BEKA）、高亭（ODEON）といった会社がレコードを発売してから、批評家の論調はたちまち風向きを大きく転換し、新聞紙上の批評も手のひらを返したように、あざけり罵っていた者たちが今や一変して熱烈な支持者となってしまった。「三生有幸」の曲はほとんどの者が学び、また唱えない者もないほどで、嗄れ声は街中に満ち渡り、上海はついに街全体が麒麟童節の世界となってしまった。

以上の引用は、民国初期から活躍した求幸福斎主（何海鳴）による周信芳評「麒麟童的老戯」（第四巻三期、一九四二年六月）[24]に対し、編者[25]が付した前言である。ここでは前節のラジオと同様、聴覚に訴えるメディアである「レコードによる歌唱の流通」に大きな影響力を見出している。周信芳はレコードの真似をすることで「流派」を学んだつもりになっている者をかつて批判したが[26]、一方で彼自身のレコードも多数発売されており[27]、それが人気や評価に影響をもたらしたことは否定できない事実である。

このように、ラジオやレコードという「聴覚だけに訴える装置」が発達した結果、歌唱が実際の舞台から切り離され世に問われるという現象が起こった。つまり、総合芸術としての伝統劇には普段馴染みがなく、劇場にも足を運ばない人々がこれに接する機会を得、演劇への造詣が浅いがゆえに、先入観にとらわれず、しかも好みに応じて受容が行われたということである。大変興味深いのは、こうした伝統劇にさほど詳しくない層――その中には先の「捧麒」する人々も当然含まれる――による支持が、結果的に伝統劇の専門家を自任する人々の発言を圧しかねない力を持つに至ったことである。「我対於麒麟童的認識」で梅花館主が述べたことは、そのまま劇評家による転向の表明とも見なし得よう。

なお、上述の前言に続く何海鳴の周信芳評は、視覚に重きを置いて述べられている。

思うに、麒麟童は老戯において、もとより深い基礎と非常に優れた演技術を備えている。喉はいささか悪く、歌唱も譚派の気質に合っているとは思えないが、譚派が文武を問わず、唱、念、做、打の全てに長じることを重んじる点からすると、麒麟童の文武老生は唱がいささか劣る以外は、みな（余）叔岩、（王）鳳卿と競うに足るものであり、もとより万能の人材であるといえよう。（中略）

今、麒麟童はまさに老いんとしている。今、あらためて三〇年前の老戯を多く演じたとしても、もとより基盤もしっかりしており、自負するだけのことはある。本当に何も苦心しなかったとしても、僥倖だけで（ここまで）なんとかすることはできないであろう。論者の中に、彼の『戦太平』は（本来の型とは）違うはずだと疑う向きがあるなら、[28]それはこの劇がもともと武老生戯であることを知らないのである。一、二か所の嗄調[29]が十分ではない以外、快板、しぐさや立ち回りにおいて、麒麟童の演技のどこに足りない点があろうか。その昔、孫菊仙もまた『戦太平』を演じたものだが、武技に優れる麒麟童と比較すれば、おのずと優れたものと見るには不足である。

総じて、老戯には各自の唱、做のやり方があり、もとより必ず譚派の道に限定する必要はない。ましてや、麒麟童の科白、しぐさ、立ち回りはみな譚の道に近いのだから、何か所か低く唱うぐらい、何の差し支えがあろうか。そのほかはみな水準を保っているか、あるいは水準以上であるから、彼を褒め、彼に敬服するのである。それがどうして盲目的なことであろうか。

これは同年、周信芳が「通しの海派新作劇」をやめ、老戯（伝統演目）の上演に切り替えたことを踏まえての見解である。「譚（鑫培）派」を老生評価の基準としている部分などは、旧世代の劇評スタンスから脱し切れていない印象を与えるが、周信芳が「唱」を除き、近代老生最高峰の譚鑫培と同じく、全ての演技要素において一定水準をクリアしていると見ている点[30]は押さえておく必要がある。また老戯について、周信芳が民国初期に武戯を演じていたことは『申報』の劇評でも述べられている。[31]なお、この文で記されるように、周信芳の『戦太平』に対しては当時賛否が分かれたが、[32]何海鳴はこれに肯定的評価を与えている。いうなれば、これも老生の演技術の評価基準に対する劇評家の変化のあらわれと見なすことができよう。

次に挙げるのは、『半月劇刊』と同じく、水準の高い書き手が参集した『戯劇春秋』（一九四二～一九四四）[33]掲載の文章群であるが、その論調は『半月劇刊』とは異なる。

この雑誌で編集として活躍したのは張古愚だが、彼による周信芳評について、やはり著名な劇評家である張肖傖が自らの観点を援用し、次のように述べている。

> 私は決して麒麟童の劇を深くたしなむ者ではない。民国初期から思い返すに、怪しげな新戯を聴いたことがない以外、麒麟童の三二年間における演技の芸術的変化についてもその一部をうかがい知るのみだが、彼は白い鬚を付ける人物に扮した劇が最もよく合っており、しぐさ、科白とも大変優れている。しかし動作のほどは（自身の）意をもってなすことを好み、京朝派が規則を墨守しているのとは大いに異なっている。その中にはすばらしいところもあれば（京朝派のように）、規範どおりに演じるのには及ばないところもある。全てにおいて麒麟童を規範とする者の見識とはいかがなものか、ということだ。私はまた彼の発音の仕方はいただけないと思っている。上海の劇評家の中で、（張）古愚は公平さを見失わず、おもねらないだけの見識を備えており、一般のファンのように麒麟童には良くない所など一点もないと思っている者の論調とは、大いに一線を画している。
>
> ――（「蒔荷室劇話」、『戯劇春秋』第一三期、一九四三年八月一三日）

ここから分かるように、この雑誌の執筆者の多くは、周信芳が世を席巻していることを認めながらも、その技芸に完全なる心服を表明するものではなかった。むしろ辛辣な見解の記事もある。しかし、無下に否定された時期とは当然ながら論調が大きく異なり、評価すべき点は評価するという態度を表明する者も多い。

ちなみに、この時期、周信芳と馬連良の比較が多く行われた[34]。「南麒北馬」と並び称されると同時に、前節で述べた「除三害」に名を連ねた両者だが、この『戯劇春秋』においても主編の張古愚により何度か（他誌での批判を受けた際の反論を含め）馬、麒の比較が行われている[35]。

上海人が麒麟童を褒め称える理由は、彼が舞台上で観客の情感を虜にすることができるからであり、舞台の上も下（観客）も全体を一つにしてしまうことができる。馬連良は芸に心を込めており、芝居（演技術）以外で観客を喜ばせようとは思っていない。ゆえに、馬連良が舞台に立つとまだ少数の守旧派が唱を聴きにやって来るが、麒麟童の舞台では、観客の一〇〇人中九九人までが彼の精神を看に来ているのである。加えていうと、馬連良の演技にはまだ「神化」（劇中の人物になりきる）の要素があるが、麒派の気風とは、舞台の上でもやはり麒麟童のままというもので、観客も彼を劇中の人とは見なしていない。これは麒麟童の短所である。

ここに描かれた馬連良と「守旧派」の観客との関係は、旧来から存在した構図である。一方、周信芳がもたらす舞台と観客との一体感は、従来の伝統劇の舞台において、優れた演技に観客が聴き入る（または看入る）こととは異なる文脈で語られている。また張古愚はここで、馬連良に劇中の人物と化す要素を見出すものの、周信芳は「周信芳という役者」にしか見えないと述べる。これについて、周信芳自身はかつて『梨園公報』で「扮する人物の劇中での背景を理解し、演じることが重要である」、つまりどちらかというと「劇中の人物に見える」ことが望ましいと述べたが、[36]張古愚の目にはそのように映らなかったということになる。その原因は、張古愚の「劇中の人物に見える」基準が、従来繰り返し演じられてきた人物の型に、俳優自身の演技が沿っているか否かという点にあったためと思われる。

ほかにも、張古愚は周信芳の規範的演技からの逸脱をこと細かに指摘するが、旧来の評者とは異なり、切り捨てただけでは終わっていない。この文に続く部分では「本戯（通しで演じられる劇）についていえば、麒麟童には悲憤慷慨、悲哀、寂寥の響きと表情が備わっている」、「做工戯である『四進士』、『青（清）風亭』、『戦浦関』、『九更天』、『一捧雪』に至っては、馬の及ぶところではないだろう」とむしろ周信芳の方を評価する発言をしている。

後日、ある新聞にこの文章に対する批判が掲載されたようである。そこでは「俳優は劇評のための占有物ではない。広範な観衆に対する〝雅俗共賞〟の功をなぜ否定するのか、観客に劇評家の水準を求めるのか」といったことが述べられていたとされるが、張古愚は「示読『馬麒比較』後作者」（第三二期、一九四三年一一月二五日）を書き、「観客を引き込むことが芸術なのではない。観客の水準は俳優が決めるもので、観客に媚びるのは間違っている」と反論した。さらにまた日を置き、別の批判文に対する再三の反論を行っている（「馬麒比較尾声」第三六期、一九四三年一二月二五日）。ここで張古愚は「俳優としての自身の資質に合わない、歌唱を重んじる演目を演じる周信芳」に対する批判を展開するが、批判者が周のチャレンジ精神を肯定するのに対し、張は「身の丈に合わぬ傲慢さ」であるとこれを退ける。

以上を見る限り、張古愚の立脚点にはいくつか特徴がある。まず、すでに市民権を得た海派京劇に対しては、基本的に「海派であること」を理由とする否定はしない。また、演技上の諸規範に合わないものについては厳しく指弾するものの、一方でそれらの善し悪しを超えて評価するケースもある。周信芳に対しては演じるにふさわしい劇として『四進士』、『清風亭』などを挙げているが、事実これらは建国後も麒派を代表する演目として演じられ続けた。一方、張古愚がこれらの文章群で批判した周信芳の「歌唱重視の演目」だが、後日それらは定着せず、その見立てに一応の理があったことが分かる。

なお、張古愚と周信芳との因縁については、同誌第四六期（一九四四年二月一三日）に掲載された「罵必須夠資格」という一文に見出すことができる。そこでは、巡回公演を経て上海に戻った周信芳の気概と謙虚な態度に心打たれ交流を始めたものの、近年は「狂捧」する者たちに囲まれ人の意見を聞かず、演技水準も落ちてきたので批判するのだ、と語られる。他方、誰も彼に見向きもしなかった頃に評価した自分には先見の明があったとも述べている。また余談ながら、建国後も長命を保った彼は、民国期上海演劇の生き証人として何篇かの文章を発表しているが、管見の及ぶ限り、周信芳のみを語った文章はほとんど残さなかったようである。[37]

結局、旧劇（京劇）の時代に応じた変化は、いうまでもなく受容者層や価値観の変化と相互に連動する。そして、その事実を受け容れられるか否かが劇評家たちによる周信芳評価の分岐点となっているのは、ここまで引用してきた各文章からも明らかである。「周信芳を評価するか否定するか」という選択も同じ枠内で論じられているが、これら一九四〇年代の記事からは、周信芳に対するネガティブな評価も、京劇という舞台芸能に対する価値観の変化とともに、最終的には「個性」として認識されていく様相を見出すことができる。

三　「平劇芸術座談」

かつて、上海劇評界で大きな影響力を持った馮叔鸞は著書『嘯虹軒劇談』にて、劇評の俳優に対する教育的効果を念頭に置きつつ、劇評家の道徳として「成見を抱かず、私心を挟んではならない」と述べた。[38] もっとも、劇評が実際に与えた影響力については、俳優側からの発言として記録されているものが少ない以上、実際にどれほどのものだったのか判然としない。両者が同じ場にいればことは簡単であるのだが、ついにその機会が訪れた。

一九四三年一二月二〇日、『雑誌』誌上にて「平劇芸術座談」という名称で劇評家と京劇俳優とが座談会を持った。参加者は劇評家側が鄭子褒（梅花館主）、徐慕雲、張古愚、鄭過宜、俳優側が周信芳、劉斌崑、紀玉良、林樹森、黄桂秋、張君秋、高百歳、趙如泉（書面参加）、余尭坤および、編集部であり、ほとんどが上海を中心に舞台活動、および執筆活動をしている人物ばかりである。全文は膨大な量になるので、以下、内容を簡単に記しておく。なお、司会は編集側の呉江楓である。

①京劇の特徴と未来への展望について

鄭子褒が旧劇への思いを語り、続いて徐慕雲が旧劇の音楽的変遷について発言する。また服装や臉譜を簡素にしたことを「進歩」と表現するが、張古愚がそれは「退化」であると反論する。周信芳が徐の音楽に関する発言を引き取り発言する。

②京劇における封建的思考と「意識」の問題

張古愚が、京劇とは明末清初の志士が編み出した平民にも理解できる通俗的なことばを用いた芝居だとの説を語る。一方周信芳は、京劇の演目には民間由来と文人の手になるものとの二種類があると発言する。また、近年の倣工戯の台頭に言及し、唱とともに倣を重視するよう述べる。続いて、俳優と劇評家の数名が、人物設定、シチュエーション、衣装、科白など、その当時の京劇における多方面の不合理さとその改革の困難さを語る。張古愚が舞台となる時代を問わず、どの演目でも明朝様式の衣装を用いることについて、見栄えの点から積極的に肯定する。

③京劇の改良について

鄭過宜が伝統演劇と話劇との意見交換を提案する。②に続き、服装は改良の必要無し、ただし人名の誤謬などは訂正が必要だと発言する。続けて高百歳が発言、俳優と劇評家が同席することの意義を称賛し、京劇の改革改良問題については、変えるべきではない点もあると発言する。これを受けて、尭洛川（『雑誌』編集側として参加）が伴奏について現状維持を主張する。張君秋が必要な点は改良すべしと発言する。

④南方俳優の北方進出、評価について

周信芳が、北方俳優の南下とは異なり、南方俳優の北上は労力の割に援助が少ない、また、(おそらく偏見のため)受容されるまでに時間がかかると述べる。この発言に対し、鄭子褒は、周信芳が北方の玄人筋には評価されたとフォローする。徐慕雲が北は南より劇評家が俳優を軽視する傾向があると述べる。京派と海派の区別について質問された周信芳だが、京派よりむしろ話劇の方が脅威だということを述べる。南北の区別、俳優個人の流派など、「派」の問題点について、鄭子褒と周信芳が意見交換する。

⑤俳優としての成功

周信芳が先人および同輩の苦労を述べ、人気が出たからといって慢心してはいけない、他人の長所を吸収し精進を心がけるべきだと語る。

⑥劇評について

周信芳が俳優の進歩のために劇評は必要だと述べるが、鄭子褒は、今の俳優に劇評家の指導は不要と述べる。余堯坤は自身が麒迷であると述べ、俳優は他人の言には耳を傾けるべきと述べる。周信芳と徐慕雲が、『斬経堂』の演出について意見交換する。林樹森が座談会の意義を評価する。

⑦その他

書面参加の趙如泉による、京劇を南北で区分することへの批判的意見が紹介される。

この座談会のテーマは、「こんにち、京劇はいかにあるべきか」という一言で総括できる。座談会の性質上、活字化前に発言が添削されたことは間違いなく、極端な意見の対立も見られないが、発言者各自の立場や考え方がよく反映されており、一部本音とも取れる発言があるのは興味深い。本来より詳細な検討を加えるべきところだが、本節では、以下、特に注目すべき点のみに絞って言及する。

最も多く発言しているのは、ほかならぬ周信芳その人である。話題も多方面にわたり、いわば俳優側の代表としての自負心が見てとれる。もっとも、顔ぶれを慮ったのか、京劇改革論に熱弁をふるうこともなく、個々の事例を挙げるにとどまっている。それでも「京劇の科白は話劇に較べると抑揚に乏しく、これを改良しなければ、平淡すぎて観客の情緒を引き付けることができない（②）」、「流派は打破せねばならない。ひとたび打破すれば、平劇にはきっと前途が開けるだろう（④）」といった発言がある。特に、流派に関する見解を問われた際には、次のように答えている。

> 私は今や京派、海派を分けることの問題だけではなく、これに加えて話劇が私たちにとって眼前の大敵であると思っています。大胆にこう申し上げることをご寛恕願いたいのですが、敵とはいっても、大勢がそのように見るのに倣っていっているだけで、私は彼らに対して決して敵意を抱くものではありません。私たちは今、大変堕落していますが、話劇と芸術上の競争をせねばならなくなっています。的篤班（越劇）も大変な盛況ぶりですが、どうして平劇を圧倒するまでには至らないのでしょうか。それは平劇の用いるのは中州話（中原の言語、狭義での北方方言）であり、どこの出身者もみな聴きとることができますが、的篤班は地方劇で紹興方言を用いるため、中州話の普遍性には及ばないからです。話劇の成功はやはり国語を用いたことにあります。話劇には銅鑼太鼓による伴奏も、歌唱も無いのに、なぜこのように成功できたのかというと、やはり国語を用いることと関係があるのです。私たちは努力して競争せねばなりません。まずは私が「忘我」せねばなりません。伍員（伍子胥[39]）を演じるなら、私は周信芳であることを忘れて、自分を伍員であると思わねばなりません。このようにして劇を演じることで、初めて魂を持ち、人を感動させることができるのです。

ここでは科白術とともに、「登場人物になりきる」ことを話劇の長所として挙げているが、伝統劇の俳優が劇中の人物になりきるのか否かは、演技を根本から転換する可能性をはらむ大きな問題である。しかし、かつての『梨園公報』での発言にもあるように、周信芳自身は（張古愚にはそう見えなかったようだが）、すでにそれを意識的に実践しており、この発言からは「脅威」に名を借りた話劇の演技術への強い肯定さえ見出しうる。

一方、前節で挙げた劇評家の中で、鄭子褒と張古愚はやはり発言が多く、その発言の内容も各自が著した文章の論調におおよそ沿っている。ほかには、鄭子褒が周信芳に対し好意的であることが分かる。また発言数こそ少ないが、徐慕雲は劇評のほか、『梨園影事』（上海東華公司、一九二二年）、『中国戯劇史』（上海世界書局、一九三八年）といった著書を持ち、建国後も研究を継続した人物である。[40] 彼らの間には意見の相違があり、たとえば冒頭の①では次のようなやり取りがある。

徐慕雲：服装や臉譜について、こんにちでは大きく整理し煩雑であったものを簡潔にしていますが、秦腔から多く採り入れようとした時期もありました。これらはみな都市の人々が提唱して進歩したがゆえです。もしこのように発展していけば、特色ある京劇として、もしかしたら一種の世界的芸術に発展しうるかもしれません。

（後略）

張古愚：今、徐慕雲氏がおっしゃった化粧が進歩したという点について、いささか意見があります。思うに、いわゆる進歩とはいっても、単に美観の問題だけで、実質的には退化なのです。なぜそういえるのでしょうか。老生であれば、文、武、中年、老人、富貴の人、貧乏人を昔は一緒にしなかったのに、今はみなはっきりしなくなってしまいました。（中略）今は旦の化粧も美しさだけを求め、こうした規範に従わなくなりました。

甚だしいことには、こうした規範があることを知らない者さえいる始末です。丑であれば、陰険、狷介、鈍感、愚者、好色、単純と、もともと顔の塗り方でみな区別があったのに、今は探究されなくなってしまいました。ですから、あえて旧劇の化粧についていえば、現在は実質的には極端に退化しているのであり、このために外の世界からも批判を受けているのです。

徐慕雲の主張は、（省略した部分も含め）、世を席巻する演劇は歴史的に移り変わっており、京劇も時代の要求に応じて変化せねばならないというものである。これに対し張古愚は、時代に媚びることで京劇が本来備えていた多様性が損なわれてしまうと批判する。もっとも、彼が述べる「外の世界」とは、「演劇界の外」ではなく、「上海以外」を指しているようにも見える。上海に基盤を置き、海派の芝居にも一定の評価を与えた張古愚ではあったが、「規範」や「伝統」ということばからはやはり逃れられなかったのである。

なお、肝心の「劇評家と俳優の関係」については、終盤の⑥に以下のやり取りがある。

周信芳：劇評はとても大切です。公平な批評は役者を進歩させますし、大変な助けとなるものです。

鄭子褒：以前の役者と現在の役者とは違います。昔の役者はみな教養が無く、おのずと周囲の人のアドバイスを必要としましたが、現在の役者はみな相当な教育を受け、学識レベルも私生活も大変よくなっています。実際、劇評家の指導なんか要らないぐらいです。（中略）私は今の役者は演技に対してすでに深い理解を備えていて、過去の役者などはるかに及ぶところではないと思いますよ。（後略）

余亮坤：私は麒迷で、劇評家ではありません。役者の方々が周囲の人のアドバイスを聴くのがもとより一番だと思いますが、やはり忠言は耳に逆らうと申しますか、良いアドバイスを逆に悪く取る方もあるようで……まあ、いわずともよろしいでしょう、全てはみな役者の皆さん自身がお分かりになればよろしいことですから。

呉江楓：劇評家の先生方に促されたからこそ、現在の役者たちはこのように進歩したということですね。

周信芳：そうです、先生方も鄭子褒先生のお話も遠慮し過ぎですよ。

実際には周信芳自身、「良いアドバイスを悪く取る」ことや、批判的な発言に反感を覚えることも多かったことだろう。ただ、この座談会における劇評家の発言が、「遠慮し過ぎ」である感は確かに否めない。

そうした劇評家の発言を補うかのごとく、翌年この「平劇芸術座談」に関して、張肖傖が『戯劇春秋』（第四七期一九四四年二月二七日）に「読平劇芸術座談」と題した感想を寄せている。張肖傖は周信芳に対し辛辣だが、今回の主な批判対象は、上記④における話劇の演技術に関する発言であった。

「平劇芸術座談」においてある人物が話劇を取り上げ、これが平劇の当面の大敵であると述べているが、これは問題である。かつ、多くの梨園の大立者たちが、平劇を早く改良せねば話劇との生存競争に備えることができないと思っている。私はあえて声を大にして梨園の方々に警告したい。かつて崑曲はあれほど盛んに演じられ、梆子戯は黄河の南北で一世を風靡したが、旧劇（京劇）はそれらにぴったりと急追し、ついには崑曲、梆子戯との争いに勝つことができた。崑曲の致命傷は、「曲高和寡」（高尚過ぎて大衆に歓迎されない）の四文字にあり、梆子戯の失敗は「音多殺伐」（音が多く殺伐としている）の四文字にあった。平劇の隆盛は、おのずと平劇の独立独行の精神にあり、精神の所在は、総括すれば歌と舞をともに重んじる点にあるのだ。（中略）平劇がどうしてこれほどまでに隆盛たり得たのか、私がいいたいのは（平劇が）いつまでも存続し廃れないかどうかは、やはり俳優の自力更生にかかっているということなのだ。もし、今、話劇にぴったりくっついてその後ろを走り、平劇を話劇化しようとしているなら、上海の俳優たちよ、私は警告する。それは自分たちの金の茶碗（優れた収入源）を自分で壊してしまうのと同じことだと。

「ある人物」、つまり当該の発言をした周信芳は、京劇を全面的に「話劇化」すべきだと主張しているわけではなく、京劇の表現力を豊かにするため話劇の演技術の一部を導入しようと述べたに過ぎず、張肖傖はそれを曲解しているといわざるを得ない。加えて彼は、この座談会に出席した俳優たちの中で積極的に京劇の伝統性、規範性を肯定する者が皆無であった点に不安を覚えたことであろう。しかも、劇評家の中にも、この論調に積極的に与する者がいるありさまである。

この文は続いて「史実と異なる誤りだけをまず直すべきだ」と述べた鄭過宜、「いかなる時代を舞台とした劇でも明代の扮装をするのが最も映える」と述べた張古愚への共感を示し、辛うじて我が意を得たりという安堵感を示して終わる。ちなみに鄭過宜は『戯劇春秋』の常連であったが[41]、徐慕雲の当該誌における記事執筆は少なく、鄭子褒に至っては皆無である。この点に鑑みるに、劇評家側に関していえば、座談会の人選バランスは取れていたと見なしてもいいだろう。

以上、周信芳の活動時期に発表された伝統演劇関連の各種見解について、「捧麒」する人々を中心とする大衆的視点に近いグループから、演劇界でも権威ある劇評家の発言まで、異なるレベルの資料を検討してきた。特に、本節で取り上げた座談会の発言により、同じく演劇にかかわる者の間に、いかなる見解の相違が存在するかということもあらかた俯瞰できたかと思う。

結果的に周信芳に対する評価自体は、北方の俳優に対するものとは異なり、大衆的な支持が底上げされて確立したということが分かる。その際、従来から述べられている表情やしぐさ、あるいは連台本戯における演出といった視覚的要素に加え、ラジオとレコードという聴覚のみに訴えるメディアの力が、専門筋に歌唱技術を批判されてきた周信芳をスターダムに押し上げたという事実は興味深い。一般的な観客にとって、理想的な京劇老生の唱はどうあるべきかなどといったことはあまり重要ではない。「麒麟童」という俳優の演技や上演演目が魅力的に感じられさえすれば、率先してこれを歓迎するだけなのである。これに続いて、『戯劇週報』の寄稿者たちのように、京劇に関して一般的観客に近い知識と感覚を持つ人々も同調を始める。一方、劇評家のような高い専門的知識を持つ人々の意識は一番遅れて変化するか、ないしは完全に変化するには至らない。鄭子褒をはじめとする周信芳に肯定的評価を与えた劇評家たちは、京劇の現状と将来的な存続に危機感を抱き、かつ、それを解決するのは時代的潮流にあわせた演技や演出の変革にほかならないと思っていた。いうなれば、彼らは京劇俳優としての周信芳の舞台に魅力を覚えたのみならず、彼による諸改革の実践や京劇に対する見解に回答を見出したがために、これを支持したのである。逆に否定的な視線を抱いていた一群は、それを大衆に媚びる行為であると見なし、批判を続けた。ゆえに、周信芳に対する高い支持と演劇界における地位の確立にも、最後まで疑問を呈さずにはいられなかったのである。

【注】

（1）第一部(上)第一章「周信芳と『梨園公報』」参照。
（2）一九三一年の『満清三百年』上演後、移風社を結成、各地を巡演する。以下、一九三五年に上海へ戻り、一九三六年に黄金大戯院にて上演活動。一九三七年に天津で『董小宛』を上演。一〇月、『明末遺恨』上演。同年末に移風社再結成、カールトン劇場で上演。他方、上海聯華影片公司において『麒麟楽府』第一部として、舞台映画『斬経堂』を撮影（共演は袁美雲）。一九三八年『温如玉』（馮子和作）、『香妃恨』、『徽欽二帝』など新作劇の制作、および既存作品の改編を活発に行う。一九四〇年に話劇『雷雨』で周樸園を演じる。一九四三年以降は「老戯」を中心に上演。
（3）第一部(上)第二章「周信芳評価の一側面」参照。
（4）中国においても、たとえば洪欣「周信芳研究簡史」（『上海芸術家』総四九期「周信芳紀念専号」、一九九五年）では、一九三〇年代中盤からの相次ぐ周信芳関係特刊の発行をもって、積極的評価の方向性が定まったと述べている。
（5）序論から本章まで何篇か引用しているが、一九一二年のものが最も早い。なお一九一一年から一九一三年にかけて『申報』には玄郎（呉下健児、いずれも顧乾元の筆名。『自由雑誌』第一期（一九一三年九月）の口絵写真にて、編者として本名および江蘇省崑山出身であるとの記載が見られる。）による上海京劇に関する記事、批評が多数掲載されている。
（6）『戯雑誌』（一九二二～一九二三年）をその嚆矢とする。また一九一〇年代より総合文芸娯楽誌はあったが、一九二〇年代には演劇に関する記事の比率が高いものがあらわれた。
（7）第一部(上)第一章「周信芳と『梨園公報』」参照。
（8）時間的には後になるが、たとえば張肖傖には「捧角評伶之因果」（『戯劇春秋』第二期、一九四三年九月二〇日）という一文があり、誰もが容易に劇評家気取りで俳優を「捧」することに批判的な見解を述べている。
（9）役柄を問わないのであれば、それぞれ譚鑫培、王瑤卿、程硯秋と思われる。
（10）未見。なお、胡梯維は『香妃恨』の編劇を行うなど、周信芳と近い関係にあった。
（11）特に、譚派に盲従し海派京劇を嘲弄する者たちを批判した「談談学戯的初歩」（一九二八年一一月、署名士楚）にて、自身の見解が詳細に語られている。本書第一部(上)第一章「周信芳と『梨園公報』」参照。
（12）注（11）「談談学戯的初歩」参照。
（13）当時よく用いられたいい回しで、本書第一部(上)第二章「周信芳評価の一側面」で述べたように、『戯劇旬刊』第一二期（一九三六年六月二日）掲載の張古愚「後台」にも「編集部に三害を除け、というお便りが全国から届く」と紹介されている。
(14) それぞれ『四郎探母』の「回令」と『蕭何月下追韓信』を指す。
(15) 一九三〇年にアメリカで名誉博士号を授与されてから、このように記されることが多い。
(16) 原文署名は「鐘秋自京寄」。
(17) 扮装をせず、歌唱のさわりだけを観客に聞かせること。
(18) 周信芳はラジオというメディアを積極的に利用していた節がある。たとえば、『申報』一九三五年四月一一日には「麒麟童先声奪人」という記事があり、長期地方公演から帰還した周信芳が、各界の歓迎ぶりに応えるべく、舞台に立つ前にラジオで二時間にわたり「得意演目を放送」する予定であることが述べられている。
(19) 本書執筆時点で比較的新しいものとして、内容は概説的だが、蘇毅謹、胡暁軍著『戯出上海――海派戯劇的前世今生』（文匯出版社、二〇〇七年）のように「二〇世紀の海派演劇」に焦点を絞った著作も出版されている。
(20) 該書第一一章。また、巻末に人民共和国建国前後にまたがる「周信芳研究論文要目」が付されている。
(21) 一九三八年発行の一巻五期に掲載。
(22) 周信芳が丹桂第一台に所属していたのは一九一五年から二二年、一九二五年の二次にわたる。
(23) 民国初期に活躍した劇評家。
(24) 原載は編者によると『明灯』。掲載日時は不明。
(25) おそらく梅花館主であろう。
(26) 本書第一部(上)第一章「周信芳と『梨園公報』」参照。
(27) 一九二九年、蓓開から出たものが最も早い。本書序論「民国期における上海京劇の成立と発展」注（24）参照。
(28) この記事より遅れるが、『戯劇春秋』第三一期（一九四三年一一月二〇日）に沈士英が「評麒麟童戦太平」という一文を発表、周信芳が場面を誤釈し、科白を変えてしまったことなどを挙げ、「全く良いところがない」と酷評している。
(29) 歌唱（曲調は西皮散板、西皮揺板など）において、歌詞中の陰平音（第一声）の一文字を最高音で激烈に唱うことで、感情の高まりや場面の緊迫を示す。
(30) 譚鑫培も若年の頃は武戯をよく演じている。
(31) 早いものでは、健児「初二夜之新新舞台」（一九一二年七月一八日）に『落馬湖』に対する劇評がある。ほかには『薛礼嘆月』、

『独木関』、『連環套』などの記載がある。

（32）注（28）「評麒麟童戦太平」参照。

（33）筆者は二〇〇七年八月に上海図書館近代文献部にて資料を閲覧したが、第一期から第一一期までは欠けており所蔵されていない。一九四四年三月一二日の第四九期にて停刊。田漢らが一九四〇から四二年にかけて発行した同名の演劇雑誌とは別物。

（34）この引用文では省略したが、何海鳴は周信芳と馬連良の演技における完成度を比較し、「馬は麒の道をただたどっているに過ぎない」と周信芳に軍配をあげている。

（35）たとえば、最初に発表された「馬連良麒麟童比較」（三〇期、一九四三年一一月一二日）では、まず「扶風社の社長馬連良」、「移風社の社長麒麟童」と各々が自身を首班とする上演団体を抱えていることを述べ、次にその人員構成、両者の志向、個人的な性格が異なること、そして両者の演技術の優劣が比較して論じられる。ここでは全体に周信芳に対し辛辣で、まず彼はワンマンであり、人気があるのは俗子、つまり一般の観客に媚びているからだと断じる。なお、この比較論に先立ち同誌第二四期の「論馬連良（下）」（一九四三年一〇月五日）にて、「周信芳は喉が嗄れて質朴なのに黒三戯を演じようとするし、馬連良は声が澄んでいるのに白鬚戯に熱心で、各々欠点を隠すどころか、つたなさを表に出す結果となっている。これは俳優の悪い癖であり、周、馬はその中で最も甚だしいものである」と両者に同様の欠点があることを指摘している。

（36）本書第一部（上）第一章「周信芳と『梨園公報』」で既述のように、「談譚劇」にて、譚鑫培が劇中の驚愕や悲嘆などを描く場面において、他の演者とは異なり、感情の動きがよく理解できる演技を行っていたことを述べ、演技における定型重視の風潮を批判している。また、後述の「平劇芸術座談」においても同趣旨の発言をしている。

（37）たとえば、一九八九年発行の上海文史資料選輯六一『戯曲菁英』に「上海京劇憶往」という一文を寄せており、概述部分では周信芳についても触れているが、当該の文中に記された俳優単独の銘々伝にその名は無い。

（38）「論評劇家之道徳」ほかによる。

（39）伍員を主人公とする京劇で代表的なものは『文昭関』だが、周信芳の常演演目ではない。

（40）この座談会に前後する時期に、上海戯劇学校および中華国劇学校で京劇俳優養成に携わっている。

（41）早くは一九二四年に『梨花雑誌』を編集。一九三五年には張古愚、徐慕雲、蘇少卿らと「国劇保存社」を立ち上げる。『戯劇春秋』には「三十年歌場回憶録」など舞台批評より演劇史に関する記事が多い。

第四章　「麒派」と民国上海演劇文化

はじめに

上海の伝統演劇界において、老生で麒派の創始者である周信芳は、いまだに特別な存在であり続けており、地元の京劇院には、必ず麒派老生がいなければならないとされる。結果、周信芳の本拠地上海で「麒派」の看板を背負うことになった老生俳優たちは、常に周囲の期待と圧力を受ける羽目になる。たとえば、一九九四年末から始まった梅蘭芳・周信芳生誕百周年記念公演に際して、上海京劇院による連台本戯『狸猫換太子』のリメイク上演が行われた。主役の陳琳を演じた麒派老生の陳少雲（一九四八―　）は、当初、湖南省京劇団からの客演だったが、演技を高く評価され、後日、正式に上海へ移籍する。麒派伝承者の一人で、周信芳の子息である周少麟（一九三四―二〇〇七）が、文化大革命終結後ほどなくして海外移住してしまったこともあり、待望の本格的な麒派俳優が上海へやって来たとして、陳少雲の舞台は戯迷たちの注目を集め、新聞や雑誌にもさまざまな批評文が書かれることになった。

上海ではまた、この陳少雲を中心に、麒派演目の上演大会が時折開催される。他の流派でも同様のことは当然行われているが、学習者の少ない麒派については、こと「流派の伝承」を確認しようとする意識が強いように思われる。伝承という観点からさらに付け加えると、戯曲学校の学生公演を観る限り、数こそ多くはないものの、やはり意識的に麒派の後継者養成が行われている。

現在、中華人民共和国建国後のさまざまな舞台改革を経て、中国の京劇界は旧来のあり方――一世を風靡した先達の演技を尊重し、その伝承を課題の一つとする――に回帰しているように見受けられる。これらの現象は、「今後新しい流派は発生しうるか」（たとえば、梅派から出た張君秋の演技を、独立した「張派」と見なすか否かなど）といった議論とともに、伝統演劇のあり方を問う際のテーマとして、しばらく注目され続けることであろう。この傾向は伝統的に、北方でより強いように思われるが、上述の上海における麒派伝承への強い執着も、同じ文脈に位置付けられるものといえよう。

さて、周信芳その人に対する「公的」な評価については、建国後の党の文芸政策に対する貢献ぶりが加味されていることを幾分差し引いて見なければならない。しかし、それは決して周信芳の舞台芸術における成就を損なうものではなく、民国期から文化大革命前夜に至るまで、彼の芝居が多くの観客に歓迎され、演劇界で圧倒的な影響力を持ったことは揺るぎない事実である。その演技の特色に関してはすでに多くの場所で語られており、筆者自身も本書でここまで何度か言及している。(1)

ここであらためて、今回言及対象とする他の俳優との比較のため、『申報』に掲載された民国期の評価の中で、最も早く、かつ海派への偏見の少ないニュートラルな立場でその演技を具体的に評した文章を挙げておく。

麒麟童の『打厳嵩』は、表情が生き生きとして、一語一語の舌鋒は鋭く非常に気概がある。特にすばらしいのは、才気ある鄒応龍が、一種の巧みな偽装で臨機応変に体面を作りだし、厳嵩を殴る際は義憤の気概がことばにあふれ、徹底的に痛打し罵倒するところで、客席はみな快哉を叫び、拍手が雷鳴のごとく鳴り響く。忠臣も奸臣も滅びることは無いが、芝居が人を感動させるとはこういうことなのだといえる。上殿の時の「忽聴万歳伝応龍」から「白玉階前臣見君」までの唱は、一句一句枯れて力強く、（曲の）区切りや抑えも自由自在で、得難いものである。

――健児「『収関勝』、『悪虎村』、『打厳嵩』」（一九一二年九月六日）

評者「健児」は、これまでも述べてきたように、この時期の『申報』紙上で非常に多くの記事を書いた劇評家で、これ以外にも「科白も手さばきも隅々まで神経が行き届いている(2)」など、周信芳の科白やしぐさを評価する劇評を幾つか残している。

実はこうした評価の具体的な中身は、民国期を通じて大きく変わらなかった。付け加えるならば、周信芳の舞台を批判する際、「正統」ではない海派の俳優であるという前提のもと、その声が嗄れていること、しぐさや表情が不自然なほど過剰であることをあげつらう文章が多い。しかし、演技に対する毀誉褒貶いずれの評価においても共通するのは、上記劇評にあるような唱、科白、しぐさ、表情の全てにおける「明確な表現」と、客席への「感染力」である。どちらも、幅広い層の観客に支持されることを第一に考えた場合、欠くべからざる要素であるといえよう。

以上、民国期の周信芳が観客に受け容れられ、高い評価を確立したことを前提に、本章では周信芳が「周辺」に及ぼした影響を、本人自身に関するものではなく、同時代の他の俳優に関する文献を中心に据えて読みとっていく。その際、基本的に本職の俳優に言及した言説のみを対象とするが、そこでは周信芳に直接演技上の手ほどきを受けた者、麒派の演技を断片的に受容した者、単に影響を受けただけの者、さらには麒派人気に便乗したと思しき者も同列に論じることとする。

麒派人気にあやかり、演技上の特徴をそっくりコピーし、それを看板とする俳優がいたとしても、エピゴーネンはあくまでエピゴーネンでしかない。他方、たとえ正式な伝承者たる弟子であっても、常に肯定的な評価を受けていたわけではない。しかし、そんな彼ら、彼女らを論じる批評からは、周信芳がなぜあれほどまでに受容されたかを証明する言辞を見出しうる。さらに、それは京劇のみならず地方劇、特に一九三〇年代に大変な勢いで勢力を伸ばした越劇、および滬劇に関する発言にも見受けられる。当時、上海を中心とする江南地区全般に「麒麟童」の影響が波及し、「麒麟童」存在自体が、上海の演劇文化を象徴するある種のアイコンと化していたことが、これら地方劇への言及からも明確になると考えられる。

なお、こうした文化的アイコン化現象は他の俳優にも大なり小なり生じていたことであり、特に同時代の京劇俳優としては、まず梅蘭芳を念頭に置かねばなるまい。梅蘭芳の場合、ブレーンたちの助言を受けながら美感あふれる独自のスタイルを確立する一方で、その存在は直接の弟子のみならず多くの追随者を生み出し、影響は地方劇や説唱芸能まで全国に及んだ。特に、旦を専門とした俳優で、劇種や地名を被せて「××劇梅蘭芳」と称された俳優は多数出現した。

それに較べると、麒派の流行は上海および江南地区を中心とするローカルな現象であり、特に民国期に限った場合、梅蘭芳との影響力の差は歴然としている。しかし、影響の及ぶ範囲が限定されたがゆえに、かえって当該文化圏全般に麒派が深く根付くことに繋がったという見方もできよう。加えて、その定着度が深く濃厚であったがゆえに、周信芳本人が死去し、直接の後継者が十分に育たずとも、長い時を経て現在にまで影響力を保ち続けているともいえる。

以下、麒派の影響が周囲に波及していく過程を追っていくこととする。

一　「麒麟童」の京劇界における認知

周信芳は、「七齢童」が誤って広告に掲載されたことから「麒麟童」という芸名を用いるようになったとされる。[3]幼少時の変声前こそ「譚鑫培の衣鉢を継ぐ者」と期待されることがあったものの、[4]経験を積んでいく段階にあった一九一〇年代から一九二〇年代前半においては、技芸が熟練の域に達していなかったことに加え、南下する北方の俳優たちに対する崇拝にも似た視線、および海派京劇に対する低い評価とあいまって、劇評家たちに「一流」として認知されることはなかった。もっとも、改革志向で新奇な演出を好む上海においては、海派京劇が正統なものか、俳優が一流かなどということに頓着する観衆は、実際のところ少なかったと思われる。俳優個人の演技の完成度が最重要項目とされなかった髦児戯《ぼうじぎ》（女性のみの芝居）や連台本戯の集客ぶりを見ても、それは明らかである。

他方、当時の京劇で最重視された老生という役柄のみに注目した場合、上海で何度か長期公演を行った「伶界大王」譚鑫培が一九一七年に死去した後、それに取って代わるほどの知名度と影響力を持った北方の老生は、余叔岩など数名に限られていた。また、上海土着の京劇俳優の中で、観衆や劇評家に絶対的な支持を得ている老生は少なかったため、まだ年齢も若く、さまざまなスタイルの上演に意欲的な周信芳が頭角をあらわす余地は大いにあった。

「麒派」自体の確立と名称の認知は繰り返し述べてきたように一九二〇年代末から一九三〇年代初めであると考えられるが、上海では早くからある程度の人気と評価を獲得していたと考えられる現象を以下に挙げることとする。

（二）「坤伶」麒麟童

一人の俳優がある地域で一定の人気を博した場合、その名称にあやかろうとすることが度々生じる。二〇世紀の上海に限定しても、早期上海京劇の名旦馮子和の芸名は、先達の常子和にあやかったものであり[5]、周信芳と同時期に活躍し、俳優としてのキャリア開始時には老生として舞台に立っていた海派武生の蓋叫天の芸名は、「叫天」と称された譚鑫培を意識したものである[6]。周信芳も認知度が高まるにつれ京劇の老生はもちろん、後述するように同一地区で上演されていた地方劇においても、その名にあやかろうとする俳優が登場する。中には、「麒麟童」「周信芳」から一、二文字（「麒」と「麟」が多い）採った芸名を付ける者もおり、本家に対する強い意識をうかがうことができる。

そうした中で、最も早く明確に麒麟童を意識したと思われる例として、坤伶（女優）「麒麟童」の存在を挙げることができる。一九二三年から一九二五年頃の『申報』に掲載されていた、先施楽園など遊楽場に設けられた中規模劇場の広告にその名が見えるが、当然ながら当時北方へ長期公演に出ていた周信芳その人ではない。実は、この時期に上海の舞台に立っていた「麒麟童」については、次のような記事が『申報』に掲載されており、その素性の一端をうかがい知ることができる。

坤伶の麒麟童、年はおよそ一六歳ばかり、才能も容色も大変すばらしい。鬚生（老生）を学び、譚（鑫培）の趣を得て、かつては天蟾楼で主演を担っていたが、去年に先施楽園の優美班に所属を移した。一昨日の晩、『武家坡』を演じたが、登場時の「倒板」の「一馬離了西涼界」は大変声が澄んでいてのびやかであった。「不由我、一陣陣」の一段は調子がはずれるといった欠点が少しもなかった。彼女が演じることのできる演目は数十本を下らず、『馬前撥水』、『汾河湾』、『慶頂珠（打漁殺家）』、『（徐母）罵曹』、『打棍出箱』など、どの演目でも常に規範が守られている。

――兆慶「坤伶麒麟童之『武家坡』」（『申報』一九二四年四月二三日）

清末からの髦児戯隆盛を受け、当時すでに女性老生[7]の認知度も比較的高かったとはいえ、先施楽園のような、上海でも最高級とはいい難い劇場を本拠地とする俳優が、『申報』のような大新聞の劇評で取り上げられる例はそう多くない。まずは、「麒麟童」という芸名を用い活動していた点が注目されたと考えるべきであろう。その背景には、当然、女優自身やその周辺による本家「麒麟童」の上海における活躍ぶりへの強い意識があったと思われる。なお、この短い劇評の中には、『武家坡』、『馬前撥水』、『汾河湾』、『慶頂珠』、『罵曹』、『打棍出箱』と六つの演目が挙げられている。一般的に上演演目の固定は、俳優の演技上の特質とともに「流派」を規定するにあたり外せない要素であり、特定の流派の伝承者、あるいはそれに私淑する者は、流派の「祖」が十八番とした演目の学習をもって流派へのアプローチを開始することが多い。この坤伶麒麟童の得意演目の中には、『打棍出箱』など本家の麒麟童が演じたものも含まれるが、どちらかというと、譚派などの歌唱重視の老生が常演する演目が中心となっている。

他方、この女優については、劇評の最後で「常に規範を守る」と述べられている。やや意地の悪い見方をすれば、この劇評は、正統的な発声や演技術を遵守せず、「規格外の老生」と見なされつつあった本家とは異なるという点を意識し、書かれているようにさえ思える。

なお、上海における「麒麟童」という芸名については、亢聞「周信芳演劇史料的幾点弁析[8]」において、「三人の麒麟童」の存在が紹介されている。この研究ノートの筆者は、一九一三年から一九一五年にかけて小規模な劇場で上演活動を行っていた同名の女性老生を紹介しており、この人物と上記『申報』記事の「麒麟童」を同一人物と見なしているが、実際には年齢的にも別人であると考えられる。

どちらかというと武骨で力強いイメージを帯びて語られる「麒麟童」の名が、この時期に女優の芸名として用いられたという事実は興味深い。後述するように、女子越劇においても麒派の影響を受けた老生が登場するなど、むしろその演技上の特徴や風格が「男性性」の象徴として意図的に用いられた可能性も考えられる。

（二）麒麟童の「弟子」たち

さて、一人の俳優の演技を模倣し伝承していくことを考えた際、最も容易に思いつくのは、師弟関係を結び、直接指導を受けることであろう。周信芳の弟子として名前が知られている俳優としては、彼の若い時期に弟子となった高百歳[9]（一九〇二―一九六九）、さらには全盛期に弟子となった陳鶴峰[10]（一九〇四―一九八一）、王椿柏（?―?）ら、数名の名前を挙げることができる。新聞や雑誌に登場する彼らへの批評は、多くの場合、師匠の周信芳との比較がなされて（もしくはどのあたりが「麒麟童的であるか」に言及されて）おり、ここから麒派の演技がどのように認知されていたかを知ることができる。

以下、すでに麒派に対する認識と評価が確立している一九三九年、集中して『申報』に掲載された「麒派評」三篇を挙げる。

高百歳

①高百歳は字を伯綏といい、旧都（北京）の人である。

著名な女性老生の恩暁峰の婿であり、恩維銘の夫である。幼い頃に富連成科で学び、頭角をあらわした。民国九年(一九二〇年)に南下して天蟾舞台に参加したが、密かに周信芳のしぐさ表情に心惹かれ、京派と麒派の長所を融合させ、その技芸は大いに進歩した。麒派唯一の入室の弟子であるが、靠把(甲冑を着る役柄と、その演技)にも長じており、立ち回りは非常に激しく、南方の観客に大変歓迎されている。

——王虹霓「高百歳」(二月八日)

②麒社長(周信芳のこと)の唱、白、做で精妙ならぬところはない。特に、科白、しぐさが最も優れている。(中略)その科白は明断無比で、一字一字に力がある。表情は劇中の人物をよく描き出しており、(その人物に)似ていないものはなく、特に薛礼(『鳳凰山』)、崇禎帝(『明末遺恨』)がすばらしい。(中略)高百歳は麒派伝承者の中で最も成功した人物で、声が高く響き、体つきも立派な点は、彼の長所である。科白はいささか既成の様式から脱しており、歌唱はわずかに耳障りである。(中略)陳鶴峰の芸の進歩は大変早い。三年前に『追韓信』を聴いた時は、一つも取るべき所がなかった。しかし、昨春、大舞台で演じた『鴻門宴』、『斬経堂』には、大変な進歩が見られた。

——思「麒派」(二月一四日)

③(王)椿柏は麒派を学ぶことに心血を注いでおり、唱、做はいずれもちょうどよい水準まで達したが、特に武工については相当の基礎があるため、この点は百歳、鶴峰なども及ばない。信芳は若い頃武生を演じており、彼の演じる劇は、間接的にいえば、武工の相当な基礎がなければ良い成果を得られないものである。ゆえに、かつて信芳ははっきりと、王椿柏こそが麒派を学んで成就する人物になるだろうと断言している。

百歳に至っては、その芸は椿柏をはるかに凌駕しているが、麒派を学ぶことでは椿柏の相手にはならない。百歳はもともと劉鴻声を師としており、修行半ばで周信芳に弟子入りしたのである。実際、百歳はあれほどすばらしい喉を持っていたのに、麒派を学んだことで台無しにしてしまった。百歳も武工の基礎があるが、姿は決して美しいものではない。特に台歩がいつも傾いていて、非常に見苦しい。歌唱と科白については、麒派中、最も優れた一人であるが、しぐさはぱっとせず、陳鶴峰の敏捷さには及ばない。陳鶴峰は、若い頃には敏捷過ぎて、ほとんどずる賢いといえるほどであった。最近の鶴峰は、雑多な要素をとり除き精華のみを残すことが大変上手くなり、以前ほどのずる賢さはないものの、かえって取るべき所が多くなった。特に、その姿は美しく、水袖（袖口の白い布を用いた技）、跳袍の技術については、極めて粋に、美しく行うことができるようになり、その芸は確かに大変進歩している。

——王唯我「我談麒派」（二月二二日）

麒派においては、いわゆる唱、念、做いずれにも強い個性があるとされるが、肯定的に評価される場合、外見、つまりしぐさや表情、あるいは全身のこなしに関するものが中心となろう。上記の文章は、いずれも伝統劇に相応の知見を持つ人物の手になるかと思われるが、麒派の伝承者と目される各俳優への評価には、それぞれ相違点がある。たとえば、高百歳は②と③で歌唱に若干問題があると述べられ、①と③では立ち回りに相反する評価が与えられているものの、総じて高水準の伝承者であるとされている。加えて、北方で修行を積み、生来優れた喉を持っていた点を踏まえて、師匠の単なるコピーではないとも評されている。陳鶴峰については、今回引用した史料では具体的な描写が乏しいが、②と③より模倣を得意とする器用な側面がうかがえる。王椿柏は高百歳、陳鶴峰両名より知名度は落ちるが、③では麒派の基礎を形作ったとされる「武工」の確実さが、「師匠のお墨付き」を伴い、積極的に評価されている。

さらに、麒派に関する評価として特徴的な点を個別に見ていくと、①の「激しさ」について言及している部分は、周信芳本人の演技に対する批評と共通性がある。類似の評語として、②の「力強さ」も挙げられるだろう。②ではまた科白の明晰さ、人物造形のリアルさが挙げられているが、現在に至るまでこれも麒派の特徴として認識されている要素である。③では陳鶴峰の「水袖」と「跳袍」が端正であるさまが述べられるが、いずれも衣装の一部を使い感情の起伏を表現する技術であり、特に『徐策跑城』で用いられることでよく知られている。また③では、高百歳が周信芳の嗄れた声を真似たことで、②に記される本来の明朗な声が損なわれたと述べられているが、およそ老生としては例外的な声も、第三者には麒派最大の特徴と目されていた。

以上、弟子たちへの批評を見る限り、やはり麒派を論じる際の常套句が並んでいるといわざるを得ないが、視点を変えると、ここから麒派の根幹となる要素が確認できる。

坤伶の麒麟童の場合とは異なり、彼らの場合、弟子として師匠の芸を伝承するという意味で、周囲から厳密な模倣が期待されたことは想像に難くない。しかし実際のところ、表層的なコピーで終わってしまっては、一人の演技者として、それ以上発展することが不可能となる。そういった点を考慮しつつ、弟子たちへの評語を見直してみると、単なる模倣に終始していないという点で、高百歳に高い評価が与えられているのは当然であろう。また、③のように、器用だとされた陳鶴峰よりも、発展の余地がありそうな王椿柏に好意的な評価が与えられている点も興味深い。いずれにせよ、この時点で成熟の域に達していた麒派が、直伝の弟子という狭い枠組みの中においても、すでに多様性をはらみつつあったことは確実だといえる。

二　地方劇における麒派の影響

周信芳と時代をともにした俳優の中で、その影響を口にする者は多い。京劇界においては花臉の袁世海が周信芳に傾倒していたことが知られているように、老生以外の役柄にも、麒派の要素を自身の演技に採り入れたという発言が散見される。また、その影響が京劇のみならず、越劇、滬劇といった地方劇にまで及んでいるのは先述のとおりである。

上海は浙江、江蘇を中心とする地方劇の集散地であり、加えて地方劇の発展、および交流活動が最も盛んだったのが民国期から人民共和国建国前夜にかけてのことであった。この時期の具体的様相を簡潔に述べると、崑曲を除くと最古参の劇種となる京劇は、上海で行われた改革や上演内容の変質に対する毀誉褒貶こそあったものの、民国期を通じて大きく凋落することもなく、一定の地位を保ち続けた。このため、後発である劇種の多くは、舞台におけるあらゆる面において、成熟した先行者である京劇の要素を採り入れることになり、特に演目や演技面からはその痕跡を容易に見出すことができる。

麒派もまた流派確立後は、その強烈な個性により格好の模倣対象になったと考えられる。以下、主要な劇種を中心に、麒派の影響を見ていくことにする。

（一）越劇

民国期を通じて最も著しく成長し、現在も盛んに演じられている劇種の一つとして、越劇を挙げることに異論はないだろう。現在の越劇は女優のみの劇団がほとんどであり、劇中で主役となる男性も、多くは小生が扮するものである。一九三〇年代の発展期を経た後、一九四二年頃から魯迅の小説を舞台化するなどして「新越劇」を提唱し、演目や歌唱技術、演出、さらには諸制度の改革を志し、人民共和国建国前夜に名を馳せた袁雪芬（一九二二―二〇一一）ら「越劇十姉妹」の中に、三名もの老生の名（張桂鳳、徐天紅、呉小楼）を見出すことができる。しかし、越劇界全体への影響力に鑑みると、彼女ら老生はやはり主演を張ることの多い花旦や小生の存在感には及ばない。[11]

とはいえ、越劇における老生の役割は決して小さくない。むしろ、『紅楼夢』の賈政や『梁山伯与祝英台』の祝公遠など、中心人物たる才子佳人の前途に立ちはだかる威圧的な障害物として、時には度量の広い庇護者として、老生の扮する人物は、劇中で非常に重要な役割を果たしていることが多い。加えて、民国期のまだ成熟過程にあった越劇においては、才子佳人劇のみならず、歴史劇や活劇が盛んに演じられるなど、現在よりも演目に多様性があったため、花旦と小生以外の役柄が前面に出ているケースも、現在よりずっと多かった。先の章で述べたように、京劇の優れた女性老生に対して一定の評価が与えられていたことも、以下念頭に置いて考えていく。[12]

以下、越劇が最盛期を迎えようとしていた一九四〇年代の越劇専門小報『紹興戯報』（一九四一年一月六日～五月？）を同時代の史料として参照していくことにする。多くの演劇専門小報の例に漏れず、この『紹興戯報』も創刊後、半年足らずという短期間で発行停止となっており、ここから読みとることのできる情報は、越劇史全体を俯瞰した場合、ごく限られたものといわざるを得ない。しかし、一九四〇年代冒頭は、越劇が破竹の勢いで展開し、かつ内部ではすでに「三花一娟」（施銀花、趙瑞花、王杏花、姚水娟）の次の、袁雪芬、尹桂芳（一九一九―二〇〇〇）、徐玉蘭（一九二一―　）らの世代が活躍を開始した頃であり、全てが目まぐるしい変化の最中にあった。ゆえに、非常に短いとはいえ、この期間の一部を切り取って分析することには相応の意義があると考える。

まず、この小報の特徴を簡単に述べておきたい。全体に、一九四〇年代中盤以降に見られるような、女優たちをアイドル視した芸能雑誌的な紙面作り（映画雑誌も類似の様相を呈していた）はまだなされておらず、どちらかというと一九一〇年代から続く、演劇雑誌や小報の延長線上にあるといってよい。他方、典型的な演劇紙（誌）としての体裁を備えており、演目の紹介や劇評、舞台動向や俳優の伝、越劇界を舞台にした小説、そして写真（戯装、平装ともに掲載されている）といったコンテンツから構成されている。なお、「紹興文戯」とも称された越劇のみならず、紹興地区で古くから行われていた紹興大班、すなわち現在の紹劇に関する記事にも一定の紙幅が割かれていた。[13]

これらを総覧すると、女子越劇に関する記事であっても、意外に老生や花臉に言及したケースが多いことが見てとれる。中でも注目すべきは、老生の商芳臣（一九二〇—二〇〇一）であろう。後述のように、この時点で越劇界屈指の老生と見なされていた彼女については、『紹興戯報』第九号（一九四一年一月一五日）において次のような単独記事が掲載されている。やや長いが、扮装や歌唱技術にも言及しているため、全文を引用する。

女子越劇で老生として女優たちを率いるのは、ただ商芳臣のみである（徐玉蘭は近々小生に転向するので例としない）。商氏もまた嵊県の生まれで字を雅卿といい、高陞舞台の第一期修了の老生で、筱丹桂とは同期の姉妹であり、年は二〇、人よりも優れて聡明である。老生として、その扮装は意気軒昂に映り、立ち居振る舞いは老いた気魄に生命力が満ちあふれている。喉を惜しむこと命のごとくで、養生もしっかりしたものである。唱えばその響きは雲が流れるがごとく、余韻が漂う。上海へやって来てから、その芸はより佳境に至り、最高の水準まで来ている。平素から麒派に心酔しており、よく観劇に出向いているが、受けた益は浅からずで、彼女の『掃松』[14]の張広才を見れば、足はこびも手さばきも、まったく（周）信芳にそっくりである。長段の乱弾[15]も、高山から水が流れ落ちるがごとくで、音の響きにも厚みがある。大班[16]の笑面虎[17]といえども、（この役を演じると）たいしたことはない。この劇は身のこなしをするが大変で、歌唱も複雑である。商氏はこれを一気呵成に演じるが、乱弾の基礎のない者がこの任に堪えるのは難しい。最近、民楽[18]では『唐僧』を上演し、商氏は斉天大聖（孫悟空）に扮している。この劇がかつて寧波で上演された時、（劇を観る人で）巷に人がいなくなるほどで、広く「活き悟空」の雅号を得た。このために民楽の舞台は連日満員となり、実に目論みどおりとなったのである。商氏は老生戯や悟空戯に長じるのみならず、小生戯の素養も深く備えている。以前、姚水娟と共演した際には、苦難の時を経て成功し、上演成績も甚だよかった。商氏のような者は、まことに越国においても多く得ることのできない俊才である。

――夢飛「老生主席商芳臣」

なお、この文に関連する情報を付加すると、『唐僧』は連台本戯形式を採っており、背景や仕掛け、そして起伏あるプロットが売りであったことは、京劇と同様である[19]。そのほか、この「老生主席商芳臣」には、劇の名称は不明ながら、高位の貴人の堂々たる扮装をした商芳臣の写真が掲載されている。また同紙一月一八日号には背広を着て髪をオールバックにした男装写真が大きく掲載されているが、これらの写真はしっかりした顔立ちとあいまって、男性性が強調されているようにも見える。

現在の越劇史や関連書籍の商芳臣に関する記載を読む限り、上海時代の彼女が周信芳の影響を受けたことを明確に述べているものはほとんど無い[20]。しかし、一九四〇年代のこの記事には、彼女が麒派戯に傾倒していることがはっきりと記されている。その上で、得意演目として『掃松』という代表的な麒派戯が挙げられ[21]、その一挙手一投足が周信芳の演技を模していることが述べられている。ここからも「上海の老生」として、周信芳が大きな影響力を持ち、麒派的な演技を取り込むことが観客の支持に繋がると、演じる側がとらえていたことは明白であろう。ただし歌唱については、やはり京劇の「一般的な」老生と同じく、恵まれた喉で流れるように唱っていたことがうかがわれる。この点は、先の高百歳と異なり、自身の生まれ持った長所を曲げてまで麒派に迎合する必要を感じなかったのであろう。

現在の越劇において、演技要素として歌唱や科白、しぐさを重視し、立ち回りは少ないと認識されているが、[22]一般的な老生の演技にもこれと共通する部分が多い。しかし、この記事にも書かれているように、商芳臣は『唐僧』[23]に出演して孫悟空に扮している。京劇の立ち回り専門俳優のようなアクロバティックな技芸こそおそらく行わなかったものの、後日の記事に記載されているように、熱心に演じ過ぎて怪我をする程度のアクティブさは備えていたようである。[24]孫悟空は京劇において武生か武丑が扮するものであり、この「反串《はんせん》」（専門外の役柄を余興などで臨時に演じること）経験については、後世、彼女に関する記述で必ず挙げられるトピックスとなっている。そうした演技上の幅を踏まえて鑑みるに、商芳臣は麒麟童のコピーではなく、老生、あるいは「生」としての総合的な演技要素の一部として、麒派の演技を採り入れたといえよう。

男装した商芳臣の肖像

さらに付け加えると、商芳臣以外にも刑湘麟[25]、銭秀霊、筱霊鳳、任伯棠、そして小生に「改行」（専門とする役柄の変更）する前の徐玉蘭（この改行はちょうど『紹興戯報』刊行時期に行われた）などが越劇界の老生として名を馳せており、レパートリーとして『打漁殺家』や『武家坡』など、京劇と共通するものも見受けられる。また、商芳臣自身が、すでに越劇老生の一つの規範と目されているかのごとき記事も見受けられ、[26]新興の劇種である越劇の、老生という狭い枠内でも、特定の俳優をアイコン化する兆しがあったことがうかがえる。

(二) 滬劇

上海方言を用いて上演する滬劇の展開は、越劇のそれとは異なっており、特に文明戯の脚本家が流入したことによる現代劇重視の演目構成により、役柄の概念もまた他の伝統劇よりも話劇(新劇)に近いといえる。

他の伝統劇よりは役柄ごとの輪郭が若干不鮮明であるとはいえ、滬劇にもやはり流派があり、それぞれ次世代への伝承が行われている。ここでは、近年まで存命であった邵濱孫を取り上げる。

邵濱孫は一九三五年に滬劇(当時の名称は「申曲」)の俳優として本格的な活動を開始した。師匠の筱文濱(一九〇四—一九八六)は、当時、文月社という上演団体を率いており、その歌唱は「文派」と称され、優雅で柔らかいことで知られていた。滬劇自体が文明戯、話劇、映画とさまざまな要素を採り入れつつ大々的に発展していく中、邵濱孫は若くして文月社で頭角をあらわし、洒脱な男性に扮することで人気を博した。

この邵濱孫について特筆すべきは、京劇俳優である周信芳に私淑するのみならず、直接弟子入りしたことである。本人の回顧録によると、[27]若い頃から京劇をはじめとする他の劇種の舞台を好んで観に行き、中でも周信芳の舞台に魅せられていたが、一九四三年、先に挙げた周信芳の高弟高百歳の仲介により、邵濱孫は正式に「拝師」の儀式を執り行う。このように系統の大きく異なる劇種の俳優同士が師弟の契りを結ぶのは異例のことだが、[28]この回顧録では、邵濱孫が麒派のいかなる部分に魅力を感じ、自身の演技に採り入れようとしたかということが述べられている。

周先生は、鮮明で、強烈で、リズム感に富んだ優美な動作と表情をうまく用い、力強い銅鑼太鼓の響きの中、登場人物の内心のリアルな感情を際立たせて描写した。彼の科白は一字一字きっぱりとしており、音の響きは濃厚で、歌唱は通俗的でのびやかで、気勢は勇壮であった。（中略）ある角度からすれば、邵派（邵濱孫の流派）の歌唱が演劇界で一角を占めることができたのは、麒派との密接なかかわりによるものである。（中略）絶え間ない挫折と努力の中、麒派のある種の要素が次第に私の歌唱に入り込んでいった。私の歌唱は、穏やかで上品で、読書人的な風格に富んだ文派に基づいていたが、次第に剛柔互いに補い合い、雄渾で強烈な、調子の明晰な、リズム感に富んだ麒派へと変化していった。

滬劇は、ことによると越劇以上に、身体的表現よりも歌唱による表現が重んじられるケースが多い。邵濱孫の場合も、麒派の演技上の要素で影響を受けたのは歌唱であることを最初に述べているが、この発言を読む限り、自身の歌唱の風格には相当な変化がもたらされたと思われる。京劇などに比べると、その世界への参入が比較的容易であった滬劇の場合、多くの競合相手を押しのけ自己の個性を際立たせるためには、これぐらい大胆な挑戦が必要だったと見ることもできる。他方、身体的表現についても全く影響を受けなかったわけではなく、『徐策跑城』の「大円場」や「跪歩」などを、『楊乃武与小白菜』、『白毛女』で積極的に採り入れたと述べている。

なお、越劇とは異なり、滬劇においては古装戯の上演が極めて少ない。かつ、邵濱孫が周信芳に弟子入りした時期には、滬劇は時装戯[29]を得意とするという認識も定着していたと思われる。それでも邵濱孫自身は、麒派演目の『投軍別窰』、『斬経堂』、『香妃恨』などを滬劇で上演することで、自身の演技の中に麒派のエッセンスを採り入れようとした。この行為は「かなり稚拙で、強引に過ぎたきらいがある」と本人が否定的に述懐する結果となったようだが、麒派的な要素は、先に述べたように現代劇での演技において存分に生かされることになる。いうなれば、邵濱孫は扮装など麒派の外面的な部分を継承したのではなく、演技そのものに同化しうる内面的な要素を継承したということになろう。

そのほかにも、淮劇の馬麟童（一九一二—一九五二）、周筱芳（一九二九—一九七七）など、京劇の影響を受け、かつ麒麟童、周信芳の名を意識した芸名を持つ俳優が民国期上海で活躍し、建国後も高い評価を保ち続けたが、史料上の制約もあるため本書では割愛する。

結語

あらためて、中国の伝統演劇において「芸を伝える」際、どのような形を取りうるのかを考えてみたい。二〇世紀の京劇界、特に北京において代表格とされた譚鑫培と梅蘭芳の二人の状況を簡単に述べると、まず譚鑫培については、多くの老生がその後継者と目されることを意識し、本人亡き後に演劇界のトップの地位を争った。結果的に、余叔岩や馬連良といった優れた老生たちが、譚鑫培の演技術を吸収した上で独自の流派をうち立てることになった。梅蘭芳については、実子をはじめとする弟子たちが遺響をそのまま継ぐことを目指し、多くの後継者を残したが、他方、独自の境地に至ったのは張君秋などごく少数に限られる。

同様に、麒派においてその技芸をそのまま伝承した後継者は極めて少ない。麒派そのものの特質が周信芳個人の肉体的条件に依拠した部分が大きく、完全にコピーすることが難しかったという理由も、当然考慮せねばならないだろう。しかし、見方を変えれば、変化や多様性を好む上海の気質が、特定の俳優の演技をそのまま継承することに抵抗感を覚えさせた結果だと考えることもできよう。

これまで述べてきたように、麒派の影響は京劇にとどまらず、他の劇種や、場合によっては他のジャンルにまで拡大しており、それぞれの表現要素の中に浸透している。邵濱孫が自ら述べたように、その影響力は、自身がこれまで積み重ねてきた演技を変質させてしまうほどに強烈なものであった。

より具体的に述べると、上海を含めた江南の地において、麒派の伝播は、時には歌唱やしぐさ、表情といったように「部分的」であり、また時には演目や一部の節回しのレパートリーへの取り込みに見られるように「表層的」でもあった。一方で「風格」や「精神」といった抽象的なことばで代表されるように、具体的な演技様式や演目ではなく、舞台に立つにあたって俳優が身に纏うある種の雰囲気に、麒派的なものを醸し出そうとするケースもあった。言い換えるなら、周信芳個人が備えていた麒派を形作るあらゆる要素が、さまざまな形で江南各地の演劇界に拡散して定着し、本人が死去した後も影響を保ち続けているのである。冒頭で述べたように、「麒派」は以上のように、一つの演劇圏における文化的アイコンとなったのである。

その例は、上海に隣接する太湖地区で、現在も盛んに上演される宣巻芸人の麒派に対する認識からも見てとることができる(30)。宣巻は本来宗教系の説唱芸能で、地域の信仰と密接に結び付き、寺廟で催される大きな宗教行事で上演されるほか、個人の願掛けや願解きを行い、近年では地域の娯楽としての性格も濃厚になっている。特に楽曲面では基本的な曲調のほか、錫劇や滬劇など灘簧系地方劇の節が多く用いられるが、そのほかに評弾、江北の地方劇、越劇、京劇まで組み入れて唱われることがある。

その中で、四〇代（取材当時）の芸人・高黄驥は、地方劇のさまざまな楽曲を取り込み、緻密に組み立てることを得意とするが、麒派の地方劇における影響を肯定している。[31]また、越劇俳優として正式の教育を受けた趙華は、三〇代（取材当時）という若さながら麒派の歌唱への強い愛着を口にしている。[32]

中国において、同一地区内に複数の上演芸術が併存していた場合、階層による嗜好の差により劇種の選択行動がなされると思われるが、いわば最も庶民的な宣巻の演者が、どちらかというと高級な部類に属する京劇に言及するという事実は興味深く思われる。

伝統芸能の流派はいかなる形で伝承されるべきかという問題については、おそらく一〇人いれば一〇通りの解答が示されることであろう。筆者自身は普段、流派のエッセンスとされる部分を意識的に守り続けつつも、伝承者たる俳優個人の個性と融合させることに意味があると考えている。しかし麒派については、そういった側面のほかに、上海、江南地区で見られる影響の広範さ、深さを、また別の視点を踏まえた上で語るべきではないだろうか。

一人の俳優の演技術、ひいてはその風格自体が、劇種やジャンルを越え、幅広い観衆の間で「麒派文化」とも称すべき様態をもって受容されている事実は、さまざまな文化的事象全体における演劇文化のあり方として、今後検討に値するものだとここでは結論付けたい。

【注】

（1）第一部（上）第一章「周信芳と『梨園公報』」、同第二章「周信芳評価の一側面」、同第三章「周信芳と劇評家」参照。

（2）「初二夜之新新舞台」（『申報』一九一二年七月一八日）。
（3）本書第一部(上)第二章「周信芳評価の一側面」六二頁参照。なお、この説は一般に広く認知されているが、異説もある。
（4）譚鑫培を老生の規範とする考え方は、北方を正統視する立場のみならず、海派京劇を肯定する立場でも同様で、譚鑫培自身が民国期を通じて、京劇老生の絶対的アイコンであったことは念頭に置いておくべきであろう。
（5）もともと「小子和」と名乗っていたが、辛亥革命前後から自身の姓である「馮」を冠するようになった。
（6）譚鑫培はその父である譚志道が「譚叫天」と呼ばれていたため、「小叫天」という芸名を持っていた。それを「蓋」（おおう）という意図から蓋叫天という芸名が付けられた。
（7）北方では恩暁峰（一八八七―一九四九）など実力が評価されていた女性老生が早くから活動していた。また、孟小冬（一九〇七―一九七七）も一九二三年に漢口で本格的な上演活動を開始するなど、女性老生が活躍する素地はでき上がりつつあったといえる。
（8）中国戯曲志上海巻編輯部編『上海戯曲史料薈萃』第五集（一九八八年）所収。
（9）周信芳の弟子になったのは一九一六年とされる。以後、一九二〇年代の北方巡演にも同行した。
（10）一九二九年に来滬、周信芳と共演。自ら進んで病気の周信芳の代演に立ち、その演技の類似ぶりに観客が驚いたという逸話も残る。一九三二年に正式の弟子となる。
（11）現代においても、越劇の若手俳優を何人かピックアップして競わせる場合、必ず老生が含まれている。
（12）拙論「越劇の老生」（『言語と文化』第一七号、二〇一四年）参照。
（13）越劇が紹劇から採り入れた曲調や一部演目を除き、両者に劇種としての相関性は薄く、かつ出自的にも越劇の方がより卑俗な劇であったことは想像に難くないが、同地域の劇であるということで、同じ紙面で扱われるという点は興味深い。なお、越劇老生の中には、本章で後述の商芳臣や徐天紅のように、紹劇の歌唱に長けた人物が老生を中心に存在していた。
（14）『掃松（掃松下書）』は『趙五娘』の一場面。
（15）乱弾系である紹劇を指すと思われる。
（16）この部分、原テキストが不明瞭なため推定。「大班」、すなわち紹興大班（紹劇）か。
（17）笑顔でも内心の陰険な人物を指すが、ここでは笑顔で余裕のある人物ぐらいの意か。あるいは芸名の可能性あり。待考。
（18）民楽大戯院。商芳臣の率いる標準劇団が当時上演を行っていた舞台。
（19）「五集唐僧――日告満座」（『紹興戯報』第三号、一九四一年一月九日）。

(20)上海越劇志編集委員会ほか編『上海越劇史』(中国戯劇出版社、一九九七年)、銭宏主編『中国越劇大典』(浙江文芸出版社、二〇〇六年)にそれぞれ所載の商芳臣の項を参照。
(21)この『紹興戯報』の上演広告を見る限り、ほかに『投軍別窰』の上演が確認できる。また、注(20)に挙げた各書籍では、民国期の商芳臣が『烏龍院』を演じたことが述べられている。なお、『掃松』は京劇同様、紹劇経由で徽戯から越劇に入った可能性がある。
(22)筆者はかつて、紹興の越劇団による立ち回りに長けた俳優を擁した公演を観たことがある。また京劇同様、越劇においても、吊毛程度であれば生が舞台で披露することもある。
(23)京劇では清末より『西遊記』の連台本戯はたびたび上演されてきたが、時期的に近く、かつ最も長い間上演されたものとして、一九三五年から一九四〇年にかけて大舞台で上演された張翼鵬(蓋叫天の子息)主演の『唐僧取経』全四二本が挙げられる。
(24)「商芳臣受傷」(『紹興戯報』第四三号　一九四一年二月二四日)によると、演技中に食指、すなわち人差し指に怪我をしたとのことだが、詳細は不明。
(25)珍英「芸人群像――刑湘麟」(『紹興戯報』第三六号、一九四一年二月一七日)によると、一時期、刑湘麟と商芳臣、姚月明、徐玉蘭を「越国四大老生」と称したという。
(26)「王雪影――今日在西摩」(『紹興戯報』第二七号、一九四一年二月八日)には、王雪影という若い老生の表情、態度が商芳臣に非常に似ているとの記述がある。また、同様の劇評が翌々日にも掲載されている。
(27)中国人民政治協商会上海市委員会・文史資料委員会編、上海文史資料選輯第六二輯(戯曲専輯)『戯曲菁英』(下)所収「従芸歳月」(邵濱孫、唯真整理)による。なお、口述記録をリライトしたものであるため、内容的に若干手が入れられている可能性を考慮して読む必要がある。
(28)注(27)参照。なお、邵濱孫の弁によると、他劇種の俳優で周信芳の弟子になったのは彼だけだとのことである。
(29)邵濱孫は生涯にわたって何度も曹禺の『雷雨』を演じているが、周信芳も一九四〇年に話劇『雷雨』で周僕園を演じている。
(30)以下、佐藤仁史、太田出、藤野真子、緒方賢一、朱火生編著『中国農村の民間藝能』(汲古書院、二〇一一年)による。
(31)同右。
(32)同右。

第一部（下）

京劇の変革と俳優
——上海における旦の改革と評価

第一章　海上名旦・馮子和論序説

はじめに

清音雛鳳詡當年　　爛漫風光態愈妍

清らかな音《こえ》たる雛鳳 当年に詡《ほこ》り　　爛漫たる風光 態いよいよ妍たり

——柳亜子「示鵷雛為春航作」

文学結社の南社を主催した柳亜子は、京劇俳優馮子和（一八八八—一九四二）[1]の舞台に心酔し、彼をフィーチャーした文集『春航集』（広益書局、一九一三年）を世に問うた。その中身は、柳と南社同人たちによる詩詞・散文作品、書簡、劇評などであり、冒頭の詩も馮子和の舞台におけるたたずまいを題材とした柳亜子の作品の一部である。これらは清代に書かれた『燕蘭小譜』、『日下看花記』[2]などのような、韻文による京劇俳優（多くは若い美貌の旦）への耽美的な賛辞を彷彿とさせる。もちろん柳亜子らの作品に色情的要素は稀薄だが、全篇を通じ、崇拝にも等しい傾倒ぶりがうかがえる。

では、柳亜子らの詩心を熱烈に揺さぶった馮子和とは、一体どのような俳優だったのか。

馮子和[3]、名は旭初、字は春航、本籍は蘇州である。父は北京四喜班に所属していた名花旦の馮三喜であり、南下して上海に定着した。馮子和は父の芸を継いで花旦および青衣を学び、九歳で夏月珊に師事[4]、後に伝統劇改革で名を馳せるこの夏氏の科班に籍を置く。一二歳で初舞台を踏み、夏氏兄弟による新舞台開設後[5]はそこに名を連ね、現代ものを中心とする「新戯」を盛んに演じるなど、上海の京劇界でも先進的なグループと行動をともにしている。また、彼の伝において常に言及されるのは、「商務書館」（正式名称は不詳）にて外国語（英語）や音楽、舞踏などを学んだという逸話である。馮子和がいわゆる「時装新戯」を得意としたのは、その経験が影響しているとさえ見なされている。[6]

現代中国の公式的な戯曲史において、このいかにも新興都市上海にふさわしい経歴を持つ馮子和は、総じて上海における京劇改革の先駆者として扱われ、工具書類でも単独の項目が設けられるなど、一定の評価が与えられている。[7]とはいえ、民国期上海京劇に関する論考といえば、一九九〇年代になって上海ローカル文化という文脈に根ざした『上海京劇史』などの専著が出たものの[8]、清末から民国初期に活躍した老生の汪笑儂、潘月樵、夏月珊・夏月潤兄弟らの活動を除くと、上海演劇界に君臨した老生周信芳と、彼の流派である麒派に関するものに限られている。その周信芳にしても、民国期の左翼系演劇人との交流、およびその延長線上にある人民共和国建国後の政治的ポジションがなければ、北京から非正統視された海派京劇界を活動拠点とした俳優として、今も不当に低い評価を与えられていたかもしれない。一方、いわゆる「四大名旦」をはじめ、著名な旦を多数輩出した北京とは異なり、上海の旦に関するまとまった論考は驚くほど少ない。[9]事実、彼

青衣の扮装をした馮子和

らの多くは芸歴におけるピークも短く、流派を形成するほどの際立った個性と芸術的成就を活動内容から見出すことは難しい。たとえば、馮子和とともに舞台に立った毛韻珂（一八八五―一九四二）、そして「馮賈」と並び称された賈璧雲（一八九〇―一九四一）などが、こんにち、京劇史で多くのスペースを割いて紹介されることはあまりない。

このように、研究対象としての扱いこそ十分とはいえないものの、上海京劇がその代名詞ともいえる荒唐無稽な内容の連台本戯と派手な舞台装置により百花繚乱のさまを呈する前夜にあって、馮子和の存在はある種のメルクマールになっている。本章では、馮子和のキャリアの頂点と思われる一九一二年から一三年にスポットを当て、新聞や雑誌の記事や劇評などから、同時期における彼の活動内容を描き出すことを目的とする。この分析を通じ、後日の「海派」京劇の特質に繋がる諸要素が提示できるであろう。

一　馮子和に対する同時代人の認識

馮子和が活躍した一九一三年、王鳳卿に従って上海へ来た梅蘭芳が初めてこの地の舞台を踏む[10]。彼は上海の演劇愛好者たちの歓迎を受け、その演技はメディアで高く評価された。その最中、梅蘭芳自身が空き時間に他の舞台に足を運んでいたことは、著名な自伝『舞台生活四十年』で語られている。

（趙君玉の）化粧から、前回（一九一三年）上海で観た馮子和や七盞灯（毛韻珂）、また北京公演を行った賈璧雲や林顰卿を思い出したが、みな同じ系統のものだった。それはいくつかの点で、我々と異なっていた。南方の方がいくらか美感に優れているように思うので、二つ例を挙げておく。
（一）眼圏（アイライン）を描くこと。それまで北方の旦は眼圏を描くことを重視していなかった。簡単に何筆か描いてそれで終わりだった。私が見た先の何人かの眼圏は、みな相当黒々と描かれており、いかにも目が見栄え良く生き生きとしているように見えた。
（二）片子（付け髪）の貼り付け方。最も早い時期において、北方の青衣、閨門旦（深窓の令嬢に扮する役柄）、花旦の片子の部位は、現在よりも高くかつ幅があり、往々にして顔が四角く見えるように貼り付けていた。（中略）しかし、私には南方の旦の付け方はもっと見栄えがいいように思えた。私は彼らの影響を受けて、前回北京へ戻った時点で、すでに眼圏と片子に新しい改革を施し始めていた。(11)

この記述どおりであれば、梅蘭芳はこの一九一三年の上海公演で、自身と同じ旦の髪型や化粧などが印象に残り、それを採り入れたということになる。またこの引用部分は「上海においては馮子和が旦の化粧などを改革した」という話の根拠になっているようだが、むしろ馮子和のみの工夫と限定されるものではなく、全般に上海の旦たちが視覚に訴えることに心を砕いていたことを示すものといえよう。

当時すでに、上海の京劇は北京と大きく異なる道を歩み始めていた。こと清末から民国期を通じて、上海の観客が京劇に「聴覚」より「視覚」的要素を求め、京劇自体もそれに重点を置いて発展してきたことは、本書でも繰り返し述べており、また多くの先人にも指摘されている。さらに、同時代の新聞・雑誌に掲載された言説から、当の上海人自身がそれを自認し、むしろ積極的に支持していたことも容易に読みとれる。

しかし残念ながら、梅蘭芳はここで彼ら「南派旦角」たちの具体的な演技内容については述べていない。強いて挙げるならば、具体的な描写こそないものの、梅蘭芳は同じ舞台で演じていた趙君玉が馮子和の演技をなぞっていると述べており、少なくとも馮子和の演技的特徴を記憶する程度には観ていたものと考えられる。[12]

ここからはあらためて、同時代人の馮子和評を見ていくことにしたい。前述のように馮子和のピークを民国初年からの二年間と見なすにあたっては、彼に言及した記事が最も多いということを根拠とする。[13]主要な出版メディアに限定しても、『申報』掲載の劇評を含む一連の演劇記事、南社の同人による『民立報』など革命派系諸新聞での記事、加えて前述の柳亜子による『春航集』出版など、いずれもこの時期に集中している。そのほかにも民国期初期の上海メディア界では、すでに複数の大新聞、多種多様なジャンルの雑誌が発行されていたが、[14]同時代の伝統演劇に関する記事はこうした出版物にも多数掲載されており、馮子和関連のみならず、丹念な検索により多彩な情報を得ることができる。

もっとも、こうした文章は、書き手の出身地、伝統演劇への造詣の深さ、および教育を受けた時期によって異なった様相を呈しており、全てを同レベルの言説として扱うには慎重を要する。かつ、馮子和自身が備えていた個性の強さにより、発言者は称賛あるいは誹謗のいずれにせよ、極端なスタンスを取る傾向にある。

こうした点を考慮して、以下、馮子和に関する言説を分析し、その実像により詳しく迫ることとする。

さて、馮子和の舞台活動はすでに清末から始まっており、中華民国成立前夜の一九一一年には、次のような文章が書かれている。

歌声の明朗なさまは群を抜いており、玉を転がすような発音は一字一字よく通り、まるで霓裳の仙曲を聴くかのようである。芙蓉のような面貌、楊柳のような腰、たおやかで美しい風情、麗しいこと天下無双、容貌の全てに美人の風格が備わっており、まさに「下草を迷わせ、陽城を惑わす」[15]というありさまである。新戯を演じるときは流行の化粧をするが、これが最も心を酔わせ（観る者の）思いを募らせる。所作はゆったりとのびのびとしており、つかずはなれず、ちょうどいい具合である。

――暮優生編『海上梨園雑誌』「巻二　名伶列伝」（振瞶社、一九一一年）

この文章では馮子和の役柄、得意演目などへの言及は無いが、容姿、声質および歌唱技術に優れていること、新戯での化粧が魅力的であること、所作が自然であることなど、その特徴が明示されている。特に所作については、いわば花旦の特徴である艶っぽさやあざとさに関する評語が見あたらないことに注目しておきたい。

続いて、清末から民国期を代表する刊行物として、『申報』の記事を挙げておきたい。時期によって掲載頻度の疎密はあるものの、『申報』の娯楽欄には演劇に関する記事が掲載されていた。これらの中には演目とその内容の紹介、過去の人物に関する逸話と同時に、比較的体裁の整った「劇評」も見出すことができる。かつ一九一二年から一三年にかけては、先述のように「（呉下）健児」、「玄郎」、「瀛仙」[16]という記者が大量の記事を残しているが、馮子和に関するものも散見される。

馮春航は容姿、芸ともに優れ、新劇、旧劇双方に優れた花旦である。毛韻珂とうまくいかずに新舞台を出た後、新劇場、大舞台、第一台、漢舞台、新新舞台などあちらこちらに出演した。（中略）春航は天分甚だ優れたものがあり、機敏にして学を好み、詩書を渉猟するほか、外国語を学んだりもしている。ゆえにその演技は表情に優れている。新、旧戯を問わず、春航が演じれば、扮装、挙動、口ぶり、身分など、あらゆる点で自然であり、観客は本当にそこに身を置いているような気になり、それが舞台であることを忘れてしまうほどである。中でも新劇に優れ、『双涙碑』、『血涙碑』[17]、『妻党同悪報』などの悲劇では、観客は我を忘れるほど夢中になり、深い悲しみにおそわれ、これを観た後は傷ましい気持ちでいっぱいになり、涙で襟を濡らす。（毛）韻珂、（賈）璧雲もまた一時その名を謳われたが、表情を詳細に比較すると、いま一つその域に達していないように思われる。春航こそ花旦界を牛耳る者である。

——玄郎「紀小子和」（一九一三年四月一七日）

この時点での馮子和のキャリア、得意演目、および演技の特徴が簡潔に記された文章であり、こんにちにおける馮子和評価と内容的にもおおむね重なっている。しかも、前掲『海上梨園雑誌』における容貌に重きを置いた記事とは異なり、演技そのものの質に視線が向けられている。ここに挙げられた「自然」、「表情」、「悲劇」は、以後、馮子和を論じる際に不可欠なキーワードとなる。

次の文章は、伝統演劇界の改革活動が一段落し、一九二〇年代の連台本戯全盛期を迎える直前の一九一八年、それまでの上海演劇シーンを総括すべく編集された『菊部叢刊』（上海交通図書館）に掲載されたものである。

馮子和の演技は表情が最もすばらしい。なかでも、一人寂しく嘆き悲しむさまが最もすばらしい。『血涙碑』、『馮小青』、『孟姜女』などの劇（新戯）は、確かに傑作であり、他の俳優の及ばないところである。『梅龍鎮』、『花田錯』『咽脂虎』などの劇（旧戯）[18]は、容色が衰え太ったことが仇となり、美感に訴えることができない。ただその表情には独特の境地があり、細心の注意を払って演じるさまは、やはりこころよさを感じさせるものである。

——楊塵因「鞠品餘話春雨梨花館劇話」

当時、馮子和はまだ現役で舞台に立っていたが、『菊部叢刊』全体を通じて言及される回数は少なく、この楊塵因の文からも民国初年の勢いはすでに失われていたことが読みとれる。しかし、容貌は衰えてもやはり表情でみせるテクニックは健在であり、「悲劇に長じた俳優」として往年の観客の記憶に深く刻まれていたことも分かる。

以上、馮子和の舞台は多分にもれず視覚重視であり、化粧など外見上の見栄えを追求していたことが、梅蘭芳の回想や一九一一年の記事からも見てとれる。一方、その演技術の核をなすのは「表情」であり、天性の美貌と自然な演技とが相まって、静謐なたたずまいを醸し出していたことがうかがわれる。さらに、悲劇作品に関する言及と評価が多いことから、彼の纏う雰囲気が悲劇に合致していたことも間違いない。これらの特徴により馮子和は同時代人の支持を得たわけであるが、観客の求めたのは細やかな「表情」を駆使し、「自然」な様子をもって「悲劇」を演じることだけだったのだろうか。

それを知るためには、もう一人の「名旦」への言及が必要となる。

二　「馮党・賈党」

前述のように、馮子和には同時代において何人かの競合者が存在したが、梅蘭芳のような北方から招聘されてきた俳優を除くと、やはり最大の競争相手は本拠地を同じくした賈璧雲(19)であった。賈との比較によって、馮子和の同時代

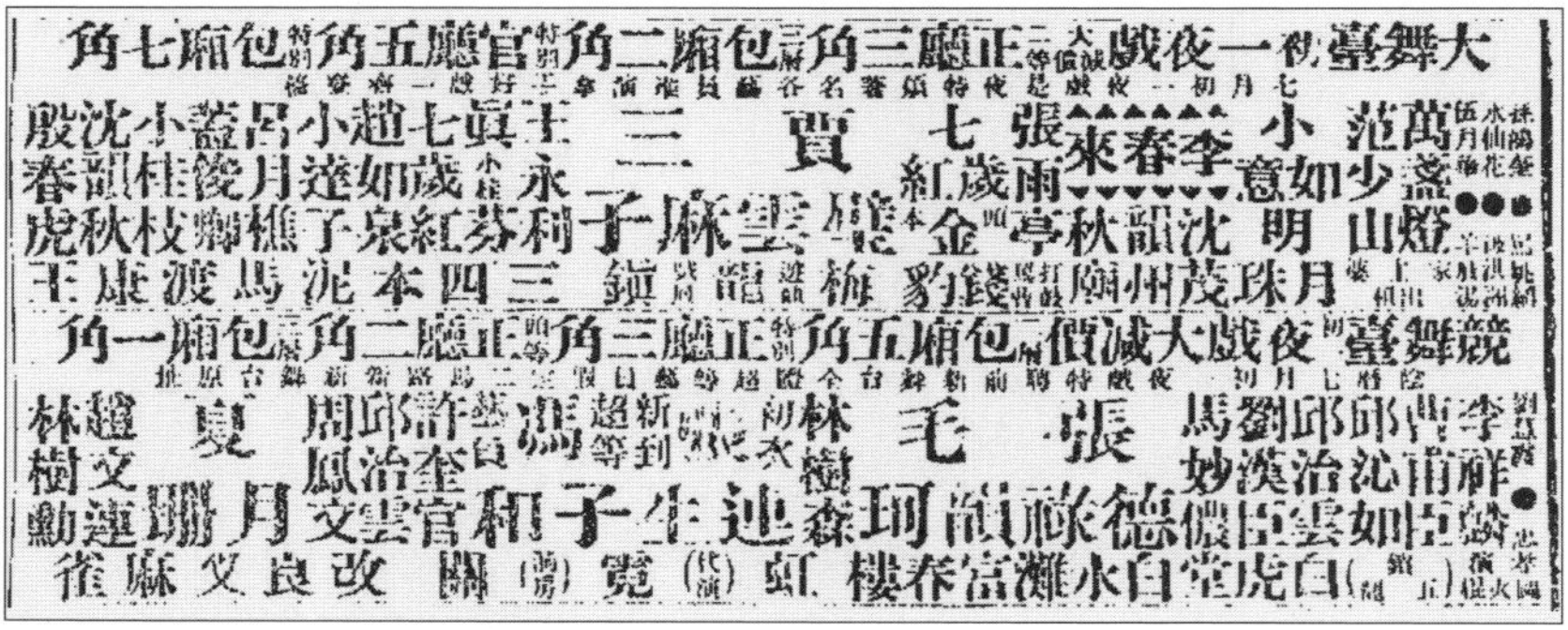

馮・賈の広告（『申報』1914年8月21日）

上海における、ひいては近代京劇史におけるポジションを明確にすることが可能となろう。

さて、民国初年頃、馮子和と賈璧雲の支持者が各々「馮党」、「賈党」と称し、論争を繰り広げたことは、当時から現在まで、多くの文章で紹介されている。以下、さまざまな書き手による二人の対比を見ていくこととする。

最初に、前述の玄郎による『申報』掲載の文章を紹介したい。ちなみに、玄郎の馮子和評は、後述の柳亜子や馮叔鸞のように支持スタンスを明確にして発言した人物に比すると、よりニュートラルなものである。

子和の第二夜の打泡戯（顔見せ芝居）は『梅龍鎮』であったが、璧雲もまた時を同じくしてこの劇を演じている。期せずしてそうなったものであろうが、競争心のためではないかと想像をめぐらせ、両者の比較をしてみようと思った。まず璧雲の演技を観たが、軽く眉をひそめ低く笑い、風情も脈々として、あれこれ挑発したかと思えばあいまいな態度を取り、まさに春に日覚めた小娘といった様子である。純粋にあふれんばかりの初々しさで他人より勝っている。子和の方は冷静沈着で、品良くしゃなりしゃなりと歩き、聡明、怜悧で、ひとりよがりで、自意識過剰な女性そのものである。純粋に淡泊さの中の味わいで他人より勝っている。両者の芸を詳細に比較すると、片や情意纏綿、片や品格端麗といったところである。所作は各々長所があり、いまだ馮・賈の優劣を決めかねる。ただ、科白と歌唱については、賈は馮の歯切れ良く流暢なさまにははるかに及ばない。しかし相手役に関していうと、大舞台（賈の所属する舞台）は新新（馮の所属する舞台）よりずっと勝っている。

――玄郎「馮子和、賈璧雲『梅龍鎮』之比較和李春来之『悪虎村』」（『申報』一九一三年四月一九日）

『梅龍鎮』はお忍びで市井をそぞろ歩きする皇帝と、宿屋の娘である李鳳姐とが思わせぶりなやり取りを演じる劇だが、同じ李鳳姐を演じた馮子和と賈璧雲の演技を比較した評者が、旦としての両者の資質を非常に対照的なものとしてとらえていることが分かる[20]。これを読む限り、伝統的花旦としての要素が色濃いのは賈璧雲の方で、「冷」、「淡」などの語で表現される馮子和の方が、むしろ花旦のスタンダードからは遠い。また、ほぼ同時期に『民国新聞』に連載された「閑閑斎劇譚」では、「賈は《官僚派》、馮は《国民派》」、「馮は南派花旦のリーダー、賈は北派花旦の傑物」と見なす巷の言説が紹介されているが、「官僚派」という表現からも、北方の演劇界からやって来た賈璧雲にある種の正統性を見出していたことがうかがわれる[21]。

続いて、どちらかへの支持を明確にしている人物の発言を確認しておく。まずは馮子和を支持するグループによるものとして、あらためて『春航集』の記事を引用する。劇評家の馮叔鸞に激しく非難されたように、柳亜子らの文章は馮子和を題材にした「文学作品」としての側面が強かった。「劇評」部分も厳密な意味での批評性は稀薄で、確かに客観的な記録とは見なし難い[22]。

近頃、春航は新戯を演じる際、滬語（上海方言）を使う。つまり蘇州音を用いるということだが、（その響きは）

甘える鶯や子燕（原文「嬌鶯乳燕」）のようで、巧さを極めている。また、その恥じらうさまは、「いまだ外に出ず世間ずれしていない」少女の身上にぴったり合うものである。これは『血涙碑』、『艶情策』といった劇での風貌があか抜け、おっとりしたさまと比較すると、全く異なっている。

——『春航集』「劇評『貞女血』之馮春航」

同書所収の文章は概して印象批評的なものに終始しているが、『春航集』が資料的価値を全く持たないわけではない。第三章の「柳亜子と『春航集』」にて詳述するが、上演演目、日時、共演者などのデータや、扮装など外見にかかわる描写が述べられている上、柳亜子らなりの感覚でとらえた馮子和の演技内容には採るべきところも多い。さらに、辛亥革命直前からと思われる各メディアの劇評を再録するなど（現存しない刊行物もある）、『春航集』の中には参照すべき資料も多く含まれている。次もその一篇である。

（馮子和は）花旦を演じ、青衣も兼ねる。容姿は際立って優れており、立ち居振る舞いはひっそりとしとやかで、一般の花旦が淫蕩であるのとは全く異なっている。新戯を演じると、（人物描写が）真に迫っている。（中略）新舞台にいたとき演じていた劇には、まだ当時の役者の陋習（花旦が客に媚を売るさまか）が残っており、当世風の装いをして甚だしく妖艶であり、「改良戯曲」の宗旨とは合致していなかった。はからずも、いったん大舞台に移るや、前非を徹底的にあらため、優れた成果をおさめようと努力し、顔つきも落ち着き、まぎれもない令嬢の気位を備えるようになった。「士、別れて三日、すなわちさらに刮目して相対すべし」とは、まさにこのことである。ただ、青衣戯を演じるとき、声はきれいに透き通っているが、終わりの方になるとうわずってしまい、堅実さを欠く。美中に不満あり、といったところである。

――『春航集』雑纂　鉄漢「伶史」、原掲『天鐸報』、日時不明(23)

他方、この柳亜子を非難した馮叔鸞の馮子和評価はどのようなものだったのか。彼自身は賈壁雲への高い評価ぶりから「賈党」の党首と目されたほどであるが(24)、馮子和への称賛一辺倒だった南社のグループとは異なり、あくまで北方出身の「京劇の玄人」として、客観的な比較を行おうと努めている。彼は著書『嘯虹軒劇談』において、「正統的」花旦である賈壁雲と馮子和を次のように比較している。

馮春航、賈壁雲ともに二黄梆子に長じているが、春航はさらに青衣戯を演じることもできる。この点、壁雲は馮に及ばない。しかし、春航の青衣の唱など、わずかに上海の舞台でなんとか通用するに過ぎず、歌唱のなんたるかを少しでもたしなむ者の多くはこれをよしとしない。最近は青衣戯を放棄し演じなくなったということだが、となると実際、もはや賈壁雲と同レベルに見ることはできない。春航の最も得意とするのは『血涙碑』、『孟姜女』、『鄧憶南』といった新戯で、壁雲の最も得意とするのは『鴻鑾禧』、『梵王宮』、『紅梅閣』という旧戯である。芝居の筋を論じれば、あるいは新が旧にいささか勝るかもしれないが、技芸を論じれば旧の方が新より難しい。技芸においては賈が馮に勝る、これが第一である。

人々は春航の芝居は冷静さを尊び、壁雲はもっぱら色気を重んじていると述べる。ゆえに春航は悲劇に長じ、壁雲は喜劇を得意とするとされるが、(賈壁雲が得意とする)『杜十娘』、『紅梅閣』も悲劇ではないか。壁雲がこれらの芝居を演じるたび、客席でこれを観る者はその都度涙を流す。壁雲が悲劇に長じてないことがあろうか。春航は冷静なことは冷静だが、版木に彫られた顔のようで、永遠に変化しない。私はかつて彼の十八番である『血涙碑』を観たが、家にいても獄に繋がれても法廷に引き出されても、そして釈放されても姉に会っても歌を唱っても、みな同じ表情をしている。甚だしいことには、恋人である石如玉の死を見ても、わずかに顔を覆って軽く二声三声、「辛いことよ」とすすり泣くだけだった。この冷静さが劇の筋に合致しているといえるだろうか。所作の上でも賈が馮に勝る、これが第二である。

春航は最近いつも所作の場面ではあまり動かず、（それが演じる人物の）身分にふさわしいと自負している。璧雲の方はやわらかく（花旦としての型を）なぞる。これを論じる者は、璧雲には品格が無いというかもしれない。花旦の芝居は九割が情愛を描いたものであるが、淫乱、放蕩な女を演じるものがその七、八割を占める。それでいて、必ず立ち居振る舞いと容貌を自ら誇る。おそらくはストーリーと身分は、合致させるのが無理なのであろう。いわんや璧雲の『杜十娘』、『薄情郎』の後段においては、高ぶる気持ちが表情に出ており、どうして品格が無いなどといえるものだろうか。表情の上でも賈が馮に勝る、これが第三である。

春航の眉目は描いたかのようで、扮装も大変美しいが、近年急に太りだして、新劇の女学生ならまだそれらしいものの、杜十娘や李鳳姐などの人物に扮すると、そのぶくぶく太ったさまではことのほかよろしくない。賈は容姿もたおやかで美しく、怒るも笑うもみな優れているところなど、（馮とは）天地の差がある。扮装でも賈が馮に勝る、これが第四である。

以上のとおり、馮叔鸞はあらゆる要素において賈璧雲の優位を認めている。特に、馮子和の人気がしょせん「（若い頃の）外見的な端麗さ」、「演目の目新しさ」に終始していることに対して強い反感を抱いている。なお、観劇経験の豊富な馮叔鸞は、否定的な見解ではあるものの、馮子和が感情の起伏をあからさまに示さず演じていることを的確に指摘している。特に、『血涙碑』における「恋人を失って悲しむ場面」での「悲しみ方」に関する部分は、馮子和の演技に情感が欠けているという主旨の批判だが、これまで挙げてきた各種評論（多くは地元の書き手である）が、その一見淡泊な振る舞いの中にある種の味わいを見出し、評価してきたのとは対照的である。いい換えれば、馮子和に花旦として定石通りの表情を見出せなかったがゆえに、馮叔鸞はネガティブな評価を与え、他の評者は「花旦」ではなく「新戯や悲劇の得意な」一人の地元俳優として馮子和を見ていたがゆえに、微細な表情を歓迎したということである。所作についても同様で、モーションの乏しい馮子和は馮叔鸞には手抜きをしているようにしか見えなかったのであろう。

馮叔鸞の頭の中には「伝統的な花旦の演技はかくあるべし」という確たるモデルがある。それに合致している賈璧雲は称賛されてしかるべきで、そこから逸脱していた馮子和は彼にとって批判されてしかるべき種類の俳優だったということである。

三　「不演行当」――様式を超えて

肯定か否定かを問わず、ここまで挙げてきた各評者の発言を総覧すると、馮子和の演技術の輪郭が見えてくる。俳優としての馮子和の評価は、優れた美貌とそれを生かした清雅なたたずまい、さらには繊細な表情といった点に集中している。また、科白や歌唱についての言及もあり、外見と同じく概して「清冽・怜悧」といった評価が与えられている。かつ、あざとい演技を避けた結果、それが観客に一種のリアリティのあるものとして受けとめられた(むしろ、リアリズム指向であったといっても良いだろう)。こうした要素は悲劇を演じる際には生きてくるが、他方、少なくとも花旦という行当(役柄)の伝統的基準に鑑みると、馮子和の演技はスタンダードなものとは見なし難い。

そもそも、基本的にこれまで馮子和の役柄を花旦としてきたが、実はこれに関しては、「花旦」、「花旦が専門、青衣も演じる」、「もともと青衣で花旦に転じた」など、同時代でも複数の見解が見られる。このような現象が起こるのは、実際に馮子和の演技の持つ諸要素が、一つの役柄に収斂できなかったためではないだろうか。

ここであらためて、民国期に演目、演技、扮装などで大きな改革が施された結果、京劇界において重視されるようになった役柄が旦であることを確認しておきたい。それまでの老生中心主義的な、「唱」を重視する傾向が転換され、観客が視覚重視にシフトしたため、もとより容姿で勝負する側面のあった旦が台頭してきた。この時期、北方では王瑶卿が登場し、青衣でもなく花旦でもなく、各種の旦の要素を兼ね備えた役柄を演じるようになっていた。その嚆矢とされるのが一九〇九年、『児女英雄伝』の十三妹の演技に施された改革で[25]、後に「花衫」と称されるこの役柄は、梅蘭芳によってさらに洗練され、『天女散花』、『貴妃酔酒』といった演目群の確立をもって完成を見る。つまり、複合的要素を備えた一つの役柄が創出されたわけである。

この花衫という語が全国的に定着すると、馮子和はそこにカテゴライズされるようになる。花旦と目されながら、「冷」、「淡」など、むしろ青衣に用いられる評語をもって同時代人に記憶された馮子和にとって、それは適当な落ち着きどころであったのかもしれない。

他方、注目すべき次のような見解がある。たとえば、上海での観劇体験豊かな張古愚は、「馮子和は演じる人物に応じて演技をした初めての俳優である[26]」と回想している。彼は馮子和の役柄を青衣としているが、「行当を演じず」、その上、「悲劇、喜劇、コメディ、時装戯、洋装戯、清装戯など」を演じることで芸域の広さを発揮したと述べる。[27] つまり張古愚は、ある役柄の演技術をもってその役柄のための演目を演じるだけの俳優ではなく、そこから逸脱した新しいタイプの伝統劇俳優として馮子和をとらえていたのである。

さらに張古愚は、周信芳も馮子和と同じく「役柄を演じなかった」俳優であるとする。変声によって損なわれた声質を逆手に取った力強い歌唱法と、しぐさ、表情にリアリティを求めることで、いわばスタンダードな京劇老生とは全く異なる流派「麒派」を確立した彼の個性を考えると、この指摘は興味深いものである。周信芳もまた新作戯や民国期上海で流行した連台本戯を盛んに演じており、時に自分の役柄である老生の範疇を超えて、小生や浄などを演じたという事実がある。[28]

馮子和と周信芳という二人の京劇俳優は、一八九五年生まれの周信芳がやや年下であるが、両者にかかわる次のような記述が残っている。

春航は新舞台を離れてからも、名声はなお盛んで、収入も若干増えた。しかし、よそには旧戯に長じる人材ばかりが多く、新戯で共演者たりうる俳優はほとんどいない。大舞台には趙如泉と潘月樵のみ、第一台では李氏兄弟のみ、いずれも（新戯の）手練れではないため、打てども響かず、（組んでも）優れた効果を生み出すことができなかったため、結局はうつうつと立ち去ることになった。春航は気が塞ぎ、同じことを繰り返す羽目になり、名声もために少し哀えた。今、新新舞台に加わって、新戯の相手役はさらに求めづらくなっているが、旧戯については麒麟童だけが共演者たりうる。なんとも難しいことである。

これは前掲の玄郎「紀小子和」の続きである。話題の中心は新戯における馮子和の共演者に関することだが、先述のように、彼の旧戯における演技も伝統的な旦に較べると異質であった。つまり、ここでは旧戯に限定された話ではあるものの、周信芳は馮子和の個性的な演技を理解し、それにあわせる柔軟性を備えていたのではないだろうか。実際には、『血涙碑』をはじめ、二人は新戯での共演も何度か行っており[29]、決して相性が悪かったわけではない。また、表現の性質はむしろ逆のものであったが[30]、周信芳もまた「リアリティのある演技」を目指したのである[31]。

周信芳は後日、『梨園公報』で馮子和について次のように述べている。「彼は旦の革新者で、演じるにあたり形式に拘泥しなかった。芝居におけるわざとらしい(形式的な)演技の中で、大胆に取り除かれたものも多く、完全にリアリティと自然さを志向していた[32]」。これは「異端」、「外道」と批判された上海京劇の先駆者に対する賛辞にほかならない。筆者は以前より、民国期上海京劇には、伝統芸術が時代を超えて生きながらえるための解答が内包されていると考えているが、馮子和の演技、およびそれに対する評価にもまた、その一つが示されているといえよう。

(付記)

一九一三年は「新劇」という新たなジャンルの演劇が上海で全盛期を迎えた年でもあった。後にいうところの文明戯であるが、実のところ馮子和の演じた新戯の多くは文明戯と相互に演目移植が行われており、その関係性は深い。かつ、伝統劇からの離脱と新しい演劇の創立を目指した新劇ではあったが、その広告には「悲旦」、「滑稽派老生」なといった伝統劇の行当を彷彿とさせる文字が躍る。馮子和は新戯を演じることで役柄の束縛から逃れようとしたが、逆に束縛がないはずの新戯は、演じる人物の性質を行当に当てはめようとしたかに見える。

『血涙碑』をはじめとする、同じ演目における伝統劇の「新戯」と、新劇の上演内容との差違を分析することで、両者の実質的な距離を測ることができ、ひいてはいまだ不透明な部分の多い両者の性質を解明することにも繋がるだろう。この作業については次章でその一部を論じることとしたい。

【注】

（1）『中国大百科全書　戯曲・曲芸』（中国大百科全書出版社、一九八三年）など、一九四一年死亡とするものもあるが、『申報』一九四二年四月一八日付の病鳩「馮子和死矣」には同年四月九日病気にて死亡と明記されている。

（2）『燕蘭小譜』は安楽山樵撰（一七八五年）、『日下看花記』は小鉄笛道人撰（一八〇三年）。いずれも俳優の簡単な伝に韻文による賛が付されている。張次渓編『清代燕都梨園史料』（筆者参照は中国戯劇出版社、一九八八年版）所収。

（3）本書第一部（上）第四章「『麒派』と民国上海演劇文化」にて既述のように同時代の北方の名旦常子和に容姿や演技が似ていたところから「小子和」という芸名が付けられた。

（4）夏月珊自身の専門は老生および丑。旦としての演技は、父親、および時小福、路三宝らから学んだとされる。

（5）一九〇八年に営業開始した中国初の新式舞台（額縁舞台）であり、こけら落としの折には馮子和も上演を行った。

（6）時装新戯『拿破侖（ナポレオン）』（一九一一年四月）ではナポレオン夫人ジョゼフィーヌを演じ、ピアノとダンスを披露した。

（7）たとえば、『中国大百科全書　戯曲・曲芸』では、馮子和以外の上海の旦はもちろん、夏氏兄弟単独の項目さえ立てられていない。また馮子和自身については、夏氏兄弟の薫陶のもと、辛亥革命時の江南製造局襲撃に参加したことがクローズアップされ、「愛国的」、「民主的」思想の持ち主であると記載されていることが多い。また本書では触れていないが、馮子和は京劇俳優に文盲が多いことを嘆き、一九二二年に私財を投じて春航義務学校を創設、短い期間ながら多くの俳優たちがそこで学んだ。

（8）本書で繰り返し述べているように、長らく「海派京劇」は一部極端なエログロに走った連台本戯に代表されるものとして、ネガティブな扱いを受けてきた。しかし近年は一九九四年の上海京劇院による連台本戯『狸猫換太子』リメイク上演をはじめ、民国期以降発展した上海独自の文化を肯定的に評価しようとする動きが活発となっている。ここで挙げた『上海京劇史』（上海文化出版社、一九九九年）の出版もその一つ。

(9) たとえば欧陽予倩について、京劇俳優としての活動に関する論考は管見の及ぶ限り極めて少ない。ちなみに張古愚は「従四大名旦談到〝上海四大名旦〟」（『中国戯曲志』上海巻編集部編『上海戯曲史料薈萃』総五期、一九八八年）において、選定は困難であると前置きしつつ、欧陽予倩、毛韻珂、小楊月楼、馮子和を「上海四大名旦」と名付けて紹介している。

(10) 梅蘭芳を招聘したのは丹桂第一台で、広告には王瑶卿と同じ大きさでその名が掲載され、「第一青衣」と銘打たれた。

(11) 『舞台生活四十年』（中国戯劇出版社、一九八七年版）二二四頁。なお、この部分で南方の旦たちが具体的にはいかなる片子の付け方をしていたのかは明記されていない。

(12) 『舞台生活四十年』二二四頁。そのほかにも、同時期の趙君玉に関する記事には、「馮子和のコピーである」という記述が非常に多い。

(13) 『晶報』一九一九年一〇月二四日に掲載された慶五「最近蒞津之滬伶（一）」において、記者は「馮子和のピークは民国元、二年であった」と断言している。

(14) 本格的な伝統劇演劇専門誌は一九二二年の『戯雑誌』創刊まで待たねばならなかったが、辛亥革命前後から演劇関連の雑誌は何点か発刊されている。また、やや時期は後ろにずれるが、『遊戯雑誌』（一九一三年一一月～一九一五年五月）、『小説叢報』（一九一四年五月～一九一九年八月）、『繁華雑誌』（一九一四年九月～一九一五年二月）など、総合文芸誌には新劇か旧劇かを問わず演劇に関する記事の掲載が多く見られた。詳細は本書第二部参照。

(15) 宋玉「登徒子好色賦」。女性の妖艶さが人を惑わすことをいう。

(16) 「健児」、「玄郎」は同一人物で、ともに崑山出身の顧乾元の筆名であることは前述したが、「瀛仙」は不詳。

(17) 『血涙碑』の粗筋は本書第一部（下）第二章「馮子和と『血涙碑』」参照。

(18) これら三つの演目で花旦が演じるのは、前二者は未婚の女性であり、『胭脂虎』は妓女である。

(19) 賈璧雲は本来梆子戯の俳優で北方を巡演していたが、一九一二年に来滬。一九一九年にいったん北方へ帰ったが再度来滬し、連台本戯にも出演している。

(20) 玄郎にはほかにも『申報』同年四月二一日に「賈璧雲与馮子和之比較」という文章があり、各々の得意演目と演技上の特徴について論じている。

(21)『民国新聞』第六五号（一九一三年五月一二日）掲載。

(22) 本書第二部第一章「民国初期上海における伝統劇評」参照。一方、南社同人たちは、同時期に『民立報』の娯楽欄を根城にしてその見解を展開しているが、自ら「馮党」と称し、「〝南派巨子〟馮子和の集客力の凄まじさは、実に譚鑫培を超えた」（一九一三年五月八日）と豪語している。

(23)『天鐸報』の発刊期間は一九一〇年三月〜一三年三月。

(24) 注（1）「馮子和死矣」参照。

(25) 黄育馥『京劇、蹺和中国的性別関係（一九〇二―一九三七）』（三聯書店、一九九八年）第五章参照。

(26) 張古愚「上海京劇憶往」（上海文史資料選輯第六一輯『戯曲菁英』〔上〕（上海人民出版社、一九八九年）参照。

(27) 同右。

(28) 周信芳は欧陽予倩と共演した紅楼夢戯『黛玉葬花』で賈宝玉（小生）を演じ、連台本戯『狸猫換太子』で包拯（浄）を演じている。

(29) 周信芳は『血涙碑』で石如玉を演じたことがある。また一九一五年には馮子和と新作劇『纂位大漢奸』を合作、共演している。

(30) 周信芳の演技は所作、表情とも馮子和とは逆で、「過火」と評されることが多かった。

(31) 本書第一部(上)第一章「周信芳と『梨園公報』」参照。

(32)「皮黄運動話《東方》」（『梨園公報』一九三〇年九月）。

第二章　馮子和と『血涙碑』

はじめに

金曜土曜の両晩、丹桂第一台で『血涙碑』の第五、六、七、八本を続けて観た。「刑場で首を吊る」という一幕において、馮春航の顔は苦痛に満ち、表情も真に迫っていた。（蘇）曼殊[1]に見せたら、きっとまたハンカチをびしょびしょにすることだろう。

——柳亜子[2]「簫心剣態楼顧曲譚」（『春航集』[3]劇評）

清末から民国初期にかけて、馮子和が当時盛んに上演された時装戯を中心とする新作劇に多く主演したのは前述のとおりである。これら新作劇の評価は、伝統演目上演時の演技をしのぎ、新奇なものを好む一般の観客からは絶大な支持を受けていた[4]。その中でも最も人口に膾炙したのが悲劇『血涙碑』であり、馮子和本人や他の京劇上演グループによって繰り返し上演されたのみならず、当時京劇をはじめとする伝統劇（旧劇）をしのぐ勢いのあった文明戯（新戯、新劇）でも、多くの上演団体によって盛んに上演された。同じように京劇と文明戯が共有した演目として、『新茶花』、『妻党同悪報』、『恨海』なども挙げられるが[5]、『血涙碑』は、馮子和を熱烈に支持した柳亜子が文集『春航集』で繰り返し取り上げたこともあり[6]、同時代においては繰り返し言及対象となった。

馮子和の代表作として常に名の挙がる『血涙碑』だが、後に全く演じられなくなったこともあり、具体的な上演経緯を追跡した論考はほとんど見かけない。しかし、上海で最も流通した新聞である『申報』記載の劇場広告をはじめ、他の新聞や雑誌などどこんにちでも見ることが可能な資料は多く、上演状況の再現はさほど困難な作業ではない。

本章ではこの『申報』劇場広告を基礎資料に、同時代の劇評や劇談などを援用して、『血涙碑』という劇の内容、当時の上演状況、馮子和による人物造形をそれぞれ分析していく。これらの作業を通じて、『血涙碑』が劇種を越え同時期に平行して上演されるほど受容された背景を理解し、同時に馮子和という俳優の持つ時代性の具体的様相をいささかなりとも明らかにしていきたい。

馮子和『血涙碑』広告（『申報』1913年4月24日）

一　『血涙碑』の概要

元来、京劇は先行する劇種である崑曲に較べると文辞も質朴で、厳密なテキストが残されることは少ない[7]。清末以降、官僚出身の俳優汪笑儂による劇作品が何本か残っているが、これは珍しい例で、テキストどおりの上演がなされなかった当時、新作劇といえども歌詞や台詞が完全に記録されたケースは少ない[8]。

『血涙碑』についても、管見の及ぶ限りではテキストの体裁を採ったものは残っておらず、劇の具体的内容を最も詳しく記録したものとしても、『春航集』所収の柳亜子「血涙碑本事」[9]を挙げざるを得ない。もっとも、この紹介文は全八本（八話）を二本ずつに分け、登場人物の人間関係、事件の顚末、時には各場面における人物の心理状態までかなり克明に描写されており、加えて男女の主人公による科白と思われるものも一部記録されている。[10]まずはこの柳亜子による紹介文によって、ストーリーを確認しておくこととしたい。

石如玉と梁如珍は呉門（蘇州）の出身で、ともに学び、成績は優秀であった。校内の演説会で知り合った二人は、互いに身の上を語りあう。如玉の母はすでに亡く、官僚の父が北京にいる。如珍は両親のほかに、傲慢で仲の悪い姉[11]がいる。意気投合した二人だが、そこに北京から石家の使用人があらわれ、父の重病を告げ如玉に上京を促す。上京した如玉は「割股」の故事[12]にのっとり、自らの肉を薬に混ぜ病床の父に勧める。一方、如珍は父と上京する途中で強盗に遭うが、通りかかった如玉に救われる。のち湖南へ赴任する父と別れ、如珍は母と姉とともに石家へ身を寄せる。梁家の姉妹に目を付けたごろつきの陸文卿は石家に入り込み姉と通じた上、如玉の部屋で見つけた如珍の書信をたてに、如珍をものにしようとする。しかし書信は石家に忍び込んでいた盗人崔虎の手に落ちる。陸文卿は間違えて忍び込んだ寝室で如珍の母を殺害、玉の腕輪を盗む。陸文卿と如珍の姉は、「如玉と私通し母を殺した」と如珍を誣告する。駆けつけた如玉は拷問を受ける如珍を見るに見かねて、みずから如珍の母を殺したと名乗り出る。【第一、二本】

崔虎は盗人仲間の劉大刀と官僚の家に押し入ったところを捕まり、如玉と同じ獄に繋がれる。また如珍は獄卒から隣の房に如玉がいることを知らされ、壁越しに境遇を嘆き合う。それを聞き自分が事件の元凶だと知った崔虎は、証人となることを約束し、如玉に冤罪だと訴えるよう勧める。再度訊問を受けた崔虎は全てを白状し、如珍と如玉の潔白が明らかになる。一方、事件後身を隠していた陸文卿は石家に雇われて如玉に仕え、同時に如珍の姉ともよりを戻す。ある日の夕刻、如玉と如珍は文学を語らい音楽を奏でて暖かな時を過ごし、翌朝の逢瀬を約束する。しかし如玉は陸文卿によって洗顔中に首を絞められ、気絶する。倒れている如玉を見つけ泣き叫ぶ如珍だが、今度は如玉殺しを疑われ、またもや拷問に耐えかね罪を認めてしまい、獄に繋がれる。【第三、四本】

如玉の葬儀が行われるが、副葬品狙いの男が棺桶を暴くと同時に如玉は息を吹き返す。集まってきた人々の中に如珍がいないことを訝しんだ如玉は、使用人から如珍が如玉殺しの犯人として、この日処刑されることを聞かされる。自分の首を絞めたのは男であり、無実の如珍を犯人扱いするのは許せない、彼女を救わねば、と如玉は刑場へ向かう。その頃刑場では強盗犯の崔、劉両名と如珍が処刑の時を待っていた。やがて強盗犯両名は処刑され、如珍がくびり殺されようとしたその時、あわてふためいた如玉が駆け込んで来る。執行官は如珍を抱きかかえる如玉を非難するが、激昂した如玉は自身の首に縄を巻き付ける。刑は中止となり、如玉と如珍は絞首刑台に取り残される。如玉の腕に頭をもたせかけた如珍は一瞬目を開くが、すぐにまた閉じる。【第五、六本】

息を吹き返した如珍は湖南から戻った父と再会、如玉の父も情の深さに感じ入り、とうとう二人は両家の認める仲となる。二人はそれぞれの父の任務に随行することになり、しばしの別れを惜しむ。一方、ことの露見を怖れた陸文卿は石家を出て、匪賊討伐へ向かう如珍の父に内偵として売り込むことに成功するが、逆に匪賊を手引きし、如珍の父は殺される。如珍の姉は陸文卿と再度結託し、如珍を脅迫する。如玉の首を絞めたのは自分だと認めた陸文卿は、杭州の如玉の所へ連れて行くと如珍を騙した上、途中の上海でいうことをきかないと酷く鞭打する。さらに如珍の姉と謀り、如珍を妓楼に売り飛ばしてしまう。なかなか回復しない如珍はかつての使用人と再会、如玉へ窮状を訴えるべく伝言を頼む。消息を知った如玉は妓楼に駆けつけ如珍を請け出すが、時すでに遅く、如珍は如玉に敵討ちを頼んだ後、血を吐いて息絶える。如珍を埋葬した如玉は、如珍の姉と陸文卿が住む梁家の邸宅に乗り込んで二人を殺害、首と心臓を墓前に捧げた後、自らも命を絶つ。その後、如珍の霊魂が登場して如玉を助け起こし、観客に向かって迷信的な演出と救いのない内容を詫び、これから二人の婚礼を執り行う旨告げて退場する。【第七、八本】

全体に濃厚な悲劇的色彩に貫かれており、特にヒロインの梁如珍は二度も冤罪に陥れられた挙げ句、最後は妓楼に売られ、姉の情夫から受けた暴力によって死に至る。一方、恋人の石如玉は前半に「割股」という伝統的道徳観にのっとった親孝行による見せ場があるが、それ以外は如珍の救出劇に徹している。悲劇の中心にいるのは常に如珍であり、実際の上演にあたっても如珍役の演技が劇の成否を握っていたことは間違いない。

一方、このように離散集合を繰り返し、紆余曲折に富んだプロットは明清の伝奇（南曲）を彷彿とさせる上、冤罪[13]、病気、偶然の連鎖などの道具立ては、旧套を脱するどころか手垢にまみれた手法のオンパレードといってもよい。登場人物についても主人公の二人はともに官僚の子弟で、若い未婚の男女、つまり典型的な「才子佳人」である。旧来の才子佳人は詩文をやり取りするだけの教養が必須であったが、『血涙碑』では「学生」という身分を二人に持たせる形でそれを保証している。加えて、二人の関係を支援する立場と妨害する立場の脇役がそれぞれ配置され、後者の暗躍に紙幅が割かれている。ただし、伝奇の場合、主流を占めるのは大団円的結末であり、ここまで徹頭徹尾悲劇として描かれる作品は珍しい。

たとえ道具立ては旧来と変わらなくても、同時代的設定を持ち込むことによって観客を引きつけることは可能である。『血涙碑』の場合は何よりも主人公二人が「学生」であるという点に尽きる。特に新しい時代の息吹を感じさせるのに、梁如珍のような女子学生ほど格好の存在はない。実際、彼女は先進的で開拓精神にあふれる女性として描かれているわけではなく、むしろ名家の令嬢が運命に翻弄されるという旧来からのパターンを比較的忠実に踏襲している。よこしまな実の姉やその情夫に毅然と反抗する場面もあるが、彼女自身の力で運命を切り開くことはできないまま死を迎える。また石如玉と「外の世界」である学校で出会うという設定も、一見すると現代的だが、実は「節句時のそぞろ歩き」「寺廟への参拝」といった「外での出会い」のバリエーションと見なすこともできる。

さて、この劇で興味深いのは、末尾の「解説」部分の存在であろう。初演時にこの部分が付されていたかは明確ではないが、少なくとも柳亜子がこの文章を書いた一九一三年より前の時点では、[14]こうした演出がなされていたということになる。以下、当該部分を詳しく述べると、仇討ちを果たして如珍の墓前に横たわる石如玉を、墓からあらわれた梁如珍の霊が助け起こす。そして二人揃って観客に向かい、「霊魂など存在しないという言説が現在行われていますが、我々は迷信を煽るものではありません。劇中、悲しい場面ばかりで楽しい場面が少なく、皆さんが意気消沈されていることかと思いますので、お心を慰めるべく、近くに礼拝堂があるのでそこで挙式を致します」と告げる。もとより、観客へ向けての説明的科白は伝統劇でよく見られるものだが、実は同時期に行われた文明戯でもこうした演出が行われていた。[15]他方、伝統演目において霊魂が人の形をとって登場する演目は多く存在する（つまりそうした内容に抵抗のない観客層が客席にいることも想定される）にもかかわらず、わざわざこのような断り文句を述べている点に、それまでの伝統演目とは一線を画すものであるとの意思表明を見出すこともできよう。[16]以上、『血涙碑』は背景や人物の設定のみならず、演出上も文明戯との親和性を備えていたことが分かる。これらを踏まえ、次節では『血涙碑』が馮子和による初演に始まり、いかなる形で流行していったかを追っていく。

二　『血涙碑』の上演状況

（一）馮子和によるオリジナル上演

『血涙碑』の初演状況について正確に言及している同時代記事は少ないが、初演の時期とその後の上演状況ついては、『申報』の上演広告を見る限り、比較的容易に同定できる。

まず一九一〇年三月四日の『申報』に、当時馮子和が所属していたフランス租界の新劇場による「新排（新作）文明新戯血涙碑」という広告が掲載された[17]。

近年、申江（上海）では競って新劇が重んじられておりますが[18]、新劇とは極めて難しいものであります。とびきり新奇ですばらしい山場が無ければ、誰[19]が観たり聴いたりしようという気になるでしょうか。老僧の変わりばえしない談話に聴く者が嫌気を覚えずにいられないようなものであります。本劇場ではこうした事情を踏まえ、特別に著名な方にお願いして文明新劇を編んでいただきました。この劇は数年前揚州で起きた物語で、石、冷という姓の男女の学生が、文明の自由をもって正当としながらも、その行いがみな忠孝節義を疎かにしていなかった話をもとにしており、観る者が机を叩いて驚くような、思いもかけないような、まさに驚きと喜びと涙と歌の物語であります。準備が十分になれば、吉日を選んで開演いたします。その折には、是非[20]みなさまご覧いただきますようお願いいたします。我が劇場の事実に基づき心理を追求する姿勢が誤りではないことを、きっとお分かりいただけることでしょう。

ここで注目すべき点は、この物語が「数年前揚州で起きた」、「石、冷という姓の男女の学生」にかかわる事件に基づいた実話だということである。文章を読む限り具体的な内容は記されず、実際に起きた事件の特定は困難だが、登場人物が新時代の象徴でもある「学生」だという事実が一種の宣伝になったことは容易に想像できる。特に、女子学生の存在は当時まだ珍しかったはずで、後述するように「女子学生の形象」に関する同時期の記述が幾つか残されている。

広告が掲載されてから一か月後の四月六日に翌日の上演を予告する広告が出された。ここでは四日間で四本上演することが示され、実際に翌七日から一日二本ずつ一〇日まで上演が行われている。(21) その後、二一日に頭、二本、二二日に第三、四本が再演された後、後半の第五から八本までの広告が四月二八日に掲載され、翌二九日に第五、六本、三〇日に第七、八本がそれぞれ初演されている。上演形態は以後の再演時も基本的に変更は無く、柳亜子が『春航集』に記載したとおり、上演初期には全八本を一日に二本ずつ演じるスタイルが確定していたことが分かる。

『血涙碑』で梁如珍に扮する馮子和

配役はヒロインの梁如珍に馮子和、相手の石如玉役は不明だが、芸名の「三麻子」で広告にその名が見える老生の王鴻寿であった可能性もある。(22) また、当時新劇場に招聘されていた北方の俳優として、老供奉こと老生の孫菊仙の名も第一、二本の上演広告に記載されているが、

「割股」で登場する石如玉の父親を演じたのではないかと思われる。

続いて五月四日、五日の二日間で各四本計八本が通しで演じられ、同月二三日から二六日にかけて二本ずつ再演された後は、六月に馮子和が外地巡演で上海を離れ同年一二月末に戻るまで、上海において『血涙碑』は上演されていない。

なお一九一〇年の『申報』には、初演ないしは再演[23]を観たと思しき書き手による以下のような記事がある。

世界を感化する力が最も強大なものは何だろうか。曰く、演劇あるのみである。喜びや悲しみ、情況を描写して、いずれも十分に人の心を動かし興味を覚えさせるものである。ゆえに上海の各劇場で新奇を争わぬ所はなく、新劇を創り上演し、ここしばらくは歓迎されている。またフランス租界の新劇場は、最も役者が揃っており、歌も演技もともにすばらしい。新しく編んだ『血涙碑』の激昂ぶり、悲痛さは、十分、人に落涙させるものである。「割股」の場面は、十分に孝行の念が湧きおこってくるものである。「大獄」の場面は、感慨深く気概を奮い立たせるものである。このほかにも、女子学生の家庭の不幸、義のために死地に赴く男子学生の気概あふれるさま、ごろつきのたくらみの憎々しさ、大泥棒による突然の良心の発露、監獄の暗黒ぶり、官吏のでたらめぶり、至るところどこを取り上げても生き生きしていない部分はなく、まさにすばらしい芝居であるといえる。

——筆者不詳「新劇場観劇記録」（一九一〇年五月七日）

『血涙碑』のプロットが従来パターンの焼き直しであることは前述したが、この評を読む限り、各場面には観客を楽しませるに十分なめりはりが付けられていたことが分かる。また、初演から六月までの『血涙碑』上演広告には「学堂文明新編哀情新劇」とあるが、前節で述べたとおりこの劇の「売り」は主人公二人が学生であるという目新しさであり、学校という、やはり目新しい場で出会うという設定もまた注目を集めた原因だったことであろう。

一九一〇年一二月末に上海へ戻った馮子和は再び新劇場に所属し[24]、年内に『血涙碑』を全本上演するが、その後は旧正月を挟んで翌年三月に文明大舞台へ移籍するまで、もっぱら他の新作劇や旧作の上演に終始している。なお馮子和が文明大舞台に所属した一九一一年三月一六日から一九一二年四月二日の間に[25]、『血涙碑』は全本通しではないものも含め六回上演されている[26]。続いて一九一二年四月に移籍した丹桂第一台では一一月末までの所属期間内に六回、外地公演を挟んで一九一三年四月一六日から九月一一日まで所属した新新舞台では七回、同年一〇月一九日から翌一九一四年一月二一日まで所属した中舞台では三回上演されたが、同年一月二九日に移籍した商辦新舞台で四月に二回演じた後はほとんど上演されなくなる。

なお、これら各劇場における共演者であるが、『申報』に掲載された玄郎「紀小子和」（一九一三年四月一七日）によると、文明大舞台では趙如泉と潘月樵、丹桂台一台では李氏兄弟が挙げられている。しかしいずれも新劇に不慣れなため、馮子和は満足な上演をすることができなかったとされる。なお、新新舞台では麒麟童こと周信芳が石如玉を演じたことが明らかになっている[27]。

(二) 他団体による『血涙碑』上演

京劇の最盛期において、同時期に同じ演目が異なる舞台で上演されるのはよくあることだったが、新作劇も同様で、ある劇場で人気を博すると他の劇場でも真似をして演じるという現象が多く見られた。たとえば時装新戯の代表作でもある『新茶花』は、一九〇八年の新舞台における初演の後、複数の劇場で上演されている。

『血涙碑』については、柳亜子が『新劇雑誌』第二期(一九一四年七月)の「磨剣室劇譚」において、馮子和による初演後、前節で挙げた本人による再演も含め、いかなる形の上演が行われたかをグループ別に紹介している。

(a)オリジナル上演に忠実なもの。馮子和が新劇場で初演した後、南洋第一舞台[28]、丹桂第一台、新新舞台、中舞台で再演した後、民鳴社にて陸子美主演で上演。

(b)新新舞台の開幕時(一九一二年)、『同命鴛鴦』という題名で天知派新劇[29]によって上演されたもの。以後、新民社に引き継がれた。

(c)毛韻珂主演で『双鴛鴦』の名で新舞台にて上演、肇明社[30]が引き続き上演。

ここに挙げられた民鳴社、天知派、新民社、肇明社はいずれも文明戯の劇団だが、これを見る限り、『血涙碑』は一九一二年頃に京劇から文明戯へと移植され、その後は主に文明戯を中心に上演されていることが分かる。以下、この柳亜子の記した上演状況について、再度『申報』の劇場広告を用い検証していく。

一九一〇年の『血涙碑』初演後、『申報』の広告を見る限り、長らく馮子和による独占上演が続くが、一九一二年四月一六日に新新舞台で天知派新劇によって第二本[31]が上演されている。すなわち、上記(b)のことであり、主演俳優が誰であるかは明記されていないものの[32]、主催者の任天知、汪優游、黄喃喃、陳大悲ら著名な演劇人の名が出演者として記載されている。なお、この『同命鴛鴦』は一日一本、第五本(四月一九日)まで上演された。

続いて、一九一三年三月一一日には新舞台にて『双鴛鴦』の名で京劇としての上演が行われている。主演は毛韻珂、三麻子、孫菊仙、夏月珊、夏月潤らで、すなわち上記の(c)である。この団体の上演は馮子和とは異なり、二本多い全一〇本であった[33]。一日あたりの上演本数はやはり二本であり、三月から四月にかけて第一～八本を複数回上演した後、四月一六日に第九、一〇本を初演、その後七月までに四回通しの再演を行っている[34]。この中で、三麻子と孫菊仙は馮子和による初演時の共演者であり、上演にあたって相当の貢献をしたであろうことは想像に難くない。ちなみに同時期には馮子和自身の『血涙碑』も新新舞台で繰り返し上演されており[35]、二つの京劇『血涙碑』が短い期間にしのぎを削ったことになる。

この新舞台の上演に関しては、鄭正秋が『民権報[36]』紙上に連載した「麗麗所劇談」（署名は正秋）において、登場人物の科白の紹介も含め、かなり詳細な言及がなされている。鄭正秋は伝統劇と文明戯の双方に造詣が深く、後述する文明戯劇団の新民社を主宰した人物である。「麗麗所劇談」の名を冠した鄭正秋の演劇記事は当時多くのメディアに掲載されたが、この『民権報』での連載は一回当たりの分量も比較的多く、一九一三年三月一三日から五月二日まで休載や他の話題を挟みつつ、新舞台の上演グループによる『血涙碑』（『双鴛鴦』）全本の舞台レポートおよび批評が二九回にわたって書かれている。連載当初、鄭正秋はこの『双鴛鴦』について、登場人物や各場面設定に多少のアレンジはあるものの[37]、基本的には馮子和によるオリジナルと「大同小異[38]」のものであると述べる。ところが続いて掲載される文章を読む限り、『双鴛鴦』がオリジナルの『血涙碑』の筋に比較的忠実なのは最初の二本のみに過ぎない。その後はヒロインがさまざまな事件に巻き込まれるという設定こそ踏襲されているものの、新たな人物が登場する上、当時新舞台に所属していた著名俳優がそれらを演じることで[39]劇中で大きな位置を占めることとなり、その結果全く異なった物語展開となってしまっている。なお、この「麗麗所劇談」の解説は第八本までで、第一〇本まで上演されたはずの新舞台『双鴛鴦』の結末は不明である。

一九一三年秋、鄭正秋は文明戯劇団の新民社を率い、みずから『血涙碑』の上演に乗り出す。同年一〇月一八日の

『申報』同社広告によると、題は前年の天知派と同じく『同命鴛鴦』であり、これは柳亜子の記述とも一致する。当該広告にはこの劇のオリジナルが「新劇名人許君嘯天によって編まれた」[40]もので、長江流域では名の知られた名作であること、新民社はオリジナルの新作劇を中心に演じてきたが「各界からの投書による要請で」やむなく既成の作品である『血涙碑』を演じること、それにあたって筋の増減を行っていることが記されている。初演はこの広告によると翌一九日で、[41]一日で第一本から第四本まで上演されることが明記されている。なお、柳亜子が記すように、この劇が天知派の流れを汲むものであるか否かは不明だが、『血涙碑』が集客力のある作品であり、新民社（あるいは鄭正秋自身）が新作中心という劇団のポリシーを破ることを宣言しても上演したい劇であったことは間違いない。

これに対抗するかのように、一か月ほど後の一二月一日、同じく有力な文明戯上演団体である民鳴社の『血涙碑』上演が『申報』上で予告される。この広告の特徴は、『血涙碑』のオリジナル上演者である馮子和の名が明記されていることだが、[42]これには同じ広告文にその名が見える柳亜子が関係している。先に馮子和を熱烈に賛美する詩文を多数著し、『春航集』を世に問うた柳亜子だが、やがて彼は民鳴社で女性役を演じる陸子美に熱狂するようになり、一九一四年六月には同様の詩文集『子美集』[43]を刊行する。民鳴社の広告には、この柳亜子をはじめとする南社の名士たちが陸子美のために多くの詩文を著したことが記され、おのずと馮子和と『春航集』が意識されるようになっている。同時にこの広告には、「見どころ」として、当時、伝統劇、文明戯を問わず定番であった美しい「景色（背景）」とともに、「西洋風琴」、つまりオルガンを弾く場面の存在が記されている。これは馮子和の演出と同じであり、以上の点からも陸子美主演の民鳴社『血涙碑』が馮子和『血涙碑』の純粋な移植作としての性格を備えていたことは明白である。[44]なお、鳴民社が用いた劇名は『血涙碑』で、一日四本、三日間連続で計一二本を上演するスタイルを採っており、一二月中に再演された後、翌年三月と七月に再び上演されている。

以上、比較的大きな団体による『血涙碑』上演を総覧してきたが、柳亜子の記載からは漏れているものとして、後述する『申報』の劇評[45]によると、一九一二年夏に大舞台で京劇の『血涙碑』が上演されている。また、一九一三年一二月には文明戯として高等新劇団、翌一九一四年四月には開明新劇社がそれぞれ『血涙碑』の名で上演、同年八月には前年に中舞台で馮子和と共演していた趙君玉[46]が丹桂第一台で京劇『血涙碑』を上演している。一九一〇年の初演から四年、『血涙碑』は当時の上海を代表する演目として多くの劇団で上演されたが、内容的な親和性もさることながら、同時にこれは京劇と文明戯の垣根が低くなっていたことを示す証拠であるともいえよう。

三　『血涙碑』における馮子和の演技と人物造形

多くの文明戯上演団体が競って『血涙碑』を上演した中に春柳社の名は見えない。しかし、この春柳社の同人で後日京劇俳優としても活躍した欧陽予倩は、一九五七年に著した「談文明戯[47]」という回顧録で『血涙碑』と馮子和に関し以下のように言及している。

この連台戯は三日連続[48]で上演されるが、実は三つの物語[49]を無理に繋げたもので、非常にぎこちない。一連のクライマックスもみな無理に作ったもので、筋に合わず、芝居全体に核がない。当時これが歓迎されたのは、主に馮子和の演技によるものであり、場面の変化が多かったので、彼は思う存分に演じることができたのである。またこの時期、時装京劇はまだ少なく、馮子和もまたピアノを弾いて歌を唱うといった場面を挿入したが、これらはみな今まで無かったものなので、非常に新鮮な感覚を与えたというわけである。当時、ある人が「この劇は乱雑で、ただ馮子和の演技だけが観るべきものであるほかは、どの場面もみな理屈にあっていない。この劇を観るのは砂から金を採るようなものだ」という劇評を書いたが、私もやはりこうした見解は妥当だと考える。

欧陽予倩のこの発言は、厳密なプロットが要求される話劇テキストの執筆を何度も経た後のものであり、バロック演劇的な『血涙碑』の構造に批判的となることは致し方ない。ゆえにこの引用に続く部分では、本来京劇のバロック的側面を否定すべく登場したはずの文明戯において、多くの劇団がこの『血涙碑』のプロットをほとんど改編せず移植上演していることを批判している。ただ、当時の観客や批評家と着眼点こそ異なるものの、欧陽予倩も馮子和の演技がこの劇を支えていたという認識をもっていたことがうかがわれる。

さて、馮子和はキャリア初期からのレパートリーである『新茶花』において、すでに「洋服を着た」現代風の女性を演じている。ただし、当該作品で馮子和が演じたのは妓女であり、『血涙碑』の女子学生とはおのずと人物の性質が異なる。一方、前節でも述べたが、馮子和の演技は総じて「冷」、「淡」と評され、落ち着いた成人女性に扮する青衣劇の場合はともかく、若く色気のある女性に扮する花旦を演じた際には評価がはっきりと分かれた。『血涙碑』における馮子和の演技については本章でもすでに若干触れたが、これより詳しく言及していくこととする。

まず、馮子和が扮した「女子学生」という身分について少し触れておきたい。

清末にさしかかると、女性も教育を受けるべく学校へ行くようになった。[50] 上海でも光緒年間の一八九二年には西洋人により女子学校が開校されている。[51] また革命烈士として有名な紹興出身の秋瑾は、死後その半生が時装新戯として舞台化されたほど社会に衝撃を与えた女性だったが、彼女が日本へ留学したのは一九〇四年であり、『血涙碑』初演の一九一〇年に先んじている。それでも当時学校へ入学できる女子はごく一部であり、まだその存在は十分ポピュラーなものではなかった。繰り返しになるが、新時代の気風を感じさせるものとして、女子学生のヒロインは大いに歓迎されたであろう。石如玉との出会いが演説会であるところもまた当時の世相を良く反映している。馮子和は当時の俳優としては珍しく通学経験があり[52]、それが『血涙碑』の冒頭場面に反映されている可能性も大いにある。

この女子学生に対する「イメージ」は当時ある程度醸成されていたようで、『血涙碑』に関する劇評には、如珍を演じる俳優が備える「女子学生らしいイメージ」に言及したものがいくつか見受けられる。

まず、馮子和に膨大な量の賛辞を贈った柳亜子であるが、その本意は『春航集』「簫心剣態楼顧曲譚」の最後の条の「春航の扮装のすばらしさといえば、『血涙碑』ほどのものはない。その挙止動作も淑やかで品があり、塵の一つも付いておらず、大家の閨秀といっても過言ではない」という一文に集約されている。これにやや遅れて、一九一〇年代中盤以降に多く劇評を発表している楊塵因[53]は、花旦としての競争相手であった賈璧雲、毛韻珂と馮子和とを比較した文章の中で、「私が旭初（馮子和）の劇で最も好むのは、時装の女子学生に扮しているものや、薄化粧の少女に扮しているものである。清麗な風情があり、飢餓感をいやしてくれるかのようである[54]」と述べている。「時装の女子学生」とは、いうまでもなく『血涙碑』の梁如珍のことを指すものと思われる。また楊塵因は同じ文章中で、馮子和の閨門旦としての演技の長所を、「冷」一文字に尽きると記している。引用部分の「清麗」という評語にはそれに加えてほどよい艶やかさも感じられる。上記二人の発言からは、「女子学生」としての馮子和の演技が、彼が得意とした「清楚で落ち着いた女性」の範疇に大枠で含まれることが見てとれる。

加えて馮子和による女子学生像が投影されている劇評の例として、一九一二年の『申報』に掲載された鈍根「大舞台之『血涙碑』[55]」を参考に挙げておく。ここでは第一、二本を演じた王蕙芬について、「姿は女学生らしく、美しく可愛らしいが、惜しいかな声だけがまろやかなつややかさを欠く」、「（如珍が如玉に送った）手紙の〝生涯を愛しいお兄様に委ねます〟という一句は下品で、文明的女学生の身分を非常に損なっているので、もっと品良く含蓄のあることばに変えるべきである」などの評語があり、女子学生の「社会的身分」に対するイメージはかなり明確になっていたようである。

続いて馮子和の舞台について、より具体的な言及がなされている例を挙げたい。一連の『血涙碑』上演の中で、馮子和一人だけが際立つ舞台よりも、俳優全員の質が揃っているという理由で新舞台を高く評価した鄭正秋[56]だが、彼の「麗麗所劇譚」には次のような記事も見える。

（梁如珍は、石如玉と）最初に校内で出会った時、相対している間にますます慕わしい気持ちが強まっていくものの、決してなれなれしいことばは口にしない。加えて石青年が誤解して「ぶしつけですが、私を愛する気持ちがおありでしょうか?」と問えば、馮春航（の扮する梁如珍）は憤然と「誤解です。私はただあなたの学問と行いがともに優れるがゆえに、あなたと意見を交わすのを喜ぶのです。私が愛するのはあなたの学問だけ、品行だけ、ほかにはありません。もしそんなことばをほかの女性にかけたりしたら、きっと口汚く罵られることでしょう。どうぞこれからはふさわしいことを仰って下さい」などと答える。なんともまっとうであり、しかも真情が言外にあらわれている。この人物を前に（梁如珍は）じっと思いをめぐらしているが[57]、思わず「もし目の前の人と夫婦になることができれば、きっと家庭の喜びを得ることができよう。将来を占わずとも幸福を享受することができるのではないかしら」とことばに出してしまう。そして、このことばが終わらぬうちに、慌てて辺りを見回し、自分を責めて「まずは私のことばが耳に入っていないようでよかったこと。若い娘がどうしてこんなことばを口に出したりできましょうか。これからはこんなことがないようにしなければ」と述べる。（馮子和は）よく劇中の人物の体面を保っているといえよう。

——鄭正秋「麗麗所劇譚」（『民権報』一九一三年三月一九日）

伝統演目において才子佳人が出会えば、概してひと目で双方が惹かれ合うものだが、ここで描かれているように、男性からの求愛に女性が簡単には応諾せず、いったん拒絶したり駆け引きを行ったりするパターンもまま見られる。しかし従来とは異なるのは、この梁如珍が自分の考えを相手の目の前で直截に述べ、「愛するのはあなたの学問と品行」だと明快にいい切る点であろう。こうした姿が当時の観衆の目に新鮮なものとして映ったことは相違ない。他方、願望をうっかり口にしてしまい、焦り、恥じらう様子は、若くて初心な女性の振る舞いとして非常に自然なものといえる。上記引用文は引き続き、新舞台においては同じ場面で男女二人が出会ってすぐ、相手のこともろくに聞かないまま結婚を約してしまうことで、同じく梁如珍（梁如貞）に扮した毛韻珂が馮子和より劣って見えることが批判的に述べられている。ここからも、新しさと同時に旧来の女性像を逸脱しない馮子和の演出を鄭正秋が評価していたことが分かる。

さらに、欧陽予倩「談文明戯」には先の引用部分に続き以下のような記載がある。

人物の扱いについても（民鳴社の演出は）馮子和の優れていた点を削ってしまっている。たとえば、如珍の姉の如宝がごろつきの陸文卿を「お義兄様（原文は姐夫）」と呼ぶよう如珍に迫るとき、馮子和が演じた如珍は承知せず、姉に平手打ちを食らわせた上、陸文卿の手から刀を奪い必死に対峙し、「私が一日でも生きているなら、あなたたちは安心できないのよ、私を弱い女だと思わないことね！」という。しかし、陸子美が（梁如珍を）演じた時は哀願するのみで、ここからも芸術的な理解が馮子和に及ばなかったことが見てとれる。当時の新民、民鳴の家庭劇において、女性への圧迫はただ観客の涙を誘うために使われるもので、京劇俳優の馮子和が圧迫を受けた女性を相当強烈に、気骨をもって演じることができたのには及ばなかったのである。

馮子和の演技がただ静かで上品だったのではなく、その中に激しさや強さが秘められていたことがよく伝わる文章である。戦闘場面のある女俠や女将軍、あるいは激烈な歌唱で相手をやりこめる演目を多く持つ老旦（老女役）とは異なり、伝統演目において青衣や花旦が直截な手段で相手に抵抗する場面は少ない。清楚な女子学生である梁如珍が激しく抵抗するさまは、役柄の範疇を越えた表現であり、欧陽予倩のみならず多くの観客に鮮烈な印象を残したことであろう。この文章からは同時に、本来は京劇を越えた舞台を目指したはずの文明戯が、優れた京劇俳優の演技術にはかなわず、凡庸な表現に終始していることへの批判も見てとれる。柳亜子が馮子和に続いて熱狂し、「第二の馮春航[58]」と呼ばれたこともあった陸子美ではあったが、結局オリジナルを超えることはできなかったのである。

先に述べたように、女子学生としての梁如珍は従来の才子佳人劇における「佳人」像から大きく逸脱したものではなく、むしろ装いこそ現代風に変えてはいるものの、逆境に耐えながら救助の手を待つという女性という形象に本質的な変化はない。しかし、鄭正秋や欧陽予倩による記述からは、「明確な意思表示をする」という点において馮子和がその形象を逸脱しようとしていた様子も見出せる。しかし結局のところ『血涙碑』の流行とは、馮子和による「新しい」女子学生の造形が、後続の俳優によって凡庸な記号と化していく過程にほかならなかったのである。

四　『血涙碑』とその後の上海京劇

『血涙碑』のように文明戯と共有された演目は、世間で文明戯の熱気が衰えていくとともに、次第に京劇でも演じられなくなっていく。この傾向は非常に顕著で、清末における京劇の「時装新戯」に始まった「同時代もの」の流行は民国に入って文明戯に引き継がれ、文明戯の退潮[59]によって京劇の舞台からも次第に退場していった。

その後上海の京劇は、新作および旧作のリメイクを中心とした連台本戯の隆盛期に入っていく。[60]『血涙碑』は全八本を二本ずつ上演するスタイルであったことは先に述べたが、[61]以後の連台本戯は全体の総数も一〇本を超え、一九二〇年代に入ると一日一本を複数日演じ続けるスタイルが中心となる。一般に連台本戯の特徴として、本書では「機関布景」、つまり過剰にリアリスティックな舞台セットや背景と、からくり（照明の効果も含む）の多用を挙げてきたが、同時に毎本観客を飽きさせないために紆余曲折に富んだストーリーを設定する必要もあった。『七剣十三俠』のような武俠もの、『狸猫換太子』のような歴史外伝もの、『西遊記』、『済公活仏』[62]のような「道行き」ものが題材として好まれたのも、観客から支持されている間は際限なくストーリーを継ぎ足し続けることが可能だからである。前述のように、欧陽予倩は『血涙碑』のプロットが首尾一貫していないことを批判したが、一般の大衆はこうした点に無関心で、連台本戯全盛期を迎えてストーリー作りの傾向はより複雑に、他方整合性を欠くものとなっていく。

京劇で下火になった才子佳人ものは、一九三〇年代後半、浙江省の地方劇である越劇の登場によって息を吹き返す。特に女子越劇の隆盛以降、若い女性が扮する男性像は観客から支持され、『梁山伯与祝英台』[63]、『紅楼夢』などの悲恋ものが盛んに上演された。もっとも、越劇の物語はその多くが清代以前に設定されており、系譜として『血涙碑』など京劇の時装新戯とより近いのは、同時代劇を得意とした滬劇の方だといえる。当時申曲と称され、上海方言で演じる滬劇は、同時代の風俗や事件をすぐ舞台化する即興力を持っていたが、たとえば一九三〇年代末に演じられた『碧落黄泉』は、大学で出会い惹かれ合う若い男女が同級生や家族の妨害によって引き裂かれ、最後にヒロインが病死するという物語であり、『血涙碑』を彷彿とさせる点が多々ある。事実、没落後の文明戯関係者が滬劇に流入したことはよく知られており、(64)文明戯へ盛んに移植されていた京劇の時装新戯と類似している点があっても不思議ではない。

他方、民国期の上海京劇では、馮子和や文明戯から京劇に転じた欧陽予倩の世代の後、他を圧するほど有力な旦は登場しなかった。梅蘭芳をはじめとする北京の有力な旦が交代で南下した結果、地元の旦が頭角をあらわす機会が失われたためと考えられる。

こうした演劇界の変質により、『血涙碑』は文字どおり絶唱となるが、変革と進取の気風に満ちた清末から民国初という時代を象徴する劇であり、ヒロインを演じた馮子和もこの劇を演じることにより、演劇史に鮮烈な像を残すに至ったのである。

【注】

（1）一八八四―一九一八、広東出身の詩人。死後、親交のあった柳亜子により全集が編纂された。

（2）一八八七―一九五八、江蘇省呉江出身の文学者。若くして革命結社に参加する一方で、文学結社「南社」を主宰した。

（3）公益書局出版、一九一三年。

（4）馮子和の最盛期である一九一二年から一九一三年を中心とした評価については、本書第一部(下)第一章「海上名旦・馮子和論序説」参照。

（5）『新茶花』は小デュマ『椿姫』の翻案、『妻党同悪報』は姑による嫁いじめの物語、『恨海』は呉趼人の清末小説を舞台化したもの。いずれも馮子和によって演じられている。

（6）一九一三年一〇月二八日『民権報』に掲載された『春航集』広告の宣伝文は、「名優小子和、すなわち馮春航は悲劇をもってその名が知られており、中でも『血涙碑』を最も得意としている」と書き始められている。

（7）テキストを網羅的に集めた脚本集の登場は、一九一五年の王大錯『戯考』の刊行を待たねばならない。

（8）同時期の文明戯は「幕表」と呼ばれるプロットや決め科白のみを記載した紙を準備し、俳優がこれを踏まえほぼ即興で演技する方式が採られていたが、京劇の新作劇もおそらくこれに近い状態だったと思われる。

（9）『春航集』「劇史」に署名「亜子」として記載。

（10）当時の表記方法は句読点、読点に相当するものは全て「。」が用いられていたが、強調したい文字列には全て文字横に「。」、つまり「圏点」による強調が施されていた。文体に鑑みるに、「血涙碑本事」における強調部分の多くは科白部分だと考えられる。

（11）この文章内では名前が出ていないが、「如宝」という名を記録している記事もある。

（12）いわゆる「二十四考」における孝子の一例だが、桑原隲蔵「支那人間における食人肉の風習」（『桑原隲蔵全集』第二巻所収、岩波書店、一九六八年）によると、こうした股肉を割いて薬とする最初の記載は、唐の開元時代の陳蔵器の『本草拾遺』（原本は早くに散逸）に遡ると考えられ、唐代以降親孝行の手本として民間でもさかんに行われた例が多く記載されている。

（13）先行する劇作品の中では、たとえば獄中で境遇を嘆く場面として明の朱素臣による『十五貫』「男監」、「女監」などがあり、崑曲の折子戯で民国期にも行われていた。

（14）柳亜子自身は『新劇雑誌』第二期（一九一四年七月）掲載の「磨剣室劇譚」において、馮子和が丹桂第一台で初めて上演した際（一九一二年四月）の内容を筆録したものだと述べている。

（15）伝統劇とは一線を画した存在たるべく登場した文明戯ではあったが、実際は京劇をはじめとする伝統劇の手法、たとえば歌唱による感情表現や人物のパターン化などを多く採り入れ、後日のリアリズム演劇とは異なる性質のものであった。また語りかけのスタイルが肥大化したものとして、文明戯初期には「演説」がよく行われていた。
(16) 柳亜子は『春航集』において何度かこの場面に触れており、「蛇足ではない」と述べている。
(17) 『申報』には劇場の上演広告を専門に掲載する頁が設けてあり、俳優と演目を記した定型広告以外に、新作の予告、名優の招聘、舞台の新規開場などが別枠で掲載された。こうした広告は字体を大きくするなどして次第に規模を拡大し、一九三〇年代初頭には有力な舞台が見開きを使った写真入りの広告を掲載するまでになった。
(18) 新劇、新戯は「新作劇」を指す。文明戯も一般にはこのように称されていたが、ここでは異なる。なお、この広告原文では新劇と新戯が混用されている。
(19) 原文活字では「隹」のみ鮮明で扁が不鮮明なため、文意から「誰」と推定し訳出した。
(20) 原文では「諸君みなさま」の前に一字空白があるが、文意に鑑み無視して訳出した。
(21) 初日は頭本二本、四日目は三本四本の上演であることが明記されているが、二日目と三日目は不明。おそらく初日二日目が第一、二本で、三日目四日目が第三、四本であろう。
(22) 主要人物である石如玉役の俳優は大きな活字で名前が印刷されると思われるが、ここで馮子和と同じ大きさなのは「三麻子」と「老供奉」のみである。
(23) 紹介されている場面は第一から四本の内容に相当するため、後半初演前の可能性もある。
(24) 『申報』には一九一〇年一二月二二日の時点で歌舞台の広告が先に出るが、新劇場との二重契約であったため、上海帰還後一週間ほどは一日交替で両劇場に出演していた。
(25) 以下、劇場への所属期間は『申報』広告における名前の有無によって推定したものである。
(26) 一九一一年八月から九月に集中して上演されている。
(27) 『時事新報』一九一三年四月二一日の新新舞台『血涙碑』広告に明記されている。なお、周信芳の演技は三麻子との関係が深く、『血涙碑』においても演技上何らかの影響を受けた可能性がある。
(28) 上海ではなく、馮子和が外地公演を行った都市のいずれかと思われる。
(29) 直前の三月まで進化団の名義で上演を行っていたが、その際も主宰の任天知(生没年不詳)はこの「天知派新劇」という文字が書かれた幟を劇場の入り口に立てていたという。
(30) 当該団体の上演状況については不詳、待考。

(31) 頭本については明確ではないが、当該劇団の広告で『同命鴛鴦』の初出は四月一四日であり、この日が初演である可能性もある。

(32) 上海図書館編『中国近現代話劇図誌』（上海科学技術文献出版社、二〇〇八年）一三六頁に掲載された同劇団の『血涙碑』舞台写真によると、ヒロイン役は淩怜影である。

(33) 後述するように、『双鴛鴦』はオリジナル『血涙碑』とは途中からストーリーが大きく異なるため、後日エピソードが添加されたものと考えられる。

(34) 四月の九、一〇本初演直後、一～四本を省略して五本から始めた回がある。

(35) 新新舞台での上演内訳は以下のとおり。四月二一日～二四日、四月三〇日～五月三日、五月一〇日～一三日、二四日～二七日、六月一〇日～一三日、六月三〇日～七月三日、八月一〇日～一三日。

(36) 戴季陶によって創刊された新聞。この時期の新聞の常で発行期間は短いものの（一九一二年三月二八日～一九一四年一月二一日）、コンスタントに劇場広告および演劇関連記事が掲載されており、『申報』には漏れている情報をカバーできることもある。

(37) 登場人物名は梁如珍が梁玉貞（「珍」と「貞」の発音は共に「zhen」）、石如玉が石文玉と変更されている。ほかの登場人物名にも異同がある。

(38)「麗麗所劇談　新舞台之双鴛鴦（二）」一九一三年三月一四日。

(39) 新規登場人物以外にも、たとえば盗賊の崔虎は陳虎と名を変え、夏月珊が演じることによりオリジナルの『血涙碑』より活躍場面が増えている。

(40) 許嘯天（一八八六―一九四六）は最初期の新劇上演団体の一つである春陽社が一九〇七年に『黒奴籲天録』（『アンクル・トムの小屋』）を上演する際、当該作品を翻訳本から舞台化したとされる人物で、『拿破侖（ナポレオン）』、『明末遺恨』などの新劇も彼の手になるものといわれる。実際に許が『血涙碑』のオリジナル上演にかかわったかどうかは不詳。なお、こんにち馮子和に関する多くの記事で「『血涙碑』は馮子和が編んだ」とされているが、初演広告に掲載されているとおり、当初そのことは全く記されていなかった。

(41) 一〇月一九日の『申報』にも『同命鴛鴦』の広告が掲載されているが、すでに昨晩（一八日）上演があったかのような宣伝文が掲載されている。前もって準備された広告が誤って早く載せられたのか、実際に一八日が初演だったかについては再考の余地がある。

(42) 新舞台、新民社の各上演団体広告には、『血涙碑』が人口に膾炙した劇であることが述べられるのみで馮子和の名は無い。天知派の広告にはこうした宣伝文は付されていない。
(43) 奥付に出版社名はなく、「光文印刷所」とのみ記される。
(44) 柳亜子『新劇雑誌』第一期(一九一四年五月)の「磨剣室劇譚」には、馮子和と毛韻珂が民鳴社の『血涙碑』を観劇し、激賞したと記されている。
(45) 鈍根「大舞台之『血涙碑』」(一九一二年七月一六日)。
(46) 趙君玉は馮子和のエピゴーネンとして言及されることの多い俳優だが、実際に馮子和の上演演目を多くレパートリーとして採り入れている。
(47) 『欧陽予倩文集』第六巻所収(上海文芸出版社、一九九〇年)。四〇年以上の時間を経た後の文章であり、情報の正確さには注意を払う必要があるものの、現在でも文明戯研究に多くの情報を提供するものである。
(48) 実際は広告を見る限り八本を四日かけて上演している。一二本を三日かけて上演した民鳴社と混同している可能性もある。
(49) 引用箇所に先んじた部分で、欧陽予倩は『血涙碑』について、ヒロインの梁如珍が「母殺しの冤罪を被る」、「如玉殺しの冤罪を被る」「妓楼へ売り飛ばされる」ことによって三回陥れられる物語として認識している。
(50) 桑兵『晩清学堂学生与社会変遷』(広西師範大学出版社、二〇〇七年)によると、一九〇九年時点で、全国で七万八三七六名の女子学生が学校に学んでいたという。
(51) 三月二六日に中西女塾が女性宣教師 L.haigood を校長として現在の漢口路に開学している。
(52) 『春航集』「雑纂」に転載された明輔「馮旭初小伝」(原載『名伶曲本』とあるが未見)には、「商務書館」(ママ)に通ったと記載されている。また同書の稗蘭「馮春航之別史」(原載『民立報』)には西洋人の開いた学校で一般教科とともに音楽を学んだと述べられている。
(53) 一九一七年三月に叢刊『春雨梨花館叢刊』(上海民権出版部)を発行、京劇俳優としての欧陽予倩に関する記述など資料的価値の高い文章もある。
(54) 塵因「梨香社劇話」(『民権素』第九集、一九一五年八月)。
(55) 注(45)参照。
(56) 『民権報』「麗麗所劇譚　新舞台之双鴛鴦(二)」一九一三年三月一四日。
(57) この一文は、原資料冒頭の一文字判読不能のため、前後の文脈を踏まえ訳出した。

(58)『民権報』一九一三年一二月一日の「介紹朱剣寒陸子美」（作者不詳）に「有春航第二之称」という表現が見える。
(59)一九一四年に文明戯は「甲寅の中興」と呼ばれる隆盛期を迎え、主要六劇団による合同上演も行われる。新民社と民鳴社は同年冬に合併するが、一九一七年に解散する。他の文明戯上演団体も前後して解散していく。
(60)『血涙碑』をアレンジした新舞台『双鴛鴦』の上演に、すでにその傾向が見てとれる。
(61)同時期の広告を見る限り、『新茶花』も複数本の上演形態を採っていたが、通しの劇でも一日か二日で完結するものがまだ主流であった。
(62)南宋時代に実在した怪僧である済公による冒険談を描いたもの。
(63)馮子和も一九一三年夏に同名の劇を上演している。
(64)周良材「百年滬劇話滄桑」（上海文史資料選輯第六二輯『戯曲菁英』下巻、上海人民出版社、一九八九年）によると、最も著名だったのが文月社に招聘された「三頂小帽子」と称された三名の文明戯出身劇作家で、『碧落黄泉』はそのうちの一人である范青鳳によるもの。

第三章　柳亜子と『春航集』

一　『春航集』出版の背景

柳亜子の文芸活動歴において、演劇に関する発言をしたのは二〇世紀初頭のごく短い時期に限られている。最もよく言及されるのは、革命的気概に満ちあふれた『二十世紀大舞台』「発刊詞」（一九〇四）であり、多くの戯曲史で中国演劇史上重要なトピックスとして扱われている。しかし、これは柳亜子が継続的に演劇に携わってきた結果生み出されたものではなく、時代の潮流に乗じたプロパガンダ的言説の一つと見なされるべきものである。一方で、第一章で触れたが、柳亜子にはこうしたプロパガンダ的言説の対極ともいうべき、一人の俳優に陶酔した結果生まれた大部の編著、すなわち初期上海京劇の名旦である馮子和をフィーチャーした『春航集』上下冊が残されている。

柳亜子自身は、後日桂林において田漢や欧陽予倩らが主宰の歴史劇に関する座談会に参加した際、席上で「私は演劇については全くの素人で、過去に阿英と史料についての討論をしたことはあるが、歴史についても特に深く研究しているわけではない[1]」と謙虚に語った。しかし、『春航集』出版に前後する時期の文章を目の前にすると、柳亜子がこうした「演劇の素人」としての自覚を持っていたとは考えづらい。

この点を鋭く攻撃したのが、同時代の上海で最も伝統演劇に対する造詣が深く、かつ厳格な批評眼の保持を自負していた劇評家の馮叔鸞である。彼の柳亜子に対する批判については本書でも度々言及しているが、あらためて『嘯虹軒劇談』に収録された、その名も「告柳亜子」という長文の一部を挙げてみたい。

（柳亜子が）芝居を語り党派をうち立てるのに至っては、ぬけぬけとえらそうなことをいっているが、ほとんど天人に大言壮語するようなものである。亜子はややもすれば『春航集』を彼方まで光を放つものだと誇るが、試みに尋ねよう、馮子和がかつてその名を上海中に馳せ、みなが傾倒したとき、誰が亜子の名など知っていただろうか、と。いま、『春航集』は世に出たが、馮子和の容貌や演技に対する名声は、逆に昔ほどのものではなくなっている。上品にあざ笑って、春航（馮子和）を辱めているようなものだ。亜子はみずからを反省せず、なおしきりに不平を述べ他人を戒めることに励んでいる。ああ、なんと厚顔なことであろうか。

青年期の柳亜子

全般に感情的な文章であるが、その意図することを総括すると、演劇（伝統劇）の知識を十分に持ち合わせない人間がさもわけ知り顔で演劇論をぶち、すでに落ち目の俳優を大々的に持ちあげるのみならず、演劇論の専門家たる自身に対して挑戦的な態度を取るのはけしからんということに尽きる。実際、二人の間には激しい応酬があったとされるが、演劇に対するもともとのスタンスに大きなずれがある以上、両者の議論は建設的たり得なかったことであろう。

馮叔鸞は中国の伝統演劇界に近代的批評概念を最も早く持ち込んだ一人であり、柳亜子に厳しい視線を投げかけるのはやむを得ない。しかし、これほどの演劇的素養をもって劇評を発表していた人間はむしろ少なく、大多数の人々は彼が批判したように「自身の単純な好悪の念に基づき」、その目で観た舞台を思うままに記していた。何をもって「批評」とするのか、いまだ社会的コンセンサスが得られていなかったこの時代にあって、こんにち的には正当であると理解されるかもしれない馮叔鸞の主張は、大方の賛同を得るには至らなかったのではなかろうか。柳亜子の方も、いかに馮叔鸞に批判されようと、『春航集』を世に問うた時点では、馮子和を熱狂的に賛美する自身の言説に何ら疑問を抱いていなかったに違いない。

これまで筆者は馮子和に関する論考を著すにあたり、同時代の情報源としてこの『春航集』に多くを負ってきた。一九一〇年代の上海においては、文芸雑誌の創刊、大新聞の娯楽欄における劇評（劇談、劇話）の登場と、演劇をリアルタイムで記録・批評する場は次第に確立されつつあったが、伝統劇に関する書籍の出版はテキスト集（唱本、戯考）を含め、まだ少ない。ましてや一人の俳優について、これだけの紙幅を割いて記述した著作はほとんど見かけない。加えて、馮叔鸞のような批評を生業とする人物をはじめ、多くの京劇愛好者が北方の俳優を重視したのとは異なり、初めから京劇の「正統性」、「規範性」へのこだわりを持たない柳亜子の手により、上海京劇の一時代が切り取られ、提示された意義は大きい。加えて、北方の四大名旦が隆盛期を迎える前夜にあたるこの時期、とりわけ梅蘭芳に先んじて、同じ旦である馮子和をメインとして取り扱ったことは注目に値する。

かつて筆者は、「柳亜子と演劇」（『季刊中国』第五八号、一九九九年）第二章において『春航集』の存在意義について触れ、柳亜子が演劇の素人であるがゆえに、該書の演劇改革における実効性は認めがたいものの、同時代の記録としては一定の価値を持ち、かつ一般読者向けの著作として「芸術と出版メディア、そして観客との有効な連携関係を作り上げた」と評した。この基本的スタンスは現在も変化していない。また上記論文で繰り返し述べたが、柳亜子は馮子和という俳優と出会い、その舞台表現が文学者としての審美眼にかなったことをきっかけに、演劇と深い縁を結ぶに至ったのである。ゆえに、『春航集』は馮叔鸞の批判を待たずとも、近代的演劇学の視点に立って見れば厳密な学問的裏付けに乏しく、馮子和の舞台に関する感想や彼に着想を得た作品を集めただけの、柳亜子のプライベート文集としての印象が強く表面に出ていることは否めない。

上海の演劇史において、主要な刊行物として必ずその名が挙がる『春航集』ではあるが、その内容をていねいに踏まえた論考はほとんど見あたらない。本章では、『春航集』の構成および内容に対し、より詳細な分析を加えることで、柳亜子が自身の心酔する馮子和をいかに世間へ紹介しようと考えたのかという点について、その目的と手法を検討し、同時に、該書がこの時期に出版されたことの意味を再考する。

二　『春航集』の構成とその内容

『春航集』は民国二年（一九一三年）七月、上海広益書局から刊行された。出版に至る背景については、同書「雑纂」に収録されている胡寄塵の「春航集紀事一」（五四頁、『中華民報』[2]原載）という文章で、以下のように述べられている[3]。

①清末に馮子和を識った柳亜子は次第に彼に傾倒する。民国に入って『民声報』（『民声日報』、黎元洪創刊、一九一

『春航集』初版の表紙

二年二月～?）の文芸欄を担当した柳亜子は、馮子和を称賛する詩文を次々と発表する。
②『民声報』を去った柳亜子は『太平洋報』（宋教仁創刊、一九一二年四月一日～一〇月一八日）に活躍の場を移し、南社の同人らとともに多くの文章を発表する。
③同年（一九一二年）秋に故郷の黎里に戻った柳亜子の仕事は胡寄塵が引き継ぐが、姚鵷雛らによる馮子和批判の文章を掲載した新聞を見ると怒り、逆に称賛する文章を見ると喜んだ。また日々、友人たちに馮子和に関する書信を書き投函していた。
④当時柳亜子に同調していた南社の同人は、林百挙、陳布雷、兪剣華、姚鳳石、龐檗子、葉楚傖、朱屛子、沈道非など非常に多かった。
⑤葉楚傖が『民立報』（社長は于右仁、一九一〇年一〇月一一日～一九一三年九月四日）に、管義華が『中華民報』に入って馮子和支持の論陣を張るようになってから「馮党・賈党」（「賈」は賈壁雲）という語が使われるようになった。『民国新聞』（呂志伊創刊、一九一二年七月二五日～一九一三年九月）の兪剣華も馮子和支持を掲げた。
⑥『春航集』の祖型にあたるものとして、姚鳳石と柳亜子が小冊子の刊行を計画していたが、『壁雲集』[4]出版を知り、刊行を決定した。一九一三年初夏に上海に出てきた柳亜子は胡に原稿を渡すと、同人らとともに馮子和の寓居を訪問、馮から写真二〇枚余りを贈られる。柳亜子にとっては馮子和に傾倒して一〇年、初めての面会であった。

なお胡寄塵自身はこの文の最後で、自分は馮子和に関する「詩詞」は著さなかったが、『太平洋報』在籍時に書いた「批評」数本を『春航集』に収録したと述べている。

以上、馮子和に関する出版物の刊行はもともと予定されていたものの、ライバルの花旦である賈璧雲をフィーチャーした『璧雲集』出版情報に危機感を覚えた柳亜子は、『春航集』の出版を早めたのではないかと推定される。また、『春航集』の奥付には柳亜子「編」、胡寄塵「校訂」と書かれているが、上記⑥に鑑みるに、『春航集』の原型は柳亜子によって構想されており、初夏に上海で原稿を渡された胡寄塵がそれを整理したのであろう。一方、当時すでに雑誌や単行本の見返しでの写真掲載はよく行われており、特に馮子和を視覚的側面からも称賛した柳亜子にとって、写真の掲載は必須であったことは想像に難くない。

続いて、『春航集』各章について、それぞれ内容を分析していく。全体は「文壇」、「詩苑」、「詞林」、「劇史」、「劇評」、「雑纂」、「附録」、「補遺」の八章で構成されており、通しではなく各章ごとに一から頁が付されている。また一部異なる系統の人物も含まれるものの、執筆者の多くは南社の同人である。もっとも、以下で述べるように、その発言内容は意外にバラエティに富んでいる。

◎「文壇」

全二五篇。柳亜子および南社の同人による書簡集である。一部「亜東戯迷」のような部外者と思われる人物の書簡も含まれる。一部往復書簡も見られるが、多くは単体で掲載されている。また、二、三通連続して書かれているケースもある。

中国においては古くから「書簡」は単なる私信ではなく、著名な政治家や文人の場合、後年になって個人文集に収録されるなど基本的に第三者への公開を前提としており、いわば表現形式の一つであった。「文壇」という題が付されていることからも明らかだが、『春航集』における書簡もまた「読まれる」ことが想定された文体および内容となっている。日付が記されていないため、掲載内容は必ずしも時間軸に沿っているとは限らないが、陳布雷「与柳亜子書」（一一頁）に『太平洋報』文芸欄主編を胡寄塵が代行していることが明記され、馮子和の舞台消息をわざわざ柳亜子に知らせる内容も散見されることから、一九一二年秋に柳亜子が黎里へ帰ってからの書簡が中心ではないかと推測される。

柳亜子に宛てられた書簡から見出せる各人のスタンスだが、基本的に柳亜子の馮子和称賛に追随する者が多い。たとえば兪剣華「与柳亜子書」（四頁）は長文の書簡であるが、馮子和主演の新編悲劇『血涙碑』について、「鉄石のごとき心の持ち主でも必ずや感じ入る」と述べ、その悲痛なさまを屈原の「離騒」になぞらえている。一方で、この章には馮子和に対して積極的な評価を与えなかった、あるいは他の俳優を評価したという理由で柳亜子の不興を買った雷鉄厓や姚鵷雛による書簡も収録されている。特に後者は賈璧雲に与したと見なされたようだが、本人自身は中立でいずれにも与しないと弁解している（姚鵷雛「与柳亜子書　其二」一九頁）。また当人以外の人々は、柳亜子宛の書簡で彼らを批判したり（兪剣華「与柳亜子書　其三」七頁）、逆に弁護したり（姜可生「与柳亜子書　其三」一七頁）している。他方、柳亜子自身は、批判や忠告めいた書簡を受け取っても、馮子和への称賛の念はいささかも揺るがなかったことが自身による多くの書簡から見てとれる。

この章にはイレギュラーな存在として、おそらく南社関係者ではない[5]「亜東戯迷」を名乗る書き手による二通の書簡が収録されている。片方は管義華に宛てられたもの（「与菅義華書」二〇頁）で、冒頭にて馮賈いずれにも与せずとして中立な立場を宣言しつつも、『図画日報』に掲載された「天酔」なる人物の賈璧雲称賛と馮子和批判に対し、直截な表現で反論を行っている。もう一通は、伝統劇と新劇双方に通じ、劇評家として定評のあった鄭正秋[6]に宛てたものであるが（「与鄭正秋書」二二頁）、これは鄭が『図画日報』の編集にかかわっていたがゆえにその見解を質したもので、内容的には「与管義華書」と大枠で重なっている。ちなみに管義華は先述の⑤にその名が見えるように、馮子和を強く支持する人物の一人であった[7]。さらにこの章には、管義華宛てに「梁軒」と署名された書簡（「与管義華書」二四頁）が収録されているが、この人物は「視野を幅広く持ち、南北の花旦を全て観た」結果、悲劇を善くする馮子和が最も優れると述べている。

◎「詩苑」、「詞林」

「詩苑」（全七四篇[8]）「詞林」（全一三篇）は前者が七言詩、後者が長短句からなるが、いずれも柳亜子と南社同人らの手になる韻文作品であり、柳亜子、ないしは同人同士の唱和や連句の形態を取るものもある。多くは馮子和の演技や劇の一場面をモチーフにしたり、演技や扮装にインスピレーションを得るなどして、舞台とは直接関係のない内容を描いた作品である。

当然ではあるが、これらの韻文を厳密な意味での記録と見なすことはできない。もっとも、従来から述べてきたように、こうした文章にデータとしての価値が全くないわけではなく、中には具体的な演目名や上演場所、日時が記載されたものもある。たとえば、「詩苑」冒頭の「呉門観劇贈春航」（柳亜子、一頁）のように、題名に場所や演目のみ記されていることもある。この場合、史料性は低いが、馮子和が上海以外の場所で上演した事実を探る手がかりぐらいにはなろう。また、「詩苑」、「詞林」ともに韻文作品本体ではなく、副題や解題、場合によっては本文中に付された割り注部分に俳優や作品の背景、あるいは書き手の状況に関する情報が記されているケースがある。

一例を挙げると、林一厂（百挙）「観春航演児女英児伝（ママ）新劇賦贈」（「詩苑」八頁）では、解題にこの詩を書くに至った背景[9]が述べられた後、四首連作の七言詩が掲載されているが、各首の最後にそれぞれ「初出遇安龍媒遇難時（初めて出でて安龍媒に遇いて難に遇いし時）」、「入能仁寺撃殺衆僧時（能仁寺に入り衆僧を撃殺せし時）」「入寺地室救張金鳳烈女引其父女相見時（寺地室に入り張金鳳を救う　烈女其の父を引きて　女に相見えしむ時）」「在寺為安龍媒与張金鳳指婚時（寺に在りて安龍媒と張金鳳が指婚を為す時）」といった形で、当該の劇におけるどの場面をモチーフにしたのかが簡単に注記されている。肝心の韻文本体については、たとえば三首目は「紅氍毹忽変修羅、誰向幽宮出素娥（舞台の赤いじゅうたんはたちまち修羅の場に変わる、誰が幽宮に向かって素娥を連れ出そうか）……」といったように、ある程度演技に沿った描写がなされているものの、基本的には抽象化された表現に終始しており、批評はおろか、場面の復元のみを目的としても、情報量が十分だとはいえない。なお、この林一厂にはほかにも「観春航演陰陽界悲劇」（「詩苑」九頁）、「杜十娘曲」（同一二頁）など、具体的な演目名を挙げた作品があり、後者は感動のあまり四回も観に行ったことが解題で述べられている。

また興味深いのは石篁の「春航詞」（「詩苑」二八頁）で、解題には『春航集』の出版を知り、この詩を書いたのだが収録してもらえるだろうかという旨が書かれている。やはり詩句自体には別段採るべき情報はないが、長段の詩ながら詩句の末尾に各々長短の解説が付いており[10]、内容も多岐にわたっている。たとえば「睡破眉山不更描」という句には「春航の化粧は薄く淡く施されていて自然で美しいもので、ほかの者が厚塗りしているのに比べれば天と地ほどの差がある」という注記がなされている。この詩にはさらに、馮子和の舞台歴、大切りの俳優は最後に名前が挙げられるといった演劇界の決まり[11]、さらには「女性に指輪を贈られたが断った」といったゴシップめいたエピソードまで注記されている。

そのほか、概して韻文本体は表現的な修飾が施されてはいるものの、中には馮子和の演技全般における美点、扮装の具体的様相、劇の見どころを知る一助としうる作品もある。

もっとも、柳亜子や南社の同人たちは、馮子和の美貌のみを称賛したわけではない。『二十世紀大舞台』「発刊詞」における発言スタンスの流れを汲み、『春航集』においても、馮子和の演じる新作劇の内容や扮する人物の思想性、および同時代的な意義について、目配りがなされた文章も散見される。

新作劇、しかも時装劇を得意とした馮子和の演技が、おそらく旧来からの花旦や青衣像の枠を超えていたことは各種記事からも明らかだが、[12]柳亜子はこれをよしとしない一群の人々と対峙する立場をあえて選んだのだともいえる。

◎「劇史」

この章は馮子和の代表作である悲劇『血涙碑』の、柳亜子による詳細なストーリー紹介[13]のみで構成されている。『血涙碑』の脚本は残っていないため、当該の劇について唯一詳細に描き残した文章と見なしてもよいだろう。[14]同時代にもストーリーの概略を記した著作はいくつかあるが、書き手の主観に基づいてダイジェストが行われるため、肝要な部分が削除されている可能性も否めない。しかし柳亜子はこの文章において、一日二本という上演スタイルに基づいて相当詳細に場面を復元しており、加えて重要な科白も一部収録されている。この手の文章としては、最も詳細な記録がなされた例だといってよい。なお、他の章にも『血涙碑』の各場面に関する断片的な記事が記載されている。

◎「劇評」

『春航集』において最もボリュームがあり、かつ馮子和の舞台に関する具体的な内容が記された章である。散文体で書かれているため、表現上過剰な装飾は少なく、直截なことば遣いに終始している。一方、名称こそ「劇評」となっているものの、内容的には「批評」というよりはむしろ「記録」としての性格が強い[15]。この章は大きく四つの部分（四名の執筆者）に分けられ、いずれも新聞などに連載した文章を再録したものと考えられる。惜しむらくは他の章同様、『春航集』掲載にあたって記事掲載の日付がほとんど書かれていないことであり、掲載紙原本が残存していれば確認のしようもあるが、散佚している場合は『春航集』が唯一のテキストとなる。

まずこの章の半分を占めるのが、柳亜子による「簫心剣態楼顧曲譚」という題の劇評だが、これに関しては本人による同名の劇評が『民声日報』に掲載されており、それを再録したものであろう。柳亜子本人の見解のみならず、友人知人の見解（書簡や詩詞を含む）を紹介している文章も見られる。書き出しは『血涙碑』の再演に関する記事で、馮子和がこの劇を上演した歴代の舞台名が順に挙げられている。『血涙碑』の詳細は「劇史」で語り尽くされているが、再演状況をトレースすることで、その間の改編整理の様相を知ることもできる[16]。一方で、さまざまな演目の各場面が断片的に紹介されていることもあり、ここから舞台の様子をある程度うかがい知ることができる。再び『血涙碑』を例にとると、「深夜作書」という場面での科白としぐさ、「琴歌」、「寄宿」での歌（「葉楚傖之馮春航談」二頁[17]）、"Meet me by moonlight"という歌詞を含む西洋の歌を唱う場面があること（「蘇曼殊之馮春航談」二頁[18]）、「公堂桜指」、「法過繯首」、「旅舎鞭笞」、「嘔血絶命」（以上二頁）といった各場面の名称[19]、最終場面で主人公二人が死んだ後復活する場面における科白（四頁[20]）など、細切れながら当該作品に関する情報が提供されている。この劇は何度か再演されており、その折にもまたあらためて劇評が書かれている（「馮春航重演血涙碑」一四頁、「千呼万喚之血涙碑」一五頁）。他方、柳亜子はこの「劇評」において、自身と馮子和のかかわりを初めて舞台を観た時から時間軸に沿って紹介しているが（五～八頁[21]）、ここに記された馮子和の所属劇場、上演演目、共演者の名前などは、『申報』をはじめとする新聞広告の情報の補助的役割を果たすものである。同時に、この文章には馮子和の舞台内外でのエピソードなど、俳優個人の伝として興味深い記述も見られる。さらに最も有用なデータとして、上演演目ごとの記事が挙げられる。この章においては『血涙碑』をはじめ、『百宝箱』（八頁、二二頁）、『梅龍鎮』（八頁、一七頁）、『玫瑰花』（一一頁）、『児女英雄伝』（一二頁）、『貞女血』（一六頁、『刑律改良』の別名）、『花田錯』（一七頁）、『花魁女』（一八頁）、『沈香牀』（一八頁、馮子和主演ではない）、『誘妻還妻』（一九頁）、『烏龍院』（二〇頁）、『江寧血』（二〇頁）、『恨海』（二一頁）、『宦海潮』（二二頁）、『機房教子』（二二頁）、『陰陽河』（二三頁）、『義妖伝』[22]（二三頁）、『樊梨花』（二四頁）、『黒籍冤魂』（二四頁）まで、伝統演目、新作劇を問わず二〇もの演目への言及がなされている。多くは「いつ誰と観た」ということのみが記されているが、『玫瑰花』では原作と簡単なストーリー、『児女英雄伝』では頭本〜第八本まで二本ずつに分けた上での各場面の紹介、『貞女血』では舞台における呉方言使用の事実、『誘妻還妻』、『宦海潮』ではかなり詳細なストーリー、『江寧血』では「新名詞」の多用と共演者の演技など、演劇史的に重要な記載も見られる。この中には、馮子和の演劇界からの退場とともに演じられなくなり、現在では忘れ去られた演目も含まれる。

さて、馮叔鸞に「演劇の素人」と揶揄された柳亜子だが、『血涙碑』で馮子和扮するヒロイン梁玉珍が実の姉に虐待される場面で、その悪辣さに真剣に怒りを覚えたことなど（三頁）、完全に舞台世界に引き込まれたコメントを手を加えずにそのまま書き出すなどしており、確かにここから客観的な批評性を見出すことは難しい。また、舞台に関する言及対象は視覚的要素に偏っており、伝統劇に一家言持つ劇評家であれば必ず言及するはずの音律や曲調に関する記載が一切なく、あったとしても非常に感覚的なレベルにとどまっている。

しかし視点を変えてみれば、演じる側にとっては、柳亜子のような人物こそ理想的な観客でありファンである。馮子和が活躍した上海京劇界は、その大胆な革新性と、時に無節操ともいえる作劇や演出により、もとより京劇愛好者を自任する人々からはおおむね非難されてきたが、一方でその人気を支えたのは、舞台を観て純粋に喜怒哀楽の念に身を委ねるような、大勢の「一般のファン」であった。後に彼らは柳亜子と同じように「私は演劇の専門家ではないが……」と断って、舞台に関する見解を自由に述べるようになる。[23] 柳亜子の演劇に対するまなざしや振る舞いは、まさにこれら「一般のファン」による文章の先駆けといえるものだが、これについては後述する。

以下、胡寄塵の「太平洋文芸批評」（『太平洋報』原載）、之子（南社同人の葉楚傖）「横七豎八之戯話」（『民立報』原載）、定仙[24]「梨園羼抹」（部分。掲載紙不明）が収録されている。

『春航集』の校訂者である胡寄塵による「太平洋文芸批評」においては、冒頭にまず柳亜子の馮子和への傾倒ぶりに批判的な姚鵷雛の言（一頁、「鵷雛之馮春航観」）が掲載されているが、これこそが「柳亜子の不興を買った」文章なのであろう。さほど強い調子の批判ではないが、柳亜子の盲目的ともいえる馮子和称賛をたしなめると同時に、馮子和自身に対しても幾分ネガティヴな評価を与えたものである。胡寄塵によると、柳亜子は「この稿を退けて採らなかった」が、胡自身は称賛と批判とを併記することでおのずと「真相があらわれる」（三一頁）と考え、これを掲載した。以下、柳亜子と胡寄塵、姚鵷雛との間の書簡が掲載されるが、これを読む限り、柳亜子は外部のみならず、身内にまで自分の馮子和支持に疑念を呈する者がいたことに憤慨している。また高天梅（旭）、何競南、金蘭畦ら他の文人たちの「馮春航観」、およびお互いの言をめぐるやり取りが掲載されるが、時折挟みこまれる胡寄塵の文章が仲裁者の立場を採っているのが興味深い。実は胡寄塵が述べているように、彼自身の文章をはじめ、こうした異なるスタンスの文章を収録したことにより、『春航集』は馮子和称賛一辺倒の翼賛的書物となることを逃れている。もっとも、「文芸批評」という題ではあるものの、称賛意見はもちろんのこと、批判的意見もまた具体的根拠に乏しく、「批評」ということばが「対象を取り上げて語る」段階に過ぎなかったことがこれらから見てとれよう。

三番目の「横七竪八之戯話」は署名之子（葉楚傖）、『民立報』に掲載された劇評である。『民立報』には宋教仁らそうそうたるメンバーが編集や執筆に名を連ねており、同時期に発行された新聞の中では保存されているものが多く比較的よく見ることのできる新聞である。また全体を通読すると、「横七竪八之戯話」の文章は時間軸に沿って並べられているようである。次にこの書き手のスタンスであるが、書き出し（四三頁）を見る限り、「騎牆」、つまり当初はどっちつかずの態度で、南社内での馮子和をめぐる論争に対し傍観を決め込んでいたものの、「馮春航を弁護」する者から支持者の列に加わるよう要求する書簡を受け取り（四三頁）、これに同意することとなる。この之子の態度については、『民立報』のこの欄が衆目に触れるものだったこともあり、柳亜子や他の同人に度々本意を確認されていたようである（四四頁、四六頁）。さて、この「横七竪八之戯話」はほかと異なり、馮子和以外の俳優、ことライバルの賈壁雲に関する記事が多い。例を挙げると、大舞台における賈壁雲の演技と声質の劣化（四八頁）、得意演目と演技の変質（四八頁）、『蝴蝶夢』を演じた時のハプニング（五一頁）、チャリティー公演における様子（五二頁）などの記述が見られる。賈壁雲に対する視線は総じてネガティブだが、馮子和の熱狂的支持者のように些細なことをあげつらい、激しく攻撃するといった態度は取っていない。また馮子和自身については、早期の『百宝箱』観劇（四六頁）、南下してからの消息（五〇頁）などが挙げられるが、これも浮き足だった言辞に飾られたものではない。ほかには、紅楼夢劇に関するコメント（五〇頁）や、馮子和や賈壁雲をはじめ南北の名優を古今の名人になぞらえて評した文章も見られる（四九頁）。また数は少ないが、目睹した舞台について、俳優の演技、場面、科白など比較的具体的に記述した文章も見られ、「劇評」としての初歩的要素を備えていると見ることもできる。ただ、これらの記述内容をあらためて総覧すると、やはり之子は「騎牆」のままであり続けたようである。

最後の「梨園羼抹」は部分採録である旨、小題に断り書きが付されている[25]。全体の調子からして、書き手の定仙はおそらく南社とは無関係、ないしは柳亜子とさほど親しい人物ではないものと思われる。一つの段落は比較的長く、本人も「私は篤く芝居をたしなむものである」（五六頁）と述べているように、南社の同人たちよりは演劇に関する造詣が深く、演劇を語る「ことば」を備えた人物であることが容易に推測できる。馮子和のみを特別視する人々には批判的であり（五三頁）、基本的には馮・賈のいずれにも与しない（五五頁）と述べているが、毛韻珂や賈璧雲など他の旦と並べて各々の特徴を比較し、演目をタイプ別に挙げて各自の得手不得手を示した上で（五四頁、五九頁、六三頁）、総合的に馮子和に高い評価を与えている（むしろ賈璧雲に対しては若干ネガティブな視線を見出しうる）。中には、馮子和は「（その）精神は新旧を炉で一つにするところにあり」、賈璧雲が旧人の型を守り変えない点とは異なると述べているものもある（五四頁）。一方、定仙は俳優百人を五等にランク分けし（五六頁）、馮子和を譚鑫培、夏月珊らとともに「芸、徳ともに備わった」一等七名の中に組み入れている[26]。ちなみに賈璧雲、毛韻珂、そして梅蘭芳など同時代のほかの旦は二等とされた。また、この「梨園羼抹」には馮子和の『血涙碑』のみならず、他の俳優による当該の劇のバリエーションに関する言及もあり、共演者の名前や演技の水準が具体的に記されている（五八頁）。ほかに馮子和主演の『鄧憶南』について、上演場所、共演者、ストーリーと人物の背景などがかなり詳細に紹介されている。当該の劇に言及した言説はあまり見られず、かつ四頁ほどを割いた長文であることをあわせて考えると、貴重な記事であるといえる。

◎「雑纂[27]」

全三三篇。他の新聞雑誌に掲載された馮子和やその上演演目に関する文章を収録したもので、「劇評」とともに、『春航集』において最も資料的価値の高い章である。書き手には南社の同人・非同人の双方が含まれ、特定の出版物に一定期間連載されたものを収録した「劇評」とは異なり、長短の単発記事を中心とする。掲載紙は多岐にわたり、中には各種目録類にその名が見えないもの、現存しないと思われるものも含まれる[28]。一方、これまでの章（主に「劇評」）に挙げられた文章と相互に言及しあう関係の文章や、対峙する立場の文章もここに収録されている。ただし他の章と同様で、観劇記事であってもやはり具体的な年月日を記載したものは少ない。

最も多いのは、馮子和と賈璧雲との優劣比較に関する記事である。俳優としての本質的相違のため優劣は判断しにくいとするもの（阿厳「花部宵譚」三頁ほか）、両者を南（馮）北（賈）演劇の優劣に擬するもの（義華「馮春航与賈璧雲」七頁[29]）、「芸」（馮）と「色」（賈）という要素に分けて論じるもの（履生「論馮賈」一四頁）、両者の品格を支持者の品格に求めるもの（裴郎「馮賈優劣譚　其二」二三頁[30]）、賈璧雲の演技を激しく非難するもの（死灰「忠告賈璧雲」三八頁）など書き手のスタンスは多彩である。この中では『図画劇報』に掲載された一連の「論馮賈」（六篇）が、書き手はそれぞれ異なるものの比較的中立な立場で両者の差異を論じている。いずれにも共通するのが、「新作や悲劇を得意とし、静謐な演技をする」馮子和、「伝統演目に長じ、艶麗な演技をする」賈璧雲という比較上の構図である。『図画劇報』における書き手たちは、演技の根幹的な差異をもって両者に優劣を付けることを「あまり意味がない」と述べ、どちらかに与し徒党を組む人々とは距離を置いている。付け加えると、「文壇」に収録された「亜東戯迷」の書簡を紹介する際にも触れたが、『図画劇報』には天酔なる人物による馮子和を誹謗した投書が掲載され、支持者の間で物議をかもした（杏痴[31]「有心人語」二七頁ほか）。このあたりの事情を考慮すると、六篇の「論馮賈」の執筆・掲載には、議論の激化を抑えようとする意向も働いていたのではないだろうか。加えて、賈璧雲を含めた同時代の他の旦との比較を行った記事も何篇か見られる。たとえば戯癡は『図画劇報』掲載の「余之滬上花旦観」（四八頁）という記事において、馮子和、毛韻珂、賈璧雲、林顰卿ら八名に対し、それぞれ「姿態」、「做工」、「道白」、「声調」の各項目について上・中・下の三段階評価を施している。当然、全ての項目において「上」が付けられているのは馮子和のみであり、毛、賈の両名については「上」「中」がそれぞれ二項目ずつになっている。また管義華も「評上海之花旦」（五一頁）という文章において、それらの俳優に対してそれぞれ短い評を付している。

他方、馮子和のみに言及したものとして、『血涙碑』をはじめとする観劇記事も多い（雍千「劇談」一頁）。『血涙碑』については、杏痴「観血涙碑雑記」（三二頁）が四頁にわたる長い記事を書いている。これには、杏痴が全八本を二本ずつ四日間連続で演じられる『血涙碑』の二日目と四日目を観たことが述べられている。全体的に書き手自身の感想を記すことに重きが置かれているものの、各場面について順を追って記されており、かつ主演の馮子和のみならず脇役のキャストや演技にまで言及されている。また、涙雨の「観劇雑誌」（二五頁）は『孟姜女万里尋夫』(32)初演に関するものであり、幾つかの場面における馮子和や相手役の演技が記録されている。

さらにこの章には、馮子和の小伝に相当するものとして、稺蘭「馮春航之別史」（四二頁）、漫莽「春航集紀事二」（五六頁）、明輔「馮旭初小伝」（五七頁）、同「馮旭初軼事」（五八頁）などが掲載されている。いずれも馮子和の芸歴や生活歴、こまごましたエピソードを記したものだが、中でも「馮春航之別史」を著した稺蘭は馮子和の幼なじみを自称しており、「別史」の名のとおり馮子和の人となりがエピソードとともに綴られている。

以上、この章もまた馮子和を中心とした文章が大勢を占めているものの、同時に当時の上海における他の旦の勢力や支持層、流行した演目や演技的特徴に関しても、多くの情報が提供されている。

◎「附録」

この章は一篇を除き、全て柳亜子の手になる文章で構成されている。また、言及の対象となっているのは馮子和ではなく、有力な文明戯団体の一つであった民鳴社の女形として、この時期頭角をあらわしつつあった陸子美であった。後日、この『春航集』に続き、陸子美をフィーチャーする同趣旨の書物『子美集』[33]を出版した柳亜子であるが、この「附録」掲載の文章からは、すでに子美に傾倒している様子が見てとれる。なお、陸子美は民鳴社で『血涙碑』を比較的オリジナルに近い演出で上演したとされるが、[34]その証左となるのが冒頭に挙げられた長文「血涙碑中之陸郎」であろう。この文章は実に八頁にわたり、「劇史」で述べられた『血涙碑』の内容と比較することにより、京劇と文明戯との間で移植された演目がいかなる形にアレンジされたかを知る手がかりとすることができる。また短い記事ではあるが、これに続いて『恨海』の観劇記も掲載されている（九頁）。以下はほとんどが韻文作品となるため詳細は省略するが、最後の「将赴海上訊子美疾」[35]という五言詩に付された後書きには、柳亜子が陸子美を識り、称賛するようになるまでの経緯が記されている。

◎「補遺」

この章に掲載されている文章は、文字どおりこれまでの章から漏れた書簡や韻文であるが、一方で越流による馮子和宛の書簡はこの章にのみ見られるもので、[36]自身が観た馮子和自身の舞台に対する感想、ストーリーに対する意見などが直截に述べられている。また、「不平」と署名された書き手による『図画劇報』宛ての書簡（三頁）、当該の書簡で「馮春航之別史」を批判された稺蘭による返信（八頁）、不平を諫める越流の警告文（一二頁）が相当の頁数を割いて掲載されている。

以上『春航集』各章について、それぞれの記述スタイル、内容、執筆者のスタンスなどを中心に述べてきた。馮子和に対するあからさまな批判こそないものの（基本的にはほとんどが肯定的内容である）、柳亜子の言に単純に賛同し、ともに熱狂的な支持を表明する文章ばかりではなく、この書籍の構造は意外に複雑であることが明らかになった。先に述べたように、「雑纂」において『春航集』発行の内幕を紹介した胡寄塵が、称賛一色の文章ばかりになるのを避けるべく、編集段階で種々考慮しながら取捨選択した可能性が高い。一方でこの書籍の内容構成は非常に雑駁であるともいえる。賈壁雲への対抗意識により、『春航集』の出版が前倒しになったと思しきことは、胡寄塵の文章からも推測できるが、柳亜子が来滬し馮子和から写真を譲り受けたりした時期と『春航集』出版の時期とが非常に近接していることから、編集作業は非常にタイトだったのではないだろうか。その結果、柳亜子とは異なるスタンスの書き手による文章が入り込んだとも考えられる。いずれにせよ、書き手の見解に幅があることは即ち書籍の内容が豊富になるということでもある。当時の多様な見解を呈示したという点でも、『春航集』の出版には演劇史的に大きな意義がある。

三　高級な「ファンブック」

さて、『春航集』のように個人をフィーチャーする出版物は現在でも多く出版されている。対象となるのは多くが芸能人やスポーツ選手であろうが、当時の社会における京劇の娯楽としての位置付けを考えると、馮子和が取り上げられること自体は何ら不思議ではない。実際に京劇をはじめとする伝統演劇関連の定期刊行物において、「特刊」と称される一人の俳優のみを特集した特別号が、特に一九三〇年代以降盛んに刊行されるようになる。(37) これらは現代における芸能雑誌の別巻や特集号にも通じるスタイルを持ち、グラビア写真、伝記、舞台記事などによって構成されている。『春航集』も「一人の俳優を扱う」、「称賛記事を中心とする」、「写真などビジュアル面への配慮がある」という点のみ取り上げれば、こうした「特刊」の先駆的なものと見なすことができる。他方、『春航集』の「詩苑」、「詞林」のように韻文スタイルで俳優を描写する手法は、むしろ張次渓編『清代燕都梨園史料』所収の『燕蘭小譜』、『片羽集』などを彷彿とさせる。『清代燕都梨園史料』には散文体の観劇記や回顧録も掲載されており、いうなれば『春航集』をその流れを汲むものと見ることもできる。[38] こうした点から、『春航集』を古さと新しさをあわせ持った過渡的出版物だと見ることもできるが、同時にこの書籍の何よりも大きな特徴は、著名な文学結社である南社を足場にする人々が中心となって編集したことである。しかし、これまで書いてきたように彼らの多くは元来からの演劇愛好者ではなく、演劇に関して専門的な眼を持ち得ない「一般のファン」であった。いうなれば、『春航集』は柳亜子という「一般のファン」かつ高名な文人が著した「高級なファンブック」として位置付けられるものであった。

『春航集』発行の目的はこれまでも触れてきたように、ライバルの賈璧雲に対抗するため馮子和支持の言説を大々的に喧伝することであったが、同時にそれは出版メディアの発達を大いに利用したものであった。新聞や雑誌上に短いサイクルで文章を発表し、多くの人がそれを読むようになった結果、演劇に関連する文章を書くことの意義は大きく変わった。それまでは書き手やその周辺のみで完結していた言論が外に向かって広がり始めた結果、演劇に関する言論世界にも「論争」発生の可能性が持ち込まれたのである。かつ、自身が出版メディアと深くリンクしていた南社の同人たちは、文字がもたらす効果をよく知っていた。『春航集』はその記述スタイルから一部の先鋭的な批評家にとっては格好の攻撃対象となったが、論争が大きくなって注目されることは、柳亜子をはじめとする馮子和支持者にとっては、むしろ願ったりかなったりだったのではないだろうか。

最後に、民国期上海演劇界における批評の展開とその中における柳亜子の位置付けを考えてみたい。

批評性を明確に備えた言説は、一九一〇年代末以降多くの批評家の登場をもって、本質的な意味での「劇評」というジャンルが形作られていくが、一方で柳亜子のように、支持する俳優に対して「一般のファン」のまなざしを備えたまま手放しの賛辞を贈る文章もまた書き継がれていく。この両者は時に境界線を曖昧にしながら共存し、やがて迎える上海京劇の最盛期にあって、京劇として「規格外」であった海派京劇の俳優たちに対して各々賛否のことばを戦わせていくことになる。「一般のファン」の言説においては、時に「私は演劇の門外漢であるが……」、「平素私は劇場へ足を運ばないが……」といった断り書きが見られる。彼らの発言は一見謙虚であるが、実際は演劇専門家や批評家を自任する人々を怖れるものではなく、むしろ彼らが重視する舞台上の規範に縛られない自由な視点を謳歌しているようにも見える。

いい換えれば、こうした専門性が高いとはいえない言説が生き残ったのは、京劇が娯楽の一つとして上海で変質し、北方に比べるとカジュアルな存在になることで受容者の裾野が広がったがゆえである。かつ出版メディアの大々的な発展により、発言の場が多数提供されるようになったことで、その傾向は一層加速していった。同時期に馮叔鸞を筆頭とする厳密な批評意識が醸成され始めていた一方、『春航集』は演劇の素人による、彼らなりの言語を用いた「演劇論」であり、多くの人々に演劇を論じる場への参加を促した。『子美集』刊行以降、演劇に関する発言をほぼやめてしまった柳亜子は、後の回顧録でも往事のことをほとんど語らず、世間も彼が馮子和や陸子美に熱烈な賛辞を贈ったことなど早々に忘れてしまった。しかし、「演劇の素人である発言者」のパイオニアとして大部の『春航集』を世に問い、「一般のファン」の立場をもって、主要メディアで演劇に関する発言が自由にできるよう環境を整えた柳亜子の功績は、思いのほか大きい。

【注】

（1）この座談会は一九四二年七月に開かれ、『戯劇春秋』第二巻第四期（一九四二年一〇月）に収録されている。なお、この日ほとんど発言をしなかった柳亜子は「雑談歴史劇」という短い文章を同誌の同じ号に寄せ、ほぼ同じことを述べている。阿英と史料の検討をした劇は『海国英雄』で、柳亜子は『懐旧集』（耕耘出版社、一九四六年）所収の「懐念阿英先生」でもこの劇のことに触れている。

（2）発行期間は一九一二年七月二〇日から一九一三年末。

（3）なお、胡寄塵自身は「亜子による『春航集』刊行の始末は、ほかの人がうかがい知ることもなかろうと思うが、私は一、二知っているので、その都度それを記し、演劇界の史料とするのみならず、『春航集』を読む人の助けになればと思っている」と述べている。ここから、『春航集』が演劇関係者のみならず一般向けに読まれることを胡が想定していたことがうかがえる。また、文章半ばで自身も普段から演劇には馴染みがない人間であることを告白している。

（4）書籍としての実際の発刊については確認されていない。なお、『小説時報』増刊第一号（出版日時不明、一九一二年から一九一三年頃か）は賈壁雲の特集号となっており、「文苑」の副題に「壁雲集」と記されている。同誌には写真、賈壁雲による書画も掲載されている。

（5）平易な文体で書かれているが、非関係者を装った南社同人である可能性もある。

（6）鄭正秋は一九一〇年に『民立報』で「麗麗所戯言」を連載、その後も「麗麗所」の名で多くの連載を持った。

（7）本書第二部第一章「民国初期上海における伝統劇評」でも紹介するが、同時代の劇評家何海鳴は『民権素』第一集（一九一四年四月）掲載の「求幸福斎劇談」冒頭において、各新聞劇評の書き手の中でも「『中華民報』の義華が確かな見解を持っている」と真っ先にその名を挙げている。

（8）連作も含め、一つの題が付されたものを一篇と数えた。

（9）「普段は劇場へは行かないが、社友に勧められ馮子和の舞台を見に行った」というものだが、このように柳亜子の周囲には元来演劇をたしなまない者も多かった。

（10）本人が付したものか校訂者によるものかは不詳。

（11）こうした自明のことにまで注釈が付いている点からも、『春航集』の読み手として非演劇愛好者を想定していた可能性を見出せる。

（12）第一部(下)第一章「海上名旦・馮子和論序説」参照。

(13)　第一部(下)第二章「馮子和と『血涙碑』」参照。
(14)　同右。
(15)　第二部第一章「民国初期上海における伝統劇評」参照。
(16)　第一部(下)第二章「馮子和と『血涙碑』」参照。
(17)　このように他の人物の名前が冠されている場合、伝聞であるケースと本人が書いているケースとの両方が想定されるが、明確な線引きは困難である。
(18)　蘇曼殊は『血涙碑』を観て、以前より進歩している旨述べたという。
(19)　たとえば伝統演目『四郎探母』の「坐宮」のように場面に名称があり、折子戯上演される際には演目の代替となるような性質のものだったか否かは不詳。
(20)　第一部(下)第二章「馮子和と『血涙碑』」参照。
(21)　「余之馮春航観」と題された部分には、一九〇六年に丹桂茶園で『百宝箱』、『刑律改良』の上演を観たのが最初であると記されている。
(22)　内容に鑑みるに、『白蛇伝』の別称、またはリメイク作と思われる。
(23)　第一部(上)第三章「周信芳と劇評家」参照。
(24)　本名不詳。
(25)　馮子和に関連する部分だけを選んだものであろう。
(26)　以下、二等三〇人、三等二六人、四等二八人、五等九人。
(27)　本書では言及しないが、「雑纂」に見られる中郎「第三党発生」は梅蘭芳を推す文章であり、後の梅蘭芳ブームにやや先んじるものといえよう。
(28)　冒頭より、『天鐸報』、『時報』、『民信報』、『中華民報』、『図画劇報』、『民立報』、『大同週報』、『中華民報』、『香国魂報』(以上新聞、または雑誌)、『名伶曲本』となっている。
(29)　この文章は『中華民報』に掲載されたものだが、同紙に続いて掲載された「論春航与璧雲」、「再論春航与璧雲」とともに、あらゆる側面で馮子和を称賛し、賈璧雲を貶める描写が見られる。なお、論者の管義華はもとより馮党を公言している人物である。さらに同紙からの採録として、義華に賛同する記事(夢鷗「春航璧雲比較観」、老劉「我亦党馮」)が続けて掲載されている。

(30) 書き手の裴郎は、賈璧雲の支持者は堕落した「官僚派」であり、馮子和の支持者および演劇界での関係者が革命に参与したことをもって、馮の方を高く評価している。
(31) 姜可生の号。
(32) この劇については、恋民「馮春航之孟姜女」(三一頁)においてストーリーや主演二人の演技への言及が見られる。
(33) 民国三年(一九一四年)六月に光文印刷所から発行。
(34) 本書第一部(下)第二章「馮子和と『血涙碑』」参照。
(35) 文末に「民国二年六月」との記載があり、『春航集』発行の直近に書かれたものであることが分かる。
(36) 「与春航書」(二頁)、「与春航論血涙碑書」(九頁)。
(37) 特刊については、松浦恆雄「中国現代都市演劇における特刊の役割――民国初年の特刊を中心に」(『野草』八五号、二〇一〇年)、「四代名旦と特刊」(『中国学誌』第二六号、二〇一一年)にて詳細な分析がなされている。
(38) もっとも、『清代燕都梨園史料』所収の諸文章の中で実際に刊行され広く流布したものは少なく、多くの新聞雑誌に広告が掲載された『春航集』と較べれば、その影響力に大きな差があることは明白である。

第四章　欧陽予倩『潘金蓮』論——最後の自作自演京劇

はじめに

西洋文化に触れた民国初期の中国知識人たちが、自国においても思想上、形式上、独自の近代劇を確立しようと模索する過程で、必ず直面するのが京劇に代表される「旧劇」、すなわち伝統劇の扱いについての問題であった。京劇の旧套を破棄し全く新しい形の劇を創作すべしと主張するもの、時代性を考慮した演目を創作するなどして緩やかな改良にとどめるべきとするもの、伝統文化として原型のまま保護することを主張するものと、意見のレベルはさまざまであり、途中で言を翻すケースも多くあった(1)。そのような中、日本留学中から話劇（当時はまだそのような名称はなく、「新戯」と称されていたが）と伝統劇双方の世界に身を置き、帰国後も俳優、劇作家、演出家として多くの舞台にかかわった欧陽予倩は、同時代人中、最も豊かな演劇体験を持ち得た一人だといえよう。その経験を生かし、生涯にわたってさまざまなスタイルの演劇を試み、それぞれに成果をあげている。

さて、本章で取り上げる『潘金蓮』は、後に詳述するように、本来話劇の脚本であったものをあらためて「京劇」に焼き直したものだが、本人や上演にかかわった人々の弁、主催団体（南国社）の指向など諸般の記録から、旧来の京劇とは異なるスタイルを採っていたことが分かっている。そしてこの劇は、欧陽予倩の京劇改革における最後の「自作自演」作品でもある。この作品が欧陽予倩の演劇人生における転換点であることはかねてより認識されていたが、資料上の制約もあり、概説的に取り上げられるにとどまっていた。しかし、同時代の新聞、雑誌を丹念に読み込んでいくと、この劇に対する注目度はかなり高く[2]、歌詞、科白、演技、舞台設定に対してさまざまな評価の言が残されている。

今回、これらの劇評などを手がかりに、『潘金蓮』上演の状況を多少なりとも明らかにし、この時点で京劇改革がいかなる段階に進展していたのかを考えていきたい。

一　欧陽予倩と京劇

「自我演戯以来」によると、一九〇七年、日本で春柳社に参加して以来、主に文明戯における活動で注目されてきた欧陽予倩だが、滞日中すでに余興ながら春柳社の呉我尊に京劇の青衣を習い[3]、帰国後の一九一二年以降、江夢花ら何人かのプロ俳優を師として本格的な訓練を始める。彼が京劇を指向したきっかけははっきり述べられていない[4]。「我怎様学会了京戯」によると、欧陽予倩が京劇俳優になると意志表示をした際、親戚は俳優に対する蔑視のため、新劇活動をともにした友人たちは、旧劇には「社会教育」の力がないという理由で、誰一人として賛成しなかった。しかし、後に述べているように、欧陽予倩は政治的プロパガンダとしての演劇をあまり評価しておらず[5]、純粋に芸術的嗜好から取った行動だったと思われる。

帰国後の一九一五年、欧陽予倩は杭州で正式な京劇俳優としての第一歩を踏み出している。以後、上海を活動の拠点とし、一九一〇年代から一九二〇年代にかけての南通伶工学社における教学活動期間[6]を除き、断続的に京劇の舞台に立ち続けた。デビュー当時は伝統演目を演じており[7]、また彼自身は否定しているが、多くの劇評家が梅蘭芳の歌唱との類似性を指摘している[8]。

ところで、一般に専門の京劇俳優は、科班と呼ばれる俳優養成機関に身を置いたり、個人的に教師を招聘したりして幼少時から訓練を受けたりする。それに対し、成人してから訓練を始めた欧陽予倩は、自身で述べているように、「票友」、すなわち素人俳優同然であった[9]。このような票友出身の俳優は、同業者から軽視されることもあったが、京劇が定着してから日が浅く、進取の気風に富む上海ではそのような先入観にとらわれなかったものと思われる。最も顕著な例として、元満洲旗人で老生の汪笑儂も成人後京劇を始めた票友出身の俳優だが、その演技とともに、新作劇の完成度で非常に高い評価を受けていた。

汪笑儂と同じく、欧陽予倩が成功した原因が『紅楼夢』に題材をとった一連の「紅楼戯」の創作にあることはよく知られている。これらの演目の一部は、もともと春柳劇場で文明戯として演じていたものである[10]。前述の「自我演戯以来」によると、欧陽予倩は査天影とともに、『紅楼夢』の中で芝居になりそうな部分を選び、適宜舞台化していったのだという。小説『紅楼夢』の愛読者は非常に多かった上、上海では「紅楼戯」を演じる舞台が少なかったため、観客がつめかけた。京劇の舞台に移植してからも、彼が扮したさまざまな女性たちの形象は女性客を中心に非常な人気を博し、一時期は梅蘭芳とともに「南欧北梅」と並び称されたほどであった。この時期、京劇青衣(花旦も演じた)としての彼の名声は確立した。以下、自身が一九五九年に著した「我自排自演的京戯」で述べているものに限るが、欧陽予倩の「紅楼戯」作品としては以下のものが挙げられる[11]。

『宝蟾送酒』、『饅頭庵』、『鴛鴦剪髪』、『黛玉焚稿』、『王熙鳳大鬧寧国府』、『摔玉請罪』、『鴛鴦剣』、『晴雯補裘』、『黛玉葬花』（最後の二篇は共作）

脚本が活字化され、こんにち見ることができるのは『饅頭庵』、『宝蟾送酒』などの数種に過ぎない[12]。その中で、一九一七年出版の『春雨梨花館叢刊』第二集所収『饅頭庵』を参考に、作品の傾向をごく簡単に見てみたい。この作品は、尼の智能と書生の秦鐘との恋愛エピソードをもとに創作したものであり、『紅楼夢』第一五、一六回に相当する。まず注目すべきは言語で、科白部分はもちろんのこと、歌唱部分も文辞に過剰な修飾は見られず、平明なことば遣いが心掛けられている。これは欧陽予倩がその最も早い演劇論「予之戯劇改良観[13]」において、「歌曲も科白も等しく白話を用い、駢麗句を省くべきである」と主張しているとおりである。この劇に限らず、たとえば一九一八年出版の『戯劇大観』において、おそらく編劇の経緯を知らない編者が、「（予倩の）自作の紅楼戯は、全て文章の名手による校正を経ている」とまで述べているのも、欧陽予倩の優れた言語センスを証明しているといえる。もっとも、こうして残っているテキストのオリジナリティには若干問題があるようで、たとえば各種の選集に採られている[14]『宝蟾送酒』について、欧陽予倩自身は「誰かが勝手に、舞台で唱っているものを聴きとって書き写したもので、改作されている」と述べている[15]。

欧陽予倩『宝蟾送酒』

劇の構成に関しては、それまでの京劇とは異なり、新劇の分幕方式を採用することによって、各場面のストーリーに緊密性を持たせることを目指した。[16]先の『饅頭庵』に付された前言[17]の筆者は、欧陽予倩の書いたこの劇を観て、「軽くあっさりと描いているのに巧みなできである」と評価しており、劇全体がめりはりを持ちつつスムーズに進行していったことが想像できる。また、上海京劇で多く用いられたリアルな舞台背景は、小説『紅楼夢』の作品世界を忠実に再現しており、[18]観客に歓迎される要因の一つになった。

キャスティングに関して、欧陽予倩は「端役も重視する」と述べており、従来の京劇が主演とその直接の相手役を重視していたのとは態度を異にする。かつ、こうした「紅楼戯」の相手役の多くは小生が担当すべき人物であったが、これを当時同じ舞台に所属していた老生の周信芳に演じさせている。[19]欧陽予倩と「紅楼戯」を演じた頃の周信芳は、嗄れた声質を嫌う向きはあったものの、しぐさ重視の「做工老生」として、すでに上海京劇界で一定の評価を受けており、加えて自身でも新作劇の創作を行うなど、伝統打破の一方の旗手と目されていた。つまり、既成のイメージができ上がっている俳優を、あえて全く違う役柄で使ったわけだが、これは欧陽予倩が従来の役柄の概念にとらわれていなかったことのあらわれともいえる。

この「紅楼戯」成功の結果、京劇俳優としての欧陽予倩はそうそうたる顔ぶれと共演することになる。先の周信芳はもちろん、京劇改革の先駆者である夏月珊・夏月潤兄弟、馮子和、賈璧雲といった同時代の名旦など枚挙にいとまがない。もっとも、上海京劇の持つ娯楽性は次第に肥大化し、本来芸術指向の強い予倩は次第に違和感を覚えていく。[20]そして、上海京劇界ではエログロ的な要素も少なく、比較的進歩的と見なされていた周信芳の舞台でさえも、「（歴史劇を創作、上演するとはいっても）歴史上の意義や芸術的な意図を云々するものではなく、単なる金儲けに過ぎない」といい切っている。[21]

こうした感覚は、「予之戯劇改良観」における旧来の伝統劇界を強く非難する語[22]からも見てとれる。この文章は一九一八年に発表されたもので、欧陽予倩はすでに専業の京劇俳優として本格的に活動しており、京劇界をひと通り経験した上での発言として強い説得力がある。

京劇に対して自己が抱く芸術観と、時代が要求した強いプロパガンダ性、そして一般の観客が要求した娯楽性、それぞれが矛盾する中で、欧陽予倩は俳優生活を送ってきたのである。彼は京劇俳優としての人生を振り返り、次のように述べている。

（専業俳優になってから南通に行くまでの）長い年月、私が自立した生活を送るという問題は、いつも芸術上に期待していたものとは相矛盾していた。私は陸鏡若から強い影響を受けていて、唯美主義をもっておのれに任じていたが、これまで演じてきた劇は新劇、旧劇を問わず、大部分が恋愛劇であった。半分は、（女形という）私の役柄のせいでもある。私は今まで、舞台上で演説したことはないし、[23]「志士戯」を編んだこともない。私が心の中で思い続けていたのは演劇だ、舞台の上での演劇だ。私は芸術がいかなる目的の下でも存在できるということを信じていなかった。このことに関しては、当時たくさんの人が私に反対した。[24]

二　南国社における『潘金蓮』上演の経緯

前節で述べたように、現存する欧陽予倩の京劇作品には幾つか特徴的な試みが見られるが、旧来のスタイルを覆すほどの斬新さは持ち合わせていない。また、「紅楼戯」に関する限り、登場人物やシチュエーションに独自の観点を織り込み、劇を再構築した形跡はない。しかし、南通での教学生活、話劇や映画での実践を通じ、欧陽予倩の演劇改革に対する筋道は次第にはっきりしてきたのであろう。一九二七年、南国社が上海芸術大学で開催した魚龍会において上演された『潘金蓮』は、まさにその精華の一つだといえる。

欧陽予倩自身の弁によると、『潘金蓮』のオリジナルはプロの京劇俳優となってから編んだ京劇作品であるが[25]、他の多くの京劇テキストがそうであるように、残念ながら散逸している。文人ブレーン集団から手厚いサポートを受けていた梅蘭芳とは異なり、ほぼ一人で作業を行っていた欧陽予倩のテキストが、オリジナルの形で残存する可能性はもとより少ない。印刷技術の発達により、テキスト集の編集、出版はよく行われるようになるが、実際の舞台で台本が用いられることはまだ少なかった。また、実のところ『潘金蓮』という名の劇の上演自体は、「紅楼戯」と同じく、早くは春柳劇場時代の文明戯[26]に遡ることができる。その後「紅楼戯」と同様に京劇として演じられたが、「紅楼戯」ほどは評判にならなかったため、文字として残す動きが生じなかったのであろう。もっとも、京劇の脚本について、欧陽予倩自身は「自我演戯以来」で以下のように述べている。

私が編んだ二黄（京劇）の脚本はたくさんあるが、これまで発表したことはない。他人に脚本を見せようなどと思い至りもしなかったからだ。私は舞台上で演じるに足りさえすればそれでよかった。私は劇作家になろうなどとは決して思わない。一人の任に堪えうる俳優でありさえすればよいのだ。

先の『宝蟾送酒』についても、同書の中で「何の深遠な意義もない」笑劇だといい切っているが、ここから、「紅楼戯」の脚本に対して、欧陽予倩自身は高い文学性や思想性を付与しようとは考えなかったものと想定しうる。ましてや、文字化して後世に残すことなどこの時点では考えてなかったのだろう。実際、当時の京劇の舞台は、新作といえどもほとんどが「幕表」といわれる、梗概に沿って演じるスタイルを採っていた。

その後、欧陽予倩は『潘金蓮』を一九二六年に話劇として制作している。これは一九二八年、雑誌『新月』第一期第四巻に掲載され、同年一〇月には新東方書店から単行本として出版された。同書の最初に付された「自序」によると、一九二五年頃、一幕劇として構想したのが最初であり、その後物語が膨らんでいくにつれて幕が増えていったのだという。

さて、ここで論じる『潘金蓮』は、一九二七年一一月の試演[27]を経て、一二月に魚龍会で上演され、翌年一月天蟾舞台における「雲霓劇会」にて再演された。

魚龍会で上演された『潘金蓮』の脚本もまた残っていない。しかし、どのようなスタイルの劇であったか、当時南国社の社長であった田漢の弁[28]などから推定できる。

①内容は大筋で話劇『潘金蓮』に沿っていた。

②話劇と同じ分幕方法をとっていた[29]。

③話劇をベースに京劇の歌唱を添加した。

まず①について、話劇の脚本にのっとって、劇の粗筋を紹介することにしたい。

第一幕　かつて自分の侍女であった潘金蓮を妾にしようとして拒絶された張大戸は、彼女が無理やり嫁がされた夫の武大を姦通のすえ殺したという話を聞く。この機に乗じて再度自分のものにしようと目論む。

第二幕　潘金蓮は女に生まれたことの理不尽さを嘆き、死を口にするが、近隣の王婆になだめられる。そこへ張大戸の使いがやってくるが、あらわれた西門慶に追い返される。潘金蓮は武松を好ましく思っていることを口にし、西門慶を怒らせるが、その場を取り繕って帰らせる。

第三幕　武松が登場、兄の死に疑問を持つが、潘金蓮は隠し通す。高俅のような悪党に自分が仕えることは「明珠暗投、那就不如死」だという武松に、潘金蓮は女もまた男に添う、という点で同じだと答える。「男に苦しめられておとなしく死ねば烈女、死なければ淫婦」。武松は潘金蓮の言動を不審に思いつつ、部下を連れて武大の家を出ていく。

第四幕　武松は兄の死の真相を知るため、酒楼で検死人の何九を問いつめる。武松の脅しに何九は武大の死因が心臓発作ではなく毒殺であること、西門慶に金をもらったことを白状し、潘金蓮の姦通については一部始終を知る鄆哥に説明させる。

第五幕　武松は近隣の人々を前に、潘金蓮に裁きをつけようとする。しかし潘金蓮は、武大を殺したのは自分を陥れた張大戸であり、自分を拒絶した武松であるという。運命に逆らいきれなかった結果こうなったのだと訴える潘金蓮は、最期に武松への激しい愛情を露にし、望んでその手にかかって死ぬ。

京劇の伝統演目には、武松と潘金蓮のからみを描いた『獅子楼』という演目があるが、そこでは花旦演じる潘金蓮は淫蕩な悪女であり、武松によって情夫ともども殺害されるさまが、何ら同情の余地なく描かれている。一方、欧陽予倩の『潘金蓮』は、彼女を抑圧された女性の象徴ととらえ直すことを前提に、女性が封建時代の因習から抜け出そう悪戦苦闘するさまを中心として描くことに作者の主眼があり、周囲もそのように解釈した。いうまでもなく、近代的女性観にのっとって書かれたものである。このように、主人公の女性像を従来とは正反対の視点から描き出し、しかも積極的な主張を持たせた点は、「紅楼戯」の女性主人公の描き方とは大きく異なる。しかしながら、潘金蓮が武松に殺されるくだりでの「私のこの白い胸の中には、一粒の赤くて熱くて純粋な心が隠されているのよ」という、最終幕クライマックス部分での最も有名な科白に象徴されるように、この劇はロマンチックな一面も残しており、ゆえに「進歩的な」思想と無縁の層からも大変歓迎されるに至った。

②については、もともと厳密な脚本を持たないかつての京劇と異なり、話劇の場合、脚本段階から劇全体の構成を考慮して厳格な場面設定を行うことができる。欧陽予倩は前述のように、「紅楼戯」時期から分幕法を採用しており、その結果として場面ごとのストーリーに緊密性がもたらされた。魚龍会での『潘金蓮』はいったん話劇として完成されていた脚本に依拠し、あらためて京劇として上演されたものであるため、ほかで並行して演じられていた旧スタイルの京劇と比較して、劇全体の構成に目新しさを感じた観客も多かったものと思われる。

続いて、③に関して述べる前に、魚龍会における『潘金蓮』のキャストを押さえておきたい。上演当時の各種劇評や、田漢の「我們的自己批判」によると、主要な登場人物は以下のとおりであった。

潘金蓮…欧陽予倩　　武松…周信芳　　王婆…周五宝
何九叔…唐槐秋　　西門慶…高百歳　　鄆哥…唐叔明

潘金蓮に扮した欧陽予倩以下、武松役の周信芳、その弟子で西門慶役の高百歳、そして王婆役の周五宝は京劇俳優

『潘金蓮』の１シーン

である。周信芳と高百歳の二人は田漢と親交があり、当時南国社の活動に参加していた。周信芳に至っては幹部クラスでもあった。また、新作が盛んに上演された上海において、俳優として舞台に立つ傍ら、多くの劇をものした周信芳だが、『潘金蓮』においては歌唱部分の創作に携わったといわれる[30]。

さて、このキャスティングを見ると、欧陽予倩の早期の「紅楼戯」と同じく、京劇における役柄と、扮した俳優が専門とする役柄は必ずしも一致していない。周信芳の扮した武松は武生[31]が演じる役柄であり、周の専門である老生が兼任することはまず無い。高百歳の西門慶もまた同じである。そして、脇役ながら京劇俳優ではない者も参加しており[32]、京劇特有の歌唱技術、しぐさ、立ち回りなどの規則は、厳密には守られなかったことが推測できる。

以上、『潘金蓮』がどのような劇であったかを追ってきたが、①のストーリー（および人物解釈）、②の「分幕」などは明らかに話劇の要素を採り入れている。③については、科白の部分は話劇のものを、歌辞の部分は内容に即して書き起こしたものを使ったのであろう。もちろん、文語を用いた上場詩などは無かったであろうが、問題は歌辞の部分である。

繰り返しになるがテキストが記録されていないため、劇評や、後日『梨園公報』に部分採録されたもの[33]に頼るしかないが、そこから見る限り、感情表現に比喩や故事を使うなどといった旧来の京劇に見られる手法は用いられず、むしろ直截な表現が多い。前述のように歌辞は周信芳の手になるとされるが、合作の経験も豊富であることから、当然欧陽予倩の意向を反映させることができたはずである。
「紅楼戯」でもこのような要素はすでに芽生えていたが、欧陽予倩は『潘金蓮』編劇にあたって、それらをより明確な形で打ち出したといえる。いずれも話劇の持つ特徴と重なるため、観客は話劇的要素を強く感じたことだろう。それでも歌唱で感情を表現し、欧陽予倩が女形として舞台に立つ限り、この劇は京劇と見なされるべきものである。

三　『潘金蓮』への評価と京劇改革

劇評や伝記などでこの魚龍会における『潘金蓮』に言及がなされるとき、これが一体いかなるカテゴリーに分類されるべき劇であるのか、表記上混乱が見られる。「京劇」、「新歌劇」、ときには「話劇」と書いているものまである。『潘金蓮』を書いた欧陽予倩、そして田漢、周信芳といった上演に深くかかわった人々は、実際にこの劇を「京劇」と見なしていたのであろうか。

『潘金蓮』上演に対し、最も積極的な発言を行っているのが南国社を主催していた田漢である。まず、一九二八年一月七日の『申報』に発表された「談欧陽予倩」という『潘金蓮』上演直後の文章がある。これはある人物が質問し、田漢がそれに答えるという形式を採っているが、実際は全て田漢の手になる文章である。(34) ここで田漢は、『潘金蓮』を発表するまでの欧陽予倩の演劇活動に対し、「旧劇」側に与しているものとして、消極的な見解を述べている。特に、京劇『徽欽二帝』に出演した予倩を楽屋に訪ねた時のことを回想し、「顔を正視できなかった」と述べており、話劇にかかわりながら伝統劇を否定しない態度に強い不満を感じていたようである。また、『潑婦』、『回家以後』といった話劇作品についても、理由は書かれていないが不満足であるとしている。その上で、『潘金蓮』を「偉大な革命芸術」だと述べ、肯定的な評価をしているが、ここでは劇の内容に対する印象に終始し、形式の革新性については言及していない。全体の語調も強いものではなく、欧陽予倩は長年の活動を経て、やっとこの境地までたどり着いたと述べるにとどまる。続いて田漢は、同年一一月八日と一一日、『梨園公報』に、「新国劇運動第一声」と題した一文を発表している。[35]この文章において、田漢は京劇をどのような方向に改革すべきか、比較的まとまった意見を述べている。

（話劇と）同じように、歌劇にも新旧がある。わが国の二黄戯（京劇）についていえば、前人の硬直した形式を完全に踏襲し、その生きた精神を忘れてしまっているのは、すなわち「旧劇」である。自分が演じる人物の性格と情緒について十分理解し、そのうえ個性を加え、自由に解釈することができるのが「新劇」である。このように考えると、程長庚、汪桂芬、孫菊仙、譚鑫培らの先達は、真に我々の優れた模範である。なぜなら、彼らは自身のオリジナリティを打ち出して創造的な演技をし、前人に従順に仕えるような真似はしていないからである。（中略）我々は模倣に陥ってはならないし、邪道に足を踏み入れ、社会の低俗な趣味に迎合するようなことはなおさらすべきではない。我々は彼ら（京劇俳優）が唱う歌劇、音楽の価値をさらに高め、思想的内容をさらに豊富にすべきだ。とりわけそれらを民衆全体のものにすべきで、一部階級の暇つぶしに提供するようなことがあってはならない。それが、我々が「新国劇運動」を始めた本来の動機である。

このような主張に合致しているのが、悪女潘金蓮を「旧い男女観念の支配[36]」から解き放ち、新しい観点から解釈し直した『潘金蓮』であり、「我々の新国劇運動の第一歩とするにふさわしい」劇だ、と田漢は評価したのである。さらに一九三〇年、田漢は『南国月刊』第一期二巻に南国社の活動を総括した「我們的自己批判」を発表、第五節「南国在芸術大学時代」において魚龍会の顚末に言及しているが、ここでも上記の主張に変化はない。

欧陽予倩と異なり、伝統劇の世界に身を置いてこなかった田漢は、思想的、形式的に「新しい歌劇（＝京劇）」として『潘金蓮』の芸術的成就を評価しているように見受けられる。しかし、新旧の劇の狭間でジレンマを感じ、苦闘してきた欧陽予倩にとって、それは突如として生まれ出たものではあり得ない。

田漢が話劇側の参加者代表ならば、伝統劇側の代表はいうまでもなく周信芳である。彼は、欧陽予倩が舞台から退いた後も何度か欧陽予倩のテキストに基づいた『潘金蓮』の再演を行い、レパートリーとして定着させている。潘金蓮役には男女を問わず上海演劇界の旦たちが扮したが、[37]やはり欧陽予倩の演技レベルには及ばなかったようで、高い評価は得られていない。[38]周信芳自身は、数多の新作京劇を自作自演してきたが、前述のように南国社へ参加することで、田漢をはじめとする話劇関係者との交流も持っており、『潘金蓮』のような特殊な形態の劇を演じることについて、全く抵抗はなかったものと思われる。むしろ、歌唱部分の作成を担うなど積極的に参加している。すでに述べたように、一九三〇年に周信芳は『雷雨』に出演、話劇の舞台にも立っている。京劇として様式化された演技に執着せず、仕草や表情にリアリティを求めた周信芳が、『潘金蓮』参加によって話劇的要素を取り入れ、それが『雷雨』での演技に生かされたであろうことは想像に難くない。

欧陽予倩自身が『潘金蓮』について回想し、記述した文章は意外に少なく、舞台生活のメルクマール的作品に対する彼自身の態度としては、いささか冷淡であるように感じられる。潘金蓮という女性の描き方については「『潘金蓮』自序」などで言及しているが、劇のスタイルについて自己解析した文章はほとんど見あたらない。[39]しかし、欧陽予倩は明らかに魚龍会で上演した『潘金蓮』を「京劇」と見なしていたと考えられる。[40]まず、「我自排自演的京戲」では、

「京劇」作品の一つとして『潘金蓮』を紹介している。また、魚龍会開催直後の文章で、田漢が『潘金蓮』に対してしきりに用いる「新歌劇」という語を、欧陽予倩は用いていない。「歌劇」というのは歌唱を中心とした劇であり、広義では京劇も含まれるのだが、欧陽予倩はあえて「京劇」という語にこだわったのだと思われる。加えて、『潘金蓮』の創作理念や上演の成功不成功に関する説明がなされる替わりに、周信芳や高百歳など、手の内をよく知った京劇俳優たちとの共同作業が「楽しかった」ということが繰り返し述べられる。これはある意味、単なる商業趣味に堕さない「京劇」を、一度でも自作自演できたという満足感のあらわれなのだろうか。

欧陽予倩はこの『潘金蓮』をもって、専業俳優として舞台に立つことをきっぱりやめ、以後、脚本の提供、舞台演出という形で京劇とかかわっていく。「我自排自演的京戯」において欧陽予倩は、俳優を辞めた理由を次のように述べている。

一九二八年の時点ではまだあと八、九年、もしかしたら一二、三年は舞台を務められそうだった。しかし、自分には人を集めて劇団を組織するような力は無いし、（既成の）劇団に参加するのにもある種の困難を感じる。つまりは、商売替えするしかなかった。無理に演じ続けても劇場の支配人の下、いくらかの金銭を手にして生活を維持することができるに過ぎない。

俳優を続けることによって、理想とする演劇を我が身をもって表現することはできる。しかし、現実の欧陽予倩をとりまいていたのは、改革を唱えながらなかなかそれを実行することができず、一般大衆にも「分かりやすい」劇を目指しつつ、結局は低俗な需要に迎合し続ける上海京劇界であった。また、この時点で伝統劇における「演出家」という概念は発達しておらず、俳優か劇作者が兼任することが多かったが、結局のところ、欧陽予倩は俳優の立場で演出を行うことに見切りをつけ、劇作者の立場へシフトした格好になる。建国後、劇団組織内での役割が細分化し、伝統劇に演出家が付くことは一般化するが、欧陽予倩の活動はその先駆ともいえよう。

最後に、『潘金蓮』の形態が持つ影響について述べてみたい。「平明な言語」、「分幕法の導入とストーリーの整理、凝縮」、「人物やシチュエーションの近代的解釈」などの要素は、話劇に特徴的な要素であり、当時伝統劇に導入するにあたっては「革新的」と認識された。しかし、建国後の伝統劇において、これらは改編ものか新作ものかを問わずスタンダードとして採用され、こんにちまで続いている。一方で、原型に近い形で伝承されている伝統演目もあり、実際の公演においては双方が同時に上演され、同列に批評される。結局のところ、『潘金蓮』の登場によって、短期間に旧来の伝統劇がスタイルを一新するということもなく、またこれに類似したタイプの演劇が大量輩出するということもなかった。しかし、後日の伝統劇のあり方について、形式、内容ともに一つの祖型を提供した点で、『潘金蓮』の存在意義は大きい。

【注】

（1）『新青年』で伝統劇を批判する立場だった胡適、周作人、劉半農らが数年を経て肯定的評価を与えるなどの例がある。

（2）『申報』のような一般紙において、準備段階から上演後の反応まで断続的に紹介されていたのは注目すべきである。また、上演後も『梨園公報』など各種演劇メディアで何度も回顧されている。

（3）「自我演戯以来」（『一得余抄』作家出版社、一九五九年）に、日本における春柳社参加後は「常常和呉我尊学唱青衣」だったとある。

（4）「自我演戯以来」、「我怎様学会了京戯」、「我自排自演的京戯」（注（3）同書参照）などには、日本の女形を好んだこと、自身も女形を演じたこと、そして京劇の青衣の演技を習得する過程は描かれているが、動機についてはほとんど触れられていない。

（5）「自我演戯以来」による。

（6）一九一九年南通入りしてから一九二二年上海の舞台に戻るまでの約三年間。教学内容については、松浦恆雄「欧陽予倩と伝統劇の改革」（『人文研究』第四〇巻、一九八八年）に詳しい。

（7）「自我演戯以来」によると、一九一五年に上海の丹桂第一台で、『玉堂春』、『祭塔』など伝統演目を演じた。また、「当時、青衣は一〇ぐらいレパートリーを持っていれば、劇場に所属できた」とも書かれているので、彼自身、少なくともその程度は伝統演目を演じることができるようになっていたのであろう。

（8）劉達『戯劇大観』（上海交通図書館、一九一八年）所載の半狂「梨園瑣記・近日申濱名旦観」には「更力倣梅調」とある。

（9）青衣は歌唱、科白、しぐさに関する厳密な規定はあるものの、アクロバティックな立ち回りは行わないため、身体的なトレーニングはそれほど要求されなかったと思われる。代わりに歌唱を非常に重視するが、幸いにして欧陽予倩は美声に恵まれていた。

（10）新聞広告や「自我演戯以来」での回顧によると、紅楼夢関係の演目として『王熙鳳大鬧寧国府』、『鴛鴦剣』の名が見える。

（11）「我自排自演的京戯」に挙げられた「紅楼戯」を含む全ての演目は以下のとおりである。

［自作自演］

『晩霞』、『宝蟾送酒』、『饅頭庵』、『鴛鴦剪髪』、『黛玉焚稿』、『王熙鳳大鬧寧国府』、『摔玉請罪』、『鴛鴦剣』、『臥薪嘗胆』、『青梅』、『仇大娘』、『嫦娥』、『申屠氏』、『人面桃花』、『哀鴻泪』、『楊貴妃』、『潘金蓮』、『最後知儂心』、『百花献寿』、『晴雯補裘』、『黛玉葬花』

（最後の二篇は共作）

［編劇のみ］

『荆軻』、『粱紅玉』、『桃花扇』、『木蘭従軍』、『勝利年』、『孔雀東南飛』

（12）『菊部叢刊』（上海交通図書館、一九一八年一一月）には『晴雯補裘』、『黛玉葬花』が、『戯考』には『宝蟾送酒』、『饅頭庵』、『黛玉焚稿』、『晴雯補裘』、『黛玉葬花』が収録されている。

(13)『新青年』第五巻四号、一九一八年一〇月。なお、『新青年』では原載を『訟報』としているが、該紙の詳細は不明。
(14)具体的な作品集として、『戯学彙考』(上海大東書局、一九二六年)の名を挙げている。
(15)「自我演戯以来」による。
(16)後述のように、魚龍会における『潘金蓮』上演について、田漢は「分幕法の採用」をトピックス的に取り上げているが、欧陽予倩がこの時点で導入しているのは、やはり直前まで文明戯を演じていたことの影響があったと考えられる。
(17)『春雨梨花館叢刊』の編者である楊塵因の解説が付されている。なお、楊は『黛玉葬花』の共編者である。
(18)「自我演戯以来」によると、「紅楼戯」を演じた笑舞台では豪華なセットが用意された。『黛玉葬花』の林黛玉が住んだ瀟湘館は、廻り廊下に本物のオウムが入った籠を下げ、開いた窓から竹が入り込むようにしたという。
(19)幾つかの演目で賈宝玉に扮したほか、『宝蟾送酒』では薛蝌、『鴛鴦剣』では賈璉に扮している。小生独特の裏声を使わず、老生と同じ地声に基づく歌唱法を用いた。
(20)「自我演戯以来」では、当初から伝統劇俳優たちの習慣、雇う側の対応などに不満を漏らしているが、大きな舞台に招聘されるようになればなるほど、その気持ちは強くなった。
(21)「自我演戯以来」で、周信芳と一九二五年に連台本戯『漢劉邦』を上演した際の顚末を記した一段による。欧陽予倩はこの「自我演戯以来」を通じ、周信芳その人に対しては全般に好意的である。しかし、周のように「歴史と歴史小説と文学が好きで、意義ある歴史劇を作りたいと思っている」人物でも、それとからくり仕掛けの多用による興行的な成功との両立は難しいと述べ、上海京劇界への失望の念をあらわしている。
(22)現在の京劇界は「腐敗極まる」と断じ、「俳優の脳味噌が単純に過ぎる」ゆえの弊害を説き、文化程度の高い俳優を養成する必要性に言及している。
(23)ここでは、辛亥革命前後に流行した革命思想を鼓舞する演目など、劇中演説を行うものを指している。
(24)「自我演戯以来」による。
(25)『欧陽予倩選集』(人民文学出版社、一九五九年)の自身による「前言」で「京劇テキストに基づいて書き直した」と述べている。
(26)一九一五年六月二二日の『申報』には、民鳴社と春柳劇場が共演する舞台の広告があり、「古装歴史劇『潘金蓮』」と見える。
(27)一九二七年一一月五日の『申報』広告に、天蟾舞台における「伶界臨時接済公益演劇会仮座」で、「明後日に『潘金蓮』上演」との広告が出ている。主要三名のキャストは魚龍会に同じ。

(28)「我們的自己批判」（『南国月刊』第二巻第一期、一九三〇年三月二〇日）による。
(29)注（16）参照。
(30)一九三〇年一〇月三一日『梨園公報』所載の白雪「看了潘金蓮後的批評」による。
(31)武生の中でも、鎧甲を身に着ける「靠覇武生」は老生が兼ねることもあるが、武松のように軽装で素早い立ち回りをする「短打武生」の場合、高い技術性が要求され、専門化している。
(32)何九叔役の唐槐秋、鄆哥役の唐叔明は南国社社員で話劇俳優。後者は女性。
(33)一九三〇年一〇月二五日『梨園公報』所載の「潘金蓮詞収録要」参照。
(34)「我們的自己批判」で全文を引用、自身が書いたと述べている。
(35)『梨園公報』の実質的な主幹はおそらく周信芳であり、伝統劇の動向を伝える専門紙にあえて田漢の文章を「頼んで寄稿してもらった貴重なもの」として掲載したところに、彼の京劇改革への意向が見てとれる。
(36)「談欧陽予倩」（『申報』一九二八年一月七日）による。
(37)一九三〇年代に入ってから『潘金蓮』の上演が行われ、『梨園公報』にも、長年周信芳の相手役を務めてきた男旦の王芸芳が、欧陽予倩から潘金蓮役に指名されたとして、その心情を述べた文章（「予倩先生的創作被吾糟塌了」、一九三〇年一〇月二五日）がある。また、時期は下るが、一九三九年の再演については、『申報』に王唯我「武松与潘金蓮」（一九三九年一月二九日）という文章があり、趙嘯瀾、王熙春両女優が潘金蓮に扮したことが述べられている。しかし評者は、周信芳の突出した武松とは、バランスがとれていなかったと述べている。
(38)同右。
(39)「後台人語（二）」（原載『文学創作』第一巻第四期、『欧陽予倩全集』上海文芸出版社、一九九〇年所収）では、『潘金蓮』について、「話劇に歌唱を加えた、というおもむきがある」作品だと述べている。
(40)『潘金蓮』に関しては、「我自排自演的京戲」などで「自作自演した最後の劇作品」と述べ、「京劇」と断言はしていないが、意図的な表現とは思われない。なお、「『欧陽予倩選集』前言」（『欧陽予倩選集』人民文学出版社、一九五九年）でははっきりと、話劇『潘金蓮』を「京劇」として周信芳らと演じたと述べている。

第二部　劇評とメディア

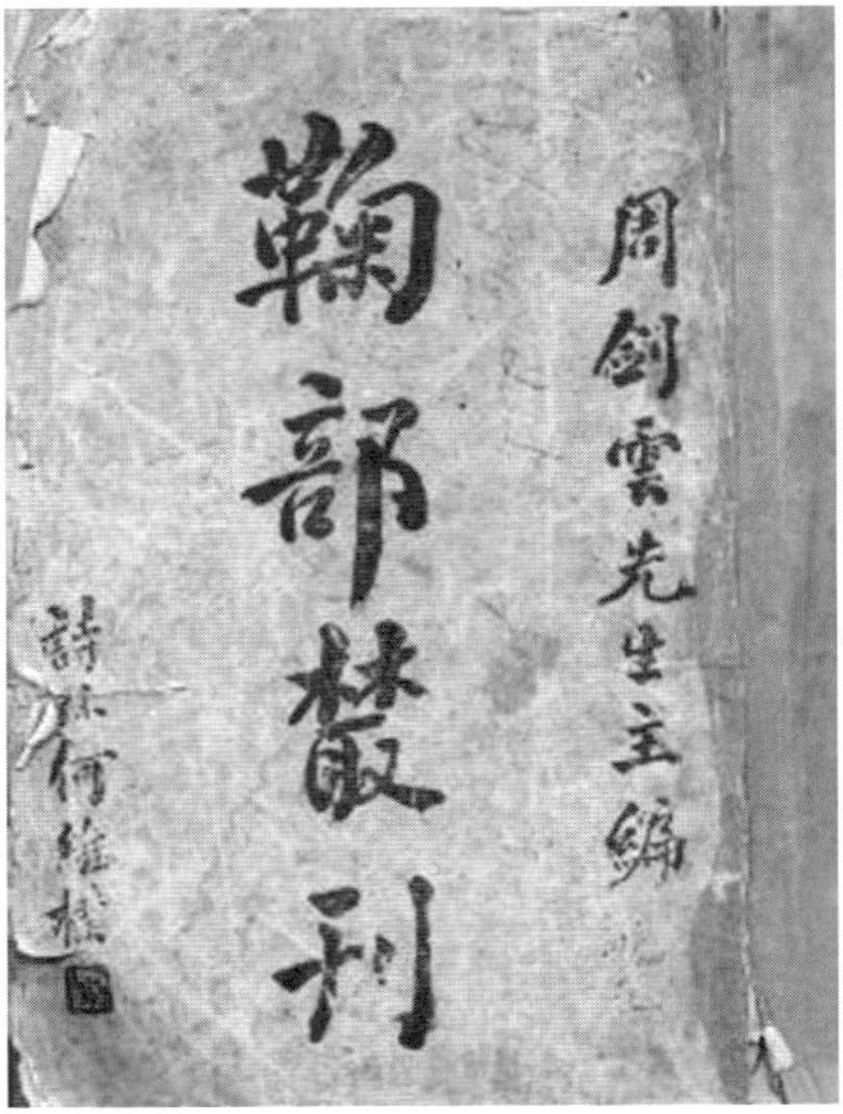

第一章　民国初期上海における伝統劇評

一　「劇評」の意味と役割

劇評の具体的な行為とはいかなるものだろうか。木村健治は講演「演劇にとって批評とはなにか[1]」において、「観客の代表である批評家の仕事は、基本的には、発信されたさまざまな記号を注意深く観察して、それを記録し、解釈し、そして評価すること」であると述べている。その上で、劇評家の理想像とその役割を、小山内薫の弁を紹介しつつ次のように述べている。

小山内薫によれば、理想的な観客は「良い観客」であると同時に「優れた観客」でなければなりません。（中略）一方、「優れた観客」とは、「外面的には静粛だが、精神的に演劇を愛し、批評の目を失わず、豊かな感受性と、高い鑑賞眼を持っていること」がその資格です。そして、「劇評家は観客大衆の上層にある理想的な観客の更に尖端に立つものである」と、定義しています。小山内はさらに続けて、「演劇に対する専門的な教養を持って」いること、「観客の優れた代弁者であるとともに、その意見は演劇を指導するに足るもの」という条件をつけています。この小山内の見解は今でも立派に通用する劇評家の理想像であると言えましょう。

「批評の目」、「高い鑑賞眼」、そして「演劇に対する専門的な教養」を持った劇評家の「演劇を指導するに足る」意見を今日における一般的な劇評と定義付けるならば、中国の演劇界において、そのような性質を備えた文章は二〇世紀に至るまで登場しなかったといえる。以下、上述の各要素を念頭に置きつつ、中国における劇評の展開を追ってみたい。

まず、中国において演劇に関する文章は、元雑劇テキストが『元曲選』のような形式で整理・出版されて以降、長らく"review"ではなく"criticism"であり[2]、特に、崑曲テキストのレーゼドラマ化以降は、「劇評」、「戯評」といえばすなわちテキストの文辞の巧拙を論じる行為を指した。その後、清代乾隆年間に至って、崑曲に較べて単純な楽曲体系を持ち、歌詞の彫琢をさほど重視しない、いわゆる花部の演劇が隆盛を見るにあたって初めて『揚州画舫録』のような随筆の中に、俳優の演技に言及した記述が登場するようになる。しかし、これらを読む限り、書き手が上演の場にいたかどうかは特定できず、伝聞を記録したというレベルにとどまっている。何よりも、演劇自体が、芸術あるいは学問の対象として見なされる以前の状態にあった。

時代はさらに降り、花部の複数の地方劇をルーツとする京劇は、北京でその祖型を作り上げ、大規模な発展を遂げた後、一八六七年に南下して上海に至る。時あたかも清末から民国初期にかけての上海では、新聞や雑誌の発行が盛んに行われるようになり、こうした出版メディアの一隅に、演劇は鮮度の高い情報を大量に、かつコンスタントに送り出す場を得る。特に京劇に関する情報は、一つは劇場の出す上演広告（主に新聞）、もう一つは演目や俳優などに関する「記事」をソースとして伝播していったが、この「記事」の中に実際の舞台を観て記された「劇評」が含まれていた。一九一八年出版の周剣雲主編『菊部叢刊』には、周自身の弁として、新聞紙上に劇評が行われるようになって一〇年、とうとう一つの風潮となったという記述が見える[3]。ここからも劇評の萌芽期が上述のとおり清末であることを確認できるが、内容的に十分なバリエーションが出揃うのは、やはり辛亥革命後からというべきであろう。

さて、ここで、当時の「劇評」の書き手がいかなる人物であり、また具体的にいかなる内容の文章が「劇評」と称されていたのかが重要になってくる。

そこで、まず民国初期の代表的な鴛鴦蝴蝶派総合文芸誌『民権素』第一集（一九一四年四月）掲載の、何海鳴「求幸福斎劇談」[4]に付された「緒言」を一部引用し、当時の状況の一端を紹介してみたい。

上海の新聞にはみな劇評欄がある。中でも、『中華民報』の（管）義華は確かな見解を備えている。『民立報』の之子も着眼点に独特のところがある。しかし最も文辞が優れているのは『申報』の玄郎である。『時事新報』の漚雲は私の賛美するところではないが、いま私も劇評を世に問うにあたって、他人が賛美してくれるか否かは分からない。独自のところがあるとすれば、それは改良新戯にも注目しているところだけである。諸人の劇評は俳優を評するだけだが、私の劇評は「戯曲」を評するものだ。ここが異なる。だが、今日は縁起ともいうべき最初の第一章なので、旧例にのっとって俳優評も行い、わたくし海鳴が月旦も善くすることをお見せしたい。[5]

ここからは、民国初年にはすでにさまざまな新聞で演技に関する文章が書かれていたこと、また、輪郭こそまだ不明瞭なものの、いかなるものを「劇評」と称するのか――ここでは主に、俳優の演技評以外に、さらに劇全体にも視野を広げるべきだと述べられている――が意識されていたことが分かる。一方、この文章では、各評者の「見解」や「着眼点」と同時に、『申報』玄郎のことば遣い（文辞）が優れていることが述べられ、何海鳴が随筆的な読み物としても劇評をとらえていたことがはっきりとうかがえる。以下、実際の玄郎の劇評を一部紹介してみたい。

劉永春の『審李七』…（中略）永春も長所は、強く逞しい発声を心がけ、鼻音を重んじないところで、一声叱責すれば千人が驚くことだろう。たとえば、「如此来説、你七爹爹就要挺死了」の一句で、「挺死了」の三文字は、音程も絶妙で、（声量は）舞台中を震わせるほどだった。歌唱もまた一句一句勇壮で重々しく、小器用に誤魔化そうなどとはしていない。まことにすばらしい場であった。郎徳山などはどうしても作り声をする欠点が出てしまう。（劉は）風格は端正で度量も大きく、まことに黒頭（正浄）の正宗だといえよう。

——玄郎「劉永春之『審李七』、江夢花之『祭江』」（『申報』一九一三年四月一五日）

玄郎は本名顧乾元といい、「呉下健児（もしくは「健児」）」という筆名の時期とあわせると、『申報』紙上にかなり高い頻度で劇評を発表している。(6) 伝統演劇の上演に直接かかわった人物ではないようだが、遺した文章は質量ともに同時代において特筆すべきものがある。上掲の文章は比較的簡潔な方だが、科白、歌唱とともに、外見（風格）にも目を配っていることが分かる。

この玄郎を高く評価した何海鳴だが、先の「緒言」に続いて自身も劇評を書いている。たとえば、孟傅斎という俳優の舞台について、「『失街亭』の（諸葛亮）上場の引子の中で、〝四輪車〟の三文字は良いが、〝快似風雲〟の〝雲〟の字音が不正確である」など、音韻に関してかなり細かに言及している。また、歌唱部分について「（『空城計』で諸葛亮が）登楼するときの西皮だが、前半二句はまあ良いだろう。〝下南陽〟の〝陽〟も優れている。……しかし、〝鼎足三分〟の句は良くない」といった描き方をしている。実は、これが当時最も多く見られた劇評の表現パターンで、特に歌唱に関する批評は一般的に全体の中に占める割合が高く、伝統劇の鑑賞を「聴戯」といいならわす理由もここから十分理解できる。また、科白や歌唱の発音の善し悪しを一字一句判断する知識を備えていること、これこそが評価内容の信頼感に繋がると考えられていた。

あらためて何海鳴の「緒言」に立ち戻ると、彼自身が劇評を世に問うた結果の反響として、「他人からの賛美」を期待していることも分かる。つまり、批評内容の適切さと同時に、「読み物」としての文辞の出来不出来も筆者にとっては重要なのである。また、「旧例にのっとって」という一文からは、当時の読者がまさに「月旦」的なものを求めていたことが想像できる。つまり、演劇の受容者にとって、「劇評」とは文辞に優れた論者の手になる贔屓俳優についての賛辞（あるいはその逆）であり、自身の嗜好に合致したものを選んで読むという性格が強かったのである。

当時、こうした劇評が果たしうる役割とは何であったのか。

まず、『申報』など新聞の「劇評欄」に見られる、短いが速報性を持つもの、宣伝性の高いものは、観客の再生産に繋がると考えられる。つまり、活字メディアを通じた劇評という情報源が、舞台と観客との関係に新たな変化をもたらすのである。他方、時に鴛鴦蝴蝶派の雑誌に見られるような装飾性の高い文辞を用い、随筆のように「再読する」性質が濃厚な文章も、「劇評」の名の下に残されている。しかし、「演劇を指導する」という劇評の役割を考慮すると、建設的意見がこれらの文章から求められるとはいい難い。また、評者の伝統劇に対する専門知識も不十分で、目にした舞台全体を総合的に俯瞰する視点を十全に備えていない文章も多く書かれていた。加えて、「批評のまなざし」ではなく、感情的な好悪の念に基づいて著された「劇評」が横行していたことも想像に難くない。この点については次節以降詳述する。

以上述べてきたように、当時「劇評」と大まかに括られたもの全てを“review”と見なすことは、こんにち的な観点から見ると不可能だといわざるを得ない。しかし、劇評というジャンルの萌芽期である民国初期において、冒頭に挙げた小山内薫が述べたような明確な定義を設けたとしても、その枠内におさまる文章は限られたものとなるだろう。

こと中国伝統劇に対する劇評は、先のわずかな引用からも分かるように演技の技術論に偏向しがちであり、西洋演劇とは異なるこうした事情も考慮しなければならない。その上で、同時代の舞台について新聞や雑誌に発表された文章を材料に、テキスト、演技術をはじめ、舞台を形作るいずれかの要素に関して記述されているものを幅広く視野に入れ、同時に、民国初期に活字メディアが力を持った上海での劇評をめぐる発言状況をも考慮しつつ、評者がどのような過程をもって、厳密な意味での劇評を構築していったのかを考察していく。

二　馮叔鸞の劇評論と劇評

辛亥革命から二、三年ほどの『申報』劇評は、先述の玄郎など特定の筆者の手になるものが多い。また、南社の同人たちが書き継いだ『民立報』劇評のように、特定の文学者集団が担ったケースもある。(7) 中でも、劇評を含め、演劇に関する文章を最も多くものしたのは、何海鳴のようないわゆる鴛鴦蝴蝶派、あるいは彼らに近い立場の文人たちであろう。その主な活躍の場は、先の『民権素』（上海民権出版社、一九一四年～一九一六年）のような総合文芸雑誌であった。こうした雑誌は、一冊を何章かに分けたうちの一章を劇評が占めているパターンが多く、たとえば『遊戯雑誌』（上海中華図書館、一九一三年～一九一四年）、『繁華雑誌』（上海錦章図書局、一九一四年）などにも「劇談」、「劇趣」といった題を付して、演劇に関する文章が数頁から一〇数頁にわたり掲載されていた。しかし、「劇談」などと題された文章群の多くにおいて、リアルタイムでの上演状況紹介、俳優の銘々伝、作品論、回顧録、歌唱や演技術に関する見解が混在しており、この中から演劇に関する確たる見識に基づいて批評がなされ、劇評として成り立つ文章を、幾つか

馮叔鸞

『嘯虹軒劇談』初版の表紙

の手順を踏んで弁別して論じる必要がある。

数は少ないが、このような旧派文人の中にも伝統劇に対する専門家意識の非常に高い人物が見受けられる。中でも、民国初期の上海で劇評のあり方を最も重視し、また批評を行うにあたって強烈なプロフェッショナル意識を備えていたのが本書でも何度かその名を挙げてきた、馬二先生こと馮叔鸞である。その著書『嘯虹軒劇談』の自序によると、馮は幼少期より北京のさまざまな舞台を観て歩いた戯迷かつ票友であり、辛亥革命直後に上海入りしたようである。(8) 以後、上海で発表した劇評が世に認められ、ついに居を上海に移して本格的な執筆活動に入る。『嘯虹軒劇談』は上海で発表した文章をまとめたもので、上集が演劇論、下集が実際の劇評となっている。注目すべきはこの上集に収録された「論評劇」、「論評劇之難」、「論評劇家之道徳」、「上海何故無正確之劇評乎」と題された諸文章で、題名からも分かるように、いずれにおいても劇評に関する論が展開されている。

これらの文章の趣旨は、おおよそ以下のようにまとめられる。

①戯曲文学の素養のない人間が劇評を書いてはならない。
②観劇経験が少なく、劇の約束ごと（専門的なタームを含む）を熟知していない人間が劇評を書くべきではない。
③劇評に個人的な好みを反映させ、俳優の長所短所を冷静に見極めずに褒めたりけなしたりしてはならない。
④舞台を題材にして美辞麗句を連ねた詩詞は妓女の品評と同レベルであり、劇評と見なすことはできない。

①②からは、テキスト批評と演技批評の融合の追求とともに、それを踏まえた上で舞台を総合的にとらえようとする考え方が見てとれる。文中では両者を平等に扱い、相互の関連付けが必要であるとの言が繰り返し何度も述べられる。また③は、前述のような読者の嗜好へのすり寄りを拒否するものである。馮叔鸞の劇評は、読み手に伝統劇に対する相応の知見を要求するものであり、ともすれば「内行」の範囲内で完結してしまう危険性もはらんでいる。しかし、これらの馮の見解は、先に挙げた小山内らの劇評観にほぼ合致しており、この点をもってしても、中国伝統劇における近代的劇評の先駆者たる役割を馮叔鸞に求めることは妥当だといえよう。

一方、④が批判しているのは、柳亜子を代表とする南社の同人による「劇評」である。これについては第一部(下)第三章で詳述したため、本章では概要を再掲するにとどめる。

先に挙げた『民立報』をはじめ、南社の同人は自らが編集に携わった新聞や雑誌に、舞台を描写した多量の韻文を発表、後にそれらは『南社叢刻』[9]を中心とした刊行物に再録されている。次に引用する詩は初出こそ不詳だが、柳亜子が上海の名旦馮子和のために編んだ『春航集』に収録されている[10]。

紅潮頬上泛朝霞、　　紅潮した頬は朝霞がさしているかのよう、気斬么麼数叱咤。　一気に小悪党どもを斬り幾度も怒鳴りつける。
細認往来灯火下、　灯りの下を行き来するのをつぶさに見れば、
六郎歩亦似蓮花。　六郎（馮子和）の歩みは蓮花を踏むかのごとし。

（入能仁寺撃殺衆僧時）

——一厂「観春航児女英雄伝新劇賦贈」之二[11]

これよりも俳優の容姿や演技についてさらに踏み込んだ描写をしている作品もあり、当時の舞台に関する資料として高い価値を持つ詩詞もある。しかし、多くは韻文作品として、劇の筋や俳優の演技から着想を得て書かれたもので、これらをこんにち的な意味での劇評に含めることはできない。しかし、当時これらが劇評と同列に論じられたのも無理からぬことで、舞台情報を伝えるはずの「劇評」欄には、主要な情報としてこうした詩詞が掲載されていたのである。[12]

ちなみに、演劇に関する詩詞は清代にも多く書かれ、[13]また時代が降ってもより通俗的な「竹枝詞」に同質性を見出しうる。[14]また妓女を題材にこうした詩詞が書かれることも多く、実際に劇評は妓女品評にもその源流の一部を求めることができる。[15]これは本邦の「歌舞伎評判記」発生の経緯と類似しているが、歴史的に見て中国でも妓女が役者を兼ねるなど両者のかかわりは深く、女形に対する観客の視線にはおのずと類似の要素が認められる。当然、柳亜子自身は妓女評を意識して劇評を書いたわけではないだろうが、韻文に用いられる装飾的な字句が、舞台で表現される何かを写しとり形容するものでこそあれ、その本質を批評するものたり得なかったのは明白である。[16]

では、こうした「劇評」に厳しい言をぶつけた馮叔鸞自身の手になる劇評とは、一体いかなるものだったのか。『嘯虹軒劇談』後半部分に収録された劇評は、初出こそ明記されていないものの、「記者」という書き出しから彼が新聞

や雑誌に発表した文章であることが分かる。[17] 以下、幾つかその例を挙げてみたい。

……（この劇が成功している理由として）二つ目に優れたキャスティングが挙げられる。この劇の主役は周瑜と魯粛である。朱素雲はかねてより「活き公瑾（周瑜の字）」と目されており、ゆえにこの劇の周瑜はまるで本人が笑い、泣き、怒っているかのように感じられた。物腰も喋り方も、風流、知的でありながら、傲慢で激烈なところは、周瑜らしさがよくあらわれている。中でも最も真に迫っていたのは、南郡を取る前の傲岸不遜な様子、それに失敗してからの怒りもおさまらぬ様子、入城するときに矢を射られてもんどり打って馬から落ちる様子、魯粛といいあらそい何度も激高する様子などで、いずれも観客から感嘆の声が漏れた。

――「朱素雲与王鳳卿之取南郡」

前夜、楊小楼が「連環套」を演じるというので、記者はそれを目当てに出向いた。到着するとちょうど呂月樵と白文奎が「十八扯」を演じているところだったが、勝手でいい加減な演技で、いささかも述べるに値しない。……この劇（「連環套」）は小楼の十八番で、優れたところが非常に多い。（中略）（一）彭朋に会って名乗りを上げ進み出るときの「漕標副将記名総兵黄天覇」という一句は、一字一字がかっちりとしていて明晰である。「覇」の時に至って忽然と止めるところに、非常な重々しさが感じられる。（中略）（四）連環套に至り襲われるとき、「有無別家英雄在内？」と問うが、返答が無い。一声冷笑するが、胸中に満ちた鬱憤をこの期に吐き出してしまおうという気持ちがうかがわれる。

――「楊小楼之連環套」

自身が述べているとおり、馮叔鸞は伝統演目のストーリーを熟知し、登場人物の性格やシチュエーションにふさわしい演技がなされているか否かということに注意を払っているようである。また、他の評者以上に厳格な態度で、できの悪い演技はばっさりと切り捨て、俳優の演技上の欠点を辛辣に指摘するなど、評価基準が非常に明確であることが見てとれる。この点で彼は自身の劇評論を実践しているといえる。

しかし、やはりここで彼の劇評の限界点に言及すべきであろう。まず、装飾性の過剰な表現こそ確かになされていないものの、演技や歌唱の特徴を形容するために選択されたことばは、当時の他の伝統劇評と比べて飛び抜けて目新しいということもない。また、北京の正統な京劇を熟知しているという自負は、時に様式性を遵守することへの要求にも繋がってくる。特に歌唱の語句や節回しの「正確さ」に対する言及などは、後述する『新青年』で傅斯年が批判した(18)、技術面にこだわった狭隘な視点と見なされかねない。とはいえ、彼が「正確さ」に拘泥する発言を繰り返したのは、当該書でも度々述べられているように、正しい劇評が行われないがゆえに低い水準にとどまっている上海演劇界の観客や舞台関係者の意識を改革しようと考えてのことだったのである(19)。

ちなみに、馮叔鸞をはじめ、鄭正秋や周剣雲などの人物は、伝統劇の劇評を発表する一方、その改革に対しても一家言持っていた(20)。しかし、戯曲史、京劇史と銘打った論著の多くが、これまで彼ら旧派文人の業績に関して大きくは紙幅を割いてこなかった(21)。また、時に取り上げられることがあっても、改革派優位の視点のもと、守旧派として退けるケースも見られた(22)。

その中で唯一、黄霖『中国近代批評史(23)』が「戯劇論」で馮叔鸞について比較的まとまった分析を行い、積極的な評価を与えている。以下、参考としてその一部を挙げる。

馮叔鸞はかなり早くから声を大にして「旧劇を改良すべし、新劇もまた改良すべし」と呼びかけているし、演劇改良は「新旧を並べ一緒にして論じる」べきであるともいっている。（中略）（新聞雑誌での）舌鋒鋭く真っ向から切り込む評論は、観衆、俳優、そして劇作家へ素早く影響を与え、直接的で、迅速で、巨大な効果を生み出した。馮叔鸞は当時の上海で演劇愛好者のレベルが急激に進歩するのは、「真の批評」のおかげであることに気付き驚喜した。（中略）彼は演劇を理解することについては「内行」であって利に惑わされず、一人の劇評家としての本分を堅持しており、民国初期劇評界で重要な位置を占めたのも当然である。

彼らの劇評を旧派文人の趣味的感想文として軽視することはできない。特に、伝統劇において、同一の演目を同じ俳優の演技で何度も繰り返し観ること、加えて他の俳優と比較することは、俳優個人の技芸が変遷するさまをたどるとともに、ストーリーや人物解釈の可能性に対する認識を多様化、複雑化させ、より深い演目理解に繋がるものとして最も重視すべき行為である。こうして培われた鑑賞眼を持つ人物による、明確な批評意識に基づいた劇評が、観客や、俳優をはじめとする舞台関係者にさまざまな示唆を与えることは、「演劇を指導する」ことに繋がっていくといえるであろう。馮叔鸞の登場は、伝統劇の専門家を自任する層による劇評が、演劇界に有効な役割を果たす可能性を最初に示した例だといえよう。

三　新旧知識人の劇評論

伝統劇に対するスタンスを「肯定」、「否定」に大別すれば、歌唱や演技の様式美を称賛し、伝統演目に残る迷信的要素を「戯曲文学」独自のフィクションと見なし、その保持を主張する馮叔鸞の立場は、明らかに前者に属する。もっとも、彼は併存可能なものとして「新劇（新戯）」をとらえており、[25] それが未成熟であるからといって伝統劇の優位をことさら強調したりはしない。むしろ、馮は鄭正秋などと同様に、積極的に新劇の上演にかかわろうとしており、その将来性を高く評価していたといえる。

しかし、彼らのこうした両面性に気付かず、伝統劇を保守するものとして退けるのが、『新青年』によった新知識人たちであり、彼らのほとんどは伝統劇の現状に批判的な立場をとっていた。北京大生張厚載による伝統劇擁護[26]の文章をきっかけに、一九一八年『新青年』誌上では戯劇改革に関する文章が集中掲載された。馮叔鸞も張厚載を擁護する文章を書いたとして「鸚鵡派読書人[27]」として批判対象となっており、北京だけではなく上海の劇評界もこの論争の圏内に取り込まれた。

まず傅斯年は、「戯劇改良各面観[28]」の第六節「評戯問題」において、伝統劇の劇評が「ただ人を持ち上げたりこき下ろしたりするだけで〝批評〟になっていない」、「（演技が）芝居の筋にかなっているかどうか、思想が正しいかどうか、ことばが適切かどうかという大局における劇評がなされず、細かな技術論に終始している」ものだとして批判している。

これまで述べてきたように、伝統劇における劇評は、確かに演技に関する技術論が相当のウエイトを占めており、大多数の受容者はそれを当然のことと考えていた。しかし、演技と「芝居の筋」との繋がりに関する問題提起は、前述のとおり、馮叔鸞により類似したことがすでに述べられており[29]、伝統劇の専門家を自任する人々がこうした劇評の状況を問題視していなかったわけではない。かつ「大局」性という意味において十分なレベルではなくとも、これらの点を踏まえた劇評もすでに世に問われていた。

他方、『新青年』の同じ号に転載された[30]欧陽予倩の「予之戯劇改良観」にも、劇評観に関する発言がなされている。

私が考えるに、正当な劇評とは、必ずテキストや人情道理に基づいて論を立てるものである。劇評家は必ず社会心理学、論理学、美学、テキスト学の知識を持たなければならない。劇評は劇場および俳優を監督し、人に猛省を促し、改良を促進する責任がある。決して軽率に筆をふるい、慌ただしく仕事をするべきではない。

この引用部分に前後して述べられる彼の劇評に対する見解は傅斯年とほぼ同じだが、欧陽予倩に特徴的なのは、劇評家が演劇以外の幅広い知識を持つこと、そして劇評が俳優をはじめとする舞台制作側、および社会に対する積極的な教育作用を持つことの必要性を強く説いていることであろう。劇評家の持つべき知識に関しては、馮叔鸞の場合、演劇自体が文学性、美術性、音楽性を持つとは述べているものの[31]、演劇の外側に存在するその他の学問については言及がなされていない。このような、劇評家が演劇以外の教養を備えるべしという考え方の有無に、欧陽予倩と馮叔鸞の新旧両知識人の差異を見出すことができる。演劇の持つ社会教育作用に馮叔鸞が積極的評価を与えていない点[32]も、また同様である。

さて、同じく『新青年』に掲載された銭玄同らの論[33]と比較すると、特に欧陽予倩の劇評論は、自身が伝統演劇をよく知っている分、妥当な見解が述べられているように感じられる。また、欧陽予倩は後日、新旧の演劇に関する文章を多く発表したが、その他の人物は、こと劇評に関して特に模範となるようなスタイルを提示したわけでもなく、実際の執筆活動はほとんど行われていない。つまりは、理論的言辞のみに終始し、実践をもって劇評の理想を世に問うたわけではないのである。それ以前に、欧陽予倩を除く人々は、その多くが伝統劇に関する専門的な知識を持ちあわせておらず、これは論陣を張る上での大きな弱点であった。こうした点を考慮すると、『新青年』で伝統劇を批判し、かつ伝統劇評に関する見解を披瀝した人々の発言自体が、既存の伝統劇評に大きな影響を及ぼしたとはおよそ考えにくい。

他方、伝統劇に造詣の深い人々の文章が集められ、『新青年』の当該号と同年に刊行された『菊部叢刊』において、編者の周剣雲は先の欧陽予倩の文章を引用し、「（演劇に関する論に見るべきものがない中で）確実に演劇の理論を明らかにし、芸術の革新をはかることのできる」、「世界的視点を持つ[34]」人物だとして、彼を高く評価している。かつ周は劇評の役割を「演劇の知識を読者に知らしめ、俳優の芸術を監督するもの」であると明確に規定し、これは「西洋では早くから行われ、中国の文人がこれに倣った[35]」ものだと述べている。この発言を見る限り、周剣雲は馮叔鸞よりも、劇評が観衆や演劇界に及ぼす影響をより強く自覚しているようである。しかし、実際のところ『菊部叢刊』の構成は旧来の鴛鴦蝴蝶派総合文芸誌に多く見られた「劇談」、「劇話」スタイルを集大成したもので、中には詩詞による賛まで見受けられる。また、周剣雲自身の劇評は以下のようなものであった。

（王）鳳卿は冒頭場面の西皮揺板の二句「伍員馬上怒気衝、逃出龍潭虎穴中」において、最初の句は息遣いが非常に優れており、「虎」の字も鼻音を用い、順風がヒューッと吹き抜けるがごとくである。その声は（焦りで）加速することはないが、気勢の激しさは備えている。……鳳卿の歩行法はよくない。八字の型に固執するあまり、ひょろひょろとした態をさらしてしまっている。科白も力が無く、沈着さを欠いている。

――「王鳳卿之文昭関」（『菊部叢刊』所収）

ここでは、歌唱や演技に関して、馮叔鸞と同じく印象に終始せず具体的かつ説明的な描写がなされ、前後する文章とあわせると、読者が脳裏に舞台を再現するにあたって、ある程度の情報量を与えうる劇評だといえる。しかしこの文章は、なぜ伍員がこの場面でこのような演技をするのかというストーリー上の必要性を説明していない。むしろ、従来から見られる技術的側面を重視した劇評だともいえる。

以上、この時期までに、長らく伝統劇評を手がけてきた旧派文人、伝統劇に批判的な『新青年』への寄稿者など、さまざまな立場から理想的な劇評のあり方が提示された。その中には、総合的に見るとこんにちの一般的劇評観に極めて近い段階に至っているものも散見される。しかし、実践の劇評でそれを実践した人物が登場しなかったこともまた上記の例から見てとることができる。

結語

以上、民国初期における伝統劇評の変遷、特に舞台批評としての意識が明確化していく過程をかいつまんで述べてきた。その結果、評者の立場や専門家としての意識の持ち方には多様な段階があるものの、理念上は上述のように一九一八年時点で、こんにち、一般的に認識される形に近い劇評観が登場していたことは間違いないようである。[36] また、馮叔鸞のような、自身の観点に基づき強い批評性を備えた劇評を著す人物も登場した。これ以後の上海における伝統演劇評がどのような道をたどったのか、ここでいったん追ってみることとしたい。

一九二〇年代以降の劇評は、文人の手すさび的なものが減り、伝統劇の専門家を自任する人々か、もしくは新聞の芸能記者か、いずれかの手によって書かれるようになる。前者は、相次いで創設された新聞の芸能系副刊や演劇専門誌を活躍の場として、名優の歌唱、演技術の丹念な分析や、[37] 伝統演目の背景紹介など、前時代の「劇談」的要素を残しつつ、同時代の伝統劇舞台を客観的な視点で批評したものを世に送り出した。他方、それらを絶対視することへの問題意識はあったものの、[38] 俳優個人の歌唱や立ち回りへの技術批評に偏向する風潮は依然として残り、場面や人物設定との有機的連携という側面がおざなりにされた劇評も引き続きよく行われた。

後者に関しては、舞台セットや仕掛けなど視覚的要素に重点を置いた連台本戯の流行に伴い、次のような劇評が見られるようになる。

……昨日天蟾舞台で行われた第五本『包公出世狸猫換太子』要所についての評価は以下のとおりである。……常春恒の包公は態度も鷹揚で、歌声も大きく朗々としてリズムに合っている。この劇では本来包公が主人公なので、歌やしぐさで見せる場面が一番多く、人目を惹くのである。……張韻宸の八賢王は、歌もしぐさも合っている。温筱培の陳琳は取り立てて優れたところは無い。これも彼が第五本では主人公ではないからだ。

——「記天蟾之第五本『狸猫換太子』」(『申報』一九二二年一一月九日)

この評者は無記名だが、演技や歌唱に関する描写も簡単で、文章全体から深い演劇的知識を備えているようには感じられない。他方、連台本戯には伝統演目のリメイクもあるものの、多くは新作劇であったため、ストーリーと登場人物の紹介は必須である。加えて、連台本戯の「売り」であるセットや演出についてのコメントも当然多くなろう。しかし、評者が伝統劇の諸般の約束ごとに対する十分な専門知識を持たないゆえに、俳優の演技と有機的に関連付けた批評ができていない。連台本戯は、その通俗性によって伝統劇の門戸を大衆へ開き、豪華なセットやからくりを採り入れることで、聴覚（聴戯）から視覚（看戯）へ、受容の窓口を決定的に転換させたものと位置付けられる。ところが、視覚のもたらした「分かりやすさ」は、上記のような伝統劇の知識のない人間による、専門的視点を欠いた「劇評」を受け容れる土壌をも同時に生み出したのである。

一方で、この連台本戯に対して、伝統劇専門家の多くは正面切った批評を行わなかった。最も大きな理由は、こうした劇の多くが商業上の採算を重視していたため[39]、芸術的側面の真価を観客に伝えることをもって自任していた彼らの目には俗悪なものとしか映らなかったからであろう。前述の馮叔鸞の言説の中に早くも確認できるように[40]、彼らの主要な批評対象は「正統的な」北方の俳優の舞台に限定されてくるのである。

ここで再度、本章の冒頭に挙げた劇評の定義に立ち戻ってみると、同時代演劇に対して十分な知識と批評眼を備えた専門家による劇評は、一九一〇年代にその萌芽が確認できる。しかしそれらは、より多様な知識と厳密な批評眼に裏打ちされた近代的劇評への順調な発展は見せなかった。代わりに、連台本戯と伝統演目の併演に伴い、演劇の専門知識を持つ層、一般観衆と大差ない知識レベルの層のいずれもが評者となる事態がもたらされた。西洋的演劇理論を熟知した層と中国伝統演劇専門家層との交流を通じ、劇評が批評ジャンルの一つとして再度発展を始めるには、田漢ら双方の折り合いを求めた人物の登場を待たねばならなかったのである。

【注】

（1）木村健治「演劇にとって批評とはなにか――劇評と演劇批評」（懐徳堂ライブラリー2『批評の現在』、和泉書院、一九九九年）所収。

（2）同右。

（3）雲剣「三難論――評劇之難」による。

（4）『民権素』「劇評」（二集以降は「劇趣」）の章に掲載。同誌では、このほかに鄭正秋「麗麗所戯評」を掲載。

（5）「義華」は管義華のことで、雑誌にも伝統劇の劇評を多く発表している。「之子」は『民立報』の主幹も務めた南社社員葉楚傖のことで、「横七竪八之戯話」と題したコーナーを持っていた。

（6）『申報』において「呉下健児」、「健児」名義は一九一一年秋季から一九一二年夏季、「玄郎」名義は一九一二年秋季から一九一三年夏期まで目にすることができる。早期周信芳の演技や馮子和と賈壁雲の比較など、当時の上海京劇について多くの記録を残している。

（7）注（5）で挙げた葉楚傖以外に、柳亜子、姚鵷雛らが執筆している。

（8）自序によると、壬子秋（一九一二年）に上海を訪れ、現地で「劇評」と称されるもののレベルの低さを嘆き、自ら小報に劇評を書いたという。冬にいったん北へ戻った後、翌年春に『大共和報』に招聘され、編集の余暇を利用して演劇に関する文章を書き継いだようである。

（9）馮子和に関する書簡、詩詞、散文などは、『南社叢刻』の六～一六集（一九一二年一〇月～一九一六年四月）に集中して掲載されている。

（10）なお、柳亜子と演劇とのかかわりについては本書第一部(下)第三章「柳亜子と『春航集』」、および拙論「柳亜子と演劇」（『季刊中国』一九九九年秋季号）を参照。

（11）「二厂」は林百挙。引用は四連作の二首目。

（12）『民立報』では、姚鵷雛が「論劇絶句」（一九一四年二月二八日）という見出しで詩の連作を掲載している。

（13）北京のものとなるが、『清代燕都梨園資料集成』所収の著作には、『燕蘭小譜』（安楽山樵、乾隆年間）をはじめ、『日下看花記』（小鉄笛道人、嘉慶年間）、『燕台集艶』（播花居士、道光年間）など、詩詞形式で賛を書いたものが多く存在する。

（14）『清代燕都梨園資料集成』には編者の張次渓による「北平梨園竹枝詞薈編」を収録、嘉慶から民国にかけての竹枝詞が見られる。

また顧炳権『上海洋場竹枝詞』（上海書店、一九九六年）には、清末上海の竹枝詞が収録されているが、こちらには舞台や俳優を詠んだものも多数収録されている。

(15) 早くは元代の夏庭之『青楼集』が挙げられる。

(16) このほか、『嘯虹軒劇談』には「告柳亜子」という柳亜子の演劇に対する態度を批判した文章が書かれている。

(17) 年次を記したものは少ないが、最も早いものは「民国初年」と記されている。日付を記した文章は多い。

(18) 傅斯年「戯劇改良各面観」（『新青年』第五巻四号、一九一八年一〇月一五日）参照。

(19) 『嘯虹軒劇談』「上海聴戯者之程度進歩矣」参照。

(20) 『嘯虹軒劇談』上集各編、『菊部叢刊』各人執筆部分参照。

(21) たとえば、『中国京劇史』（中国戯劇出版社、一九九〇年）では、柳亜子に一定のページ数を割き、また評論家として、孫玉声と張次渓については単独の項目が立てられるが、馮叔鸞、周剣雲らに関しては民国期南方京劇ムーブメントの中で簡単に触れるにとどまる。また、彼らの著書やかかわった雑誌の紹介もなされていない。

(22) 胡星亮『二十世紀中国戯劇思潮』（江蘇文芸出版社、一九九五年）は、『新青年』側と伝統劇擁護側の双方について平等に紙幅を割いているが、やはり後者を「保守的」と断定して論じる傾向にある。

(23) 上海古籍出版社、一九九三年。該書は清末から民国初期にかけての文芸批評について論じたものであり、第八章「戯劇論」では馮叔鸞とともに鄭正秋、周剣雲についても単独の節も設け、それぞれ伝統劇改革の先駆的言論をなしたとして高く評価している。

(24) 『嘯虹軒劇談』「戯劇改良論」、「論劇評」参照。後者において馮叔鸞は、演劇は文学に基づくものであり、科学者の目には笑止千万な「迷信」でも文学者の目にはおもしろ味のあることなのだとして、『民立報』に書かれた劇のフィクション性を批判した文章に反論している。

(25) 『嘯虹軒劇談』「戯劇改良論」、「戯之三要素」参照。

(26) 『新青年』第四巻第六号（一九一八年六月一五日）に張厚載の投稿「新文学及中国旧戯」および、それについての胡適、銭玄同、劉半農、陳独秀の反論が同時に掲載されたことから、伝統劇の改良、廃止に関する論争が起こった。銭玄同は続く第五巻第一、二号（同年七月一五日、八月一五日）にも批判文を書いている。また、続く第五巻四号（同年一〇月一五日）には、伝統劇改革についての胡適（「文学進化観念与戯劇改良」）、傅斯年（「戯劇改良各面観」、「再論戯劇改良」）の論、宋春舫の目録（「近世世界名戯百種目」）そして付録として欧陽予倩（「予之戯劇改良観」）、張厚載（「我的中国旧劇観」）の論が掲載され、次の第五巻には周作人「論中国旧戯之応廃」が発表される。また、論争の経緯や各人の伝統劇に対する認識の深さに関しては、宮尾正樹「新文化運動における張厚載と胡適──旧劇改良論争を中心に」（『日本中国学会報』第三八集、一九八六年）に詳しい。

(27) 劉半農・銭玄同「今之所謂『評劇家』」（『新青年』第五巻第二号、往復書簡の形式をとる）における銭玄同の表現。鴛鴦蝴蝶派の文人を指す。劉半農は友人から聞いた話として、『上海時事新報』上で馬二先生（馮叔鸞）が自分たちを攻撃する文章を書いていると述べている。なお、銭玄同が読んだと思われるのは、『菊部叢刊』所収の馬二先生（馮叔鸞）「評戯雑説」。

(28) 注（26）参照。

(29) 『嘯虹軒劇談』「戯之三要素」、「戯病篇」参照。明確な物言いではないが、歌唱、科白がストーリーを表現するものであること、演技者は科白や歌詞を憶えると同時に、扮する人物のシチュエーションを理解しなければならないことなどが述べられている。

(30) 注（26）参照。

(31) 『嘯虹軒劇談』「戯之性質」参照。ただし、ここでは学問的な「美術」、「音楽」、「文学」を指すのではなく、演劇における視覚、聴覚的要素を「美術」、「声楽」という語を用いて表現し、実話にフィクション性を持たせて舞台化することを「文学」的と呼んでいるに過ぎない。

(32) 『嘯虹軒劇談』「戯劇改良論」、「戯劇与社会之関係」参照。

(33) 注（26）、注（27）参照。

(34) 剣雲「戯劇改良論」（『菊部叢刊』戯学論壇）参照。

(35) 剣雲「評劇之難」（『菊部叢刊』戯学論壇）参照。

(36) 注（26）に挙げた宮尾論文には、「劇評は、一九二六年創刊の『晨報劇刊』の余上沅や趙太侔の京劇論によって、初めて京劇を芸術の一ジャンルとして正当に評価した近代的演劇論となったというのが定説のようである」と記されている。しかし上海で活躍した馮叔鸞ら伝統劇プロパーたちも意識の上では京劇を「芸術の一ジャンルとして」認識していたこと、氏のいう「印象批評や俳優のゴシップ」的要素は排除できずとも冷静な批評眼を保とうとしていたことなどから、本書では彼らを本格的劇評家の嚆矢と見なしておく。

(37) 特に、譚鑫培をはじめ流派のあり方が意識されるようになってから、各俳優の得意演目の紹介、同一行当内での比較が行われるようになってきた。

(38) 冒頭の何海鳴の「緒言」からは、批判的意見ではないものの、俳優評、技術評のみを劇評とするのは不十分であるという考えが見てとれる。

(39) 文脈は異なるが、商業主義と演劇との関係について、早くは馮叔鸞が「論劇評家之道徳」において、「舞台広告の収入を当て込んだ新聞の劇評には、当該舞台に属するレベルの低い俳優を不当に高く評価しているものがあり、正しい劇評が行われていない」と批判している。

(40) 『嘯虹軒劇談』自序、「上海聴戯者之程度進歩矣」、「上海何故無正確之劇評乎」参照。

第二章　一九一〇年代における伝統劇評の視点と表現

一　一九一〇年代の伝統劇評

前章で述べたとおり、中国文学史において、「劇評」と称される文章の多くはテキスト批評を指してきた。元雑劇や南曲などが本来舞台芸能でありながら、テキストに文人の手が加わって文辞の巧拙に重きを置かれた結果、レーゼドラマ化したからである。清代中葉に至ると、南曲の一支で一時は全国を風靡した崑曲に替わり、より素朴な地方劇が優勢となり、各地から北京へ進出したものを母胎として京劇が形成される。

この京劇のテキストが雑劇や南曲のように批評の対象となることは、現在でも少ない。ストーリーや言語表現に「文学性」が認められていないわけではないが、基本的により素朴なものと見なされている。テキストが読み物として出版されるケースが当初少なかったことがその証左といえる。ゆえに、京劇において「劇評」とは、一般に俳優の演技および舞台全般にまつわる事項に関する発言を指す。こと民国初期、一九一〇年代の伝統劇評で圧倒的に多く見られるのは、歌唱や科白の一部分を抽出し、俳優の演技術の巧拙を論じたものである。特に著名な俳優に関する言及は、後代への演技規範を形成するものとして非常に重視されてきたという経緯がある。早くも一九二〇年には、一〇年代のこうした傾向を振り返った次のような記述が見られる。

清代の末葉より、何人かの劇評家たちが演劇を改良しようと試みた。たとえば『曲話』[1]、『嘯虹軒劇談』[2]などである。しかし、戯曲を論じるものは極めて少なく、役柄を研究する文章ばかりであった。ゆえに、譚鑫培、汪笑儂の名が全編にだらだらと書き連ねられ、甚だ落ちつかないものであった。

——佟晶心『新旧戯曲之研究』（北京福華書社／上海光華書局、一九二六年）

こんにちの中国において、「戯曲」という語は狭義で「伝統劇」を指すが、広義では劇本、俳優、演出など演劇を構成する要素全てを包括した「舞台」を指し、ここでは後者の意味で用いられていると思われる。それを踏まえた上で、演技上の技巧論一辺倒であった一九一〇年代の劇評を批判しているわけである。

前章「民国初期上海における伝統劇評」においては、民国初期の上海における伝統劇評の諸相について概観したが、そこには各評者が演劇に対する多様なスタンスを保ちつつ、思い思いのスタイルで言辞を書き連ねるという状況が展開されていた。以下、内容的に前章と一部重複するが、一九一〇年代の劇評の様相がいかなるものだったのか、再確認のため同時代に書かれた文章を挙げておく。

我が友（管）義華〔元『中華民報』、現『飛艇報』記者〕は、その眼光は鋭く見識も極めて高く、第一人者と見なしてよいだろう[3]。「嘯虹軒劇談」馬二先生は、いささか筆鋒が苛烈であるものの、清廉で凡俗を超えたさまは衆人に抜きん出ており、おのれの観察を徹底するさまは常人の旧弊に陥っていない。「麗麗所劇談」〔鄭正秋〕は詳細、周到で、「過ぎたるは及ばざるがごとし」的な弊もない。また俳優の品行を重視し、ことばで激しく攻撃することで、善を褒め悪を懲らす。それが社会にもたらす功績、俳優にもたらす益はまことに少なからぬものがある。「趯雨門」

〔脈脈〕は老練なキャリアを持ち、観劇体験も豊富である。その批評は褒めることが多く、けなすことは少ない。まごころと思いやりを趣旨としている。「求幸福斎劇談」〔海鳴〕は、部分的に見るのみで全貌をうかがうには至っていないが、そのことばは尊重すべきもので、壮大な抱負を持ち、凡庸なものとは比較にならない。「双雲館劇談」〔朱雲文〕の広く深い学問と豊かな体験、ウイットに富んだ［さ］まは朗誦したくなるほどで、ことばの多くが要点を突いたものである。ほかには、仙芝、昔狂のきちんとして正確なさま、之子、天網による気のきいたいい回し、酔儂、藐廬の薫り高く美しいさま、健児、痩月のおだやかに落ち着いたさま……わずかに上記一〇数人が極めて優れており、まず得がたい人々だといえる。それ以下の雑魚(4)は読む気にならない。

剣雲「負剣騰雲廬劇話（二）」（『繁華雑誌』第三期、一九一四年）

ここからは、伝統劇を深く理解し、それに関する文章を書き連ねる人物を「顧曲家」、「劇評（評劇）家」と称し、その特徴を互いに認識しあう土壌が、この時期すでに形成されていたことが見てとれる。中でも、上記文章に名前の見える「馬二先生」こと馮叔鸞は、『嘯虹軒劇談』で劇評の問題点について幾つかの指摘を行っており、彼の劇評自体にも近代的な批評性を見出し得ることは前章で確認した。

では、ここに名前の挙げられたほかの劇評家たちの言辞から、具体的に何を見出すことができるのだろうか。周剣雲による「朗唱したくなる」、「気のきいた」、「薫り高く美しい」といった形容が物語るように、鴛鴦蝴蝶派文人を中心とする彼らの劇評には、「鑑賞する」文章としての側面が強く存在していた。また、「善を褒め悪を懲らす」ことで、「社会にもたらす功績、俳優にもたらす益」が「すくなからぬもの」であるという一面を備えた文章も存在するが、演劇学のアカデミックな専門家でもなく、かつ伝統劇の上演にかかわっていたわけでもない（せいぜい自身も票友として「唱う」程度であった）[5]劇評家の言が、演じる側にどれほどの影響力があったのか、同時代の史料から多くを知ることはできない。しかし、彼ら劇評家の文章中では、演技の是非に関して、何らかの価値基準――たとえば馮叔鸞は『嘯虹軒劇談』で繰り返し「多くの舞台を観る」ことによる知識獲得を要求している――による判断が下されている。その価値基準が同時代的に共有された結果、劇評家たちは上記のような「ことば」を用い、実際に目睹した舞台および周辺の情報を書き継いでいったのである。

第一章では若干触れるにとどまったが、本章では伝統劇をめぐる「ことば」、つまり表現方法とその内容を中心に論じていく。実際、一九一〇年代に「劇評」と総称された全ての伝統劇関連文章に対し、近代的な意味での批評性を求めることは困難である。しかし、一見批評性の稀薄な文章であっても、そこに批評眼の萌芽を見出すことは可能であろう。さらには批評以外の要素にも着目し、伝統劇関連文章が、全体としてどのような方向に展開していったのかについても考察を加えることとしたい。

二　伝統劇関連記事と発表媒体

まず、伝統劇関連記事のスタイルを発表媒体ごとに分析することで、一九一〇年代の上海伝統劇界をとりまく言論環境を理解する一助としたい。

上掲の周剣雲の文章からは、当時の上海における劇評発表媒体に関する情報を汲みとることもできる。筆頭に名前が挙げられた「（管）義華」は他の文章でも劇評家として評価を受けているが、[6]この剣雲の文章が発表された時点では、

『民権素』表紙

『中華民報』を経て『飛艇報』[7]の記者をしていたようである。また、「〜劇談」、「〜劇話」と書き手の号が冠されているものでも、常に同一の刊行物に掲載されているとは限らず、複数の媒体にまたがっているケースが多い。[8]たとえば、鄭正秋の「麗麗所劇談」は『民権画報』、『民権素』[9]などの新聞や雑誌にその名が見える。

こうした文章は、雑誌より早く出版態勢の整っていた新聞紙上において、より盛んに掲載された。特に、清末から民国初期は革命系諸団体によるさまざまな新聞が刊行されたが、政治的プロパガンダやアピールとは一見無縁な演劇記事が掲載されていることが意外に多い。一九一〇年代の『民立報』[10]（一九一〇年一〇月〜一九一三年九月）、『民国新聞』[11]（一九一二年七月二五日〜一九一三年停刊、日時不詳）などの文芸欄には、コンスタントに演劇関連文章が書かれている。この種の新聞に演劇関連記事が掲載された事情については、現在以下のように説明されている。

辛亥革命前後に、北方の劇評をする習慣が南方にも伝わった。一部分の康（有為）・梁（啓超）の変法思想の影響を深く受けた日本留学経験者と孫文など革命党の人々は、西洋演劇の「人生を教育し、社会を教育する」という概念に影響され、盛んに各々の論陣において芝居の脚本を発表するようになった。（中略）また一部の新聞は、「評劇」と題したものを載せるようになり、次第に最終頁に専門の欄を設置し専門の項目を立てるに至った。それらは演劇改良を鼓舞したり、劇の由来を考証したり、舞台上の技芸を論じたりするもので、内容、形式ともに、清末よりも進歩が見られる。

——祝均宙・馬莉編「近現代戯曲報紙与副刊総目提要一八九七～一九四九」
（中国戯曲志上海巻編輯部『上海戯曲史料薈萃第三集』、内部発行、一九八七年）

しかし実際には、「演劇改良を鼓舞」するような革命思想的色彩の記事よりも、舞台全般に言及した娯楽性を帯びた記事の方が目につく。特に『民立報』で南社同人の手になるものは、強い美意識に裏打ちされていることが見てとれる[12]。一方、『申報』のような一般紙には、毎日各劇場の広告が掲載され、演劇に関する記事も上記革命系諸紙と同様に見られる[13]。

ここで日刊である新聞の特徴を考えると、当時の月刊中心の雑誌よりも速報性で勝ることは容易に想像できるが、当時そうした要素はあまり求められていなかったようである。たとえば、一九一一年から一三年にかけて、『申報』にはほぼ毎日のように演劇関連文章が掲載されているが、記事の内容は直前に上演された舞台に関するレビューとは限らず、回顧録、演目解説、用語解説、俳優の伝など、内容は多岐にわたっている。また、新聞と雑誌の演劇記事を比較してみると、新聞に古い上演記録が掲載されたり、季刊誌や不定期刊行誌にごく最近の舞台レビューが詳細に記述されたりすることも多かった[14]。刊行物の体裁上、雑誌の方がまとまった分量を掲載しやすいという点を除き、内容上の差異は意外に少ないといってもよい。

掲載スタイルは、特定のテーマに関して叙述したもの（銘々伝、「発展史」の類）を除き、数十から数百字の短い文章がアトランダムに並んでいるものが主体で、内容的にも時間的にも互いに関連性を持たない、ないしは持っていてもゆるやかなものであるケースが多い。

ちなみに、一九一〇年代は演劇専門誌というカテゴリがまだ確立しておらず、若干の刊行物は登場したものの、みな一期から数期で停刊になっている[15]。演劇関係の記事は通俗小説などと同じ娯楽記事の一種として、総合文芸誌に一章を割いて掲載されていた。また、上記雑誌と性質はほとんど変わらない「叢刊」や、劇評家個人の著作も何点か発行されている[16]。

個人、ないしは複数の評者による「劇評」が雑誌および単著で刊行された時点で、新しい情報を素早く伝達するという機能は失われ、替わって別の性質がクローズアップされることになった。一つは劇評家個人の「作品集」として、もう一つは「史」としての性質である。前者に関しては、こうした刊行物の中では評価の高い『嘯虹軒劇談』でさえも、各章ごとのテーマは明確ながらもトータルな構成は備えておらず、寄せ集め的な印象は拭えない。しかし該書に限っていえば、近代的な演劇理論書の発展を期待させるものといえる。一方後者に関しては、時間的に京劇の確立期（一八四〇～六〇年頃）からそれはどは隔たっていないこともあり、書き手によって記述内容にばらつきはあるものの、我々に演技や上演空間の変遷に関する多彩な情報を提供してくれる。中でも俳優の伝については、清代の演劇関連記事に具体的な演技の描写が少ないことに鑑みると、着眼点の変化という側面からも大いに注目すべき記事が多数見受けられる。次節ではこうした記事を例示して分析していくこととする。

三　演技へのまなざしと言語表現

前節で、演劇関連記事と見なしうる文章全般にわたり、媒体の種類による内容の差異はそれほど存在しないことを確認した。当時、これらを大雑把に「劇評」と呼びならわしたケースも多かったが、厳密な意味でのレビューの範疇に入る文章は極めて少ない。しかし、批評とも随筆とも判別しがたい輪郭の曖昧な文章まで視野に入れて分析することで、一九一〇年代の上海が独自に備えていた伝統演劇への視線を理解することに繋がる。

本節では前節に引き続き、当時の劇評の中で、同時代の特質がよくあらわれている文章およびその一部をあらためていくつか選んで提示し、書き手が演技のどこに注目し、どのような「ことば」でそれを表現しようとしたのかを追っていく。その際、時間による視点の推移や評者による文体の個性を比較するため、特定の役柄と俳優に絞って論じることとする。

清代途中まで勢力を持っていた崑曲が旦と小生を中心に据えていたのに対し、近代京劇において最も重視された「行当」（役柄）は、男性役の生、中でも正義感の強い中高年の男性に扮する老生であった。その証左に、俳優の伝や演目解説などでは、必ず老生に関する記述が筆頭に来る。一九二六年に出版された京劇の叢書『戯学彙考』[17]では、生について「各役柄の中で最も重要な地位を占め、演技術の幅が最も広く、学ぶのも難しい。その演技は演劇の基礎であり、科挙における国文にも等しいほど重要である」[18]と記され、やはり老生に大きく紙幅を割いている。また、本邦の波多野乾一も『支那劇と其名優』（一九二五年）で「老生は京劇の立役」であると紹介している[19]。京劇が現在の形に近い体裁を確立してから民国にかけて、その流派は世代の変遷とともに影響を与え合いながら細かく分化し、百花繚乱の体を示していた[20]。演技上の特徴として、『戯学彙考』ほか京劇の概説書にはいずれも歌唱、科白、しぐさの全てに高度な鍛錬を要すると記されるが、特に重視されるのは歌唱であり、流派の分化も主に歌唱技術の相違によるものである。

一方で、『支那劇と其名優』に「老生の唱は、膛音と稱し胸の中から出る聲で、清らかに和らかくあるのが理想的とされてゐる。即ち最自然的な發音であるべく、作り聲ではない」と記されているように、歌唱（科白とも）は地声で行われるため、俳優の肉体的条件に縛られにくい、むしろ個性を生かしやすい役柄であるともいえる。さらに、老生は扮する人物の年齢や身分はもとより、性格的にも幅広いバリエーションを備えている。[21]ゆえに、清末になって新作劇が盛んに作られるようになったとき、歴史上の風雲児にも大衆小説の侠客にも、さらには同時代の著名人物にも扮することができたのである。

こうした事情から、老生に関する記事は分量的に最も多く、かつバリエーションに富んでいる。当然、老生を専攻する者の数も多く、さらに上海の劇評家たちは南下する北京の俳優と地元上海の俳優の双方を言及対象としたため、超一流の名優から地元の二流役者まで、実にさまざまな人物に関する文章が残されている。

本論ではサンプルとして、清末から民国初期に北京で活躍した代表的な老生である譚鑫培に関する記事を取り上げることとしたい。「伶界大王」と称された譚は、京劇界における老生の躍進と演技の近代化を象徴する人物であり、その演技は以後あらゆる老生流派の基礎になったとされる。[22]北京を中心に活躍した俳優ではあるが、老生の演技に施したさまざまな改革が上海京劇の俳優たちに与えた影響は大きい。[23]

また、上海で活躍した多くの劇評家たちが北京京劇を「正宗」と見なしていたこともあり、生涯に六度の上海公演を行った譚[24]に関する記事は極めて多く、言及された演目も多岐にわたっている。

続く場面に老譚が登場した。「為国家」と唱う二黄原板は、造作無くさらりとこなし、一点の力も使っていない。一字一字みな短音を用い、まずは人を驚かせるような様子はない。（中略）次の句の「我也曽征過了塞北西東」の「西」の字は、ややふくらませて丹田を使って音を出している。「東」の字は非常に豊かな発声である。そのほかは淡々と唱っているようだが、実はそれぞれの文字の中で、聴き手があまり注意しない字でも、彼は一つ一つを生き生きと発音し、いささかもなおざりにしない。これがまさに、彼の一見平凡なようで驚嘆すべきところなのである。

——一存「叫天南来十日記」[25]（『民権素』第一二集、一九一五年一一月一五日）

これは楊家将故事劇の一つ『洪羊洞』[26]の冒頭部分に関して述べたもので、譚は楊六郎（楊延昭）に扮している。代表演目の一つであり、老生の演目としては歌唱、科白、しぐさ全てに高度な演技術が必要であるとされる。さて、この文章は『民権素』にて七期にわたって連載された中のごく一部分[27]であるが、当時最もよく見られたパターンを呈示している。最も特徴的なのは、歌唱の一字一句に関する微に入り細を穿つような注釈である。中国伝統劇の歌唱は、音韻学的規則にのっとって作り上げられているものであり、用いられる曲調やリズムの抑揚と合致しているか否かが最も肝要であるとされた。譚鑫培も前世代の歌唱技術を研究して自身のスタイルを確立し、後の規範と見なされたわけであるが、その『洪羊洞』の歌唱に関しては以下のような文章も残されている。

『洪羊洞』で「最可嘆焦孟将命喪番営」の句を唱うとき、「営」の字が落音なのを往々にして上声に唱う者がいるが[28]、譚は違う。「営」の字を、彼は極めて正確に発音する。音の響きはもの寂しくもやわらかで、抑揚も重々しく厳粛な様子から、名優の老練さがよく分かる。一字一句、繰り返し鍛錬を経ていないものはない。舞台に立ち、ひと節唱えば、人を動かすにおのずと十分である。

——洗公「譚鑫培」（劉豁公『戯劇大観』上海交通図書館、一九一八年所収）

譚の歌唱に対する批評には、「正確さ」、「老練さ」について言及したものが多い。特に音韻的な「正確さ」に拘泥する部分からは、先に述べた北京に対する「正宗」意識をはっきりと確認することができる。

さらに歌唱に関し、当時の典型的な表現方法で「論評」している文章を挙げてみたい。

老譚が登場し「孫仲謀与孤王結下仇寇」の四句を唱ったが、その端正さが全体にゆきわたり（【平正通達】）、落ち着いて恬淡であるさま（【沈静恬逸】）は、ほかの俳優とは非常に異なっている。諸葛瑾に対し「住口」の二字をいうときは、声も顔色もともに厳しく（【声色倶貼】）、限り無き憤激のありさまがその中にあらわれている（【流露其間】）。まさに不倶戴天の敵が現実にいるかのようである。「想当年結桃園共天発呪」の四句、「一旦間」の「間」の字、「死別分手」の「手」の字、いずれも音のゆらめくさまは風采もいきいきと（【神采奕奕】）、悲しみの風が四方から起こってくるかのようである。（死んだ）関（羽）と張（飛）のために慟哭する段での「我的好兄弟」の一句の、鬱々と深く愁うるさま（【幽愁抑郁】）、さめざめと悲しみにむせぶさま（【悲嘆蒼涼】）は、ほんとうにその肺腑から流れ出て来たかのようで、全く一文字に涙一滴、聴く者はみな悲しげな表情となる。西皮反二六で唱う二段で、老譚は感情を一気に高め（【一往情深】）、実際にこうした心境に至っているかのように見える。全ての歌詞がほんとうに嗚咽の中から生まれているようで、抑揚やめりはりを付けるところも厳格に（ことばを）連ね（【緊緊逼出】）、音韻の沈鬱になるところは、ことごとく「変徴」の音としている[29]。満座を大変に驚嘆させ、みな譚の泣くすがたの全てに感激した。

――玄郎「紀廿七夜老譚之『連営寨[30]』」（『申報』一九一二年一一月三〇日）

評者の玄郎は、先の周剣雲の文章で「おだやかに落ち着いた」と評された「健児」とは、前章で述べたとおり同一人物である。全般に美辞麗句の使用が比較的少ない方ではあるものの、それでも同時代の劇評に特徴的な四文字の常套句（【　】内の表現）が多用されている。

『新青年』誌上で新世代の知識人たちが伝統劇界の旧態依然たるさまを非難し、両者が対立したのは、こうした劇評が大量に書かれた一九一〇年代の終わり、一九一八年のことであった。現在、双方の見解に目を通してみると、それぞれ相手の文化的立場への理解を拒絶しており、歩み寄りの余地も無いほどの様相を呈している。結果、五四新文化運動に伴う文章の口語化が、こうした劇評の書き手に即座に影響を与えることはなかった。一九二〇年代以降の文章を見ても、伝統演劇にかかわった知識人層が口語文章運動と積極的に連動した痕跡は見られない。実際は、あくまで崑曲と較べた場合だが、京劇の言語自体、演目、行当、登場人物の身分などにもよるが、伝統的な演目[31]でも科白は比較的口語に近い。かつ歌辞も崑曲に較べると典拠が少なく、古典文学の高度な教養を要求されることも無いため、一般的な知的水準の受容者による理解はさほど困難ではなかったであろう。しかし、評語自体は上演言語とは全く無関係に、一部の評者を除いて長らく文語調で書かれ、一九三〇年代に入ってやっと口語が優勢になる[32]。

一九一〇年代時点では、当然まだ文語が優勢であった。そもそも文章の担い手自体、繰り返しになるが、鴛鴦蝴蝶派小説の作家であったり、伝統的教養を備えた趣味人であったりすることが多い。姓を省略した評者の署名形式からもそうした事情は容易に理解できる。これら全てに鑑みるに、こんにち我々が劇評から得られる演技に関する具体的な情報には、特定の言語表現の縛りによる限界がかなり存在することを考慮しなければならない。これは後述のしぐさや表情に関する批評文でも同じことだが、老生の演技に関しては、歌唱に対する批評言語がステレオタイプ化した結果、より具体的に描写される可能性のあった演技内容が、抽象化、単純化して表現されるという現象が起こりかねない。

こと本節で扱った歌唱については、規範化と硬直化はうらおもての関係にあった。批評の書き手は音韻学的素養を文中で披瀝することにより、自身の京劇に対する知識が本家北京と変わらない水準にあることを誇示し、批評内容に質的保証を与えようとしたのではないだろうか。

しかし、当時すでに上海京劇の本領が「視覚」に移っていた以上、上海の劇評家にとって、歌唱、すなわち「聴覚」への拘泥は、地元の演劇に対するポジティブな視線をおのずと妨げるものとなったことであろう。

四　「視覚」への意識

北方が観劇を「聴戯」と称するのに対し、上海では「看戯」と称することに関しては、かねてから盛んに言及されているため、その原因に関するおおよその共通認識は醸成されている。また、本書の各章でも折に触れて論じているため、ここでは詳しく述べない。一つだけ紹介すると、辛亥革命の起こった一九一一年、『海上梨園雑誌』において、「上海のような視覚重視の舞台であっても、北京人は聴覚的な点だけを論評するだろう」といった主旨の文章が書かれており、京劇の南下（一八六七年）後、半世紀を待たずして両地の差異が明確になっていたことが分かる。

ここであらためて、伝統劇評全般において、実際の上演に際して批評対象となる要素を挙げておきたい。

①歌唱　②科白　③しぐさ、表情　④立ち回り　⑤化粧、扮装

視覚的要素に限って述べると、③については、演技における歌唱の比重が低い花旦や丑などで言及の機会が多いと

考えられる。また④については武生、武旦などに限られよう。⑤の扮装については、単純に見栄えが優れているかどうか、扮する人物の気風に沿っているかどうかが評価基準となる。

再度老生への言及に限定した場合、圧倒的なウエイトを占めるのが①の歌唱であることは前述したが、周信芳に代表されるように、「做工老生」と呼ばれる科白やしぐさを演技の中心とする俳優も同時に存在していた。做工老生の演目では、老生であっても上記の③、⑤（まれに④も含まれる）が批評対象となる。上海では当時、京劇のルーツでもある安徽の徽戯がよく上演されており、その老生の演技が京劇に与えた影響は大きいとされるが、特に做工系の演目は多少手が加えられ京劇に定着したものが多数見られる。

この場合、老生の舞台といえども、観客はおのずと俳優の歌唱ではなく、表情を含めた身体的動作を主に鑑賞することとなり、同時に劇評にもそれが反映されると考えられる。歌唱に注目されることが多いが、譚鑫培には得意とした做工戯も幾つかあり、次のような評論が残っている。

（彼が）熟練している演目は非常に多く、四、五〇〇を下らない。そしてどれを演じても必ず人を驚かす技芸を披露してくれる。たとえば、『奇冤報』で毒に当たったとき机を飛び越えるが、ただひと押ししただけで越えてしまい、いつどこで力を入れたのかも分からないほどである。『売馬』で鐗を舞わせる場面、『瓊林宴』での靴を脱ぎ払う場面、『罵曹』での太鼓を打つ場面、『斬馬謖』で幔幕が挙がるときの台歩、『定軍山』で刀を舞わせる場面、『四郎探母』での一場面また一場面とたたみかけて演じるさま、さまざまな表現と配慮は、いずれも他の俳優が決して及びもつかないものである。

——馬二先生（馮叔鸞）「戯学講義　第四章　京戯名伶志」（『遊戯雑誌』第一一期、一九一四年）

馮叔鸞は上海における視覚重視の風潮に対して批判的な発言も行っているが、歌唱の一字一句を云々するだけの評者ではない。もっとも、この文章は譚の身体表現が優れていることを記したものだが、あくまで各演目のさわりに触れただけであり、聴覚より視覚をことさら重視しているものとはいえない。対して、先に引用した『申報』記事と同じ公演における譚の身体的表現については、もうすこし具体的な表現をしている文章が見られる。

趙雲が（譚の扮する劉備を）出迎え、関興、張苞に扶け起こされた時、椅子に横になり、両眼は朦朧として、白玉のような涙をにじませ、うめきながら張苞に「誰が来ておるのじゃ」と問う。焼け出された劉備の気持ちが乱れ、趙雲の声さえも聴いて分からない様子は、実にいい表せないほどすばらしい。

——玄郎「紀廿七夜老譚之『連営寨』」（『申報』一九一二年一一月三〇日）

（譚が）劉公道を打つとき、憤りが炎の中に燃えさかり、眉とひげをことごとく震わせて、みずからが実際にその心境に置かれているかのようで、しぐさも表情も絶品の域に至っている。

——無記名「紀廿三夜老譚之『法門寺』」（『申報』一九一二年一一月二五日）

馬を奪って逃げようとするところでは、手のしぐさが非常に敏捷である。

——曽言「譚鑫培之『連環套』麒麟童之『鉄蓮花』」（『申報』一九一二年一二月二日）

これらにおいては表情に関する記述が中心となり、鬚、涙などかなり細かい部分まで描写されているように見える。しかし、あくまでストーリーの断片を念頭に置きながらの発言であり、評者の個人的な観察能力までは判別しづらい。かつ、締めくくりには全て「神妙不可言」といった常套句が添えられている。

参考のため、譚と共演した最後の世代である周信芳が一九二八年『梨園公報』に発表した文章を挙げて比較してみたい。これは先に引用した玄郎による『連営寨』の比評で取り上げられた部分と近接した場面に関する描写である。

関興と張苞が左右から劉備を扶け起こす。（劉備に扮する）老譚は火と煙に襲われて昏倒し気を失ったさまを演じている。関興と張苞が一緒に「皇伯さま馬にお乗り下さい」というと、劉備は目覚めるしぐさをし、心中急いでこの場から逃げていきたいという態度を見せ、左手を張苞の手に乗せ、右手で馬をさぐる。そこでさぐりきれないというしぐさをし、眼がいぶされていて馬が見えないのだということを表現する。（中略）（馬に乗った）その姿勢は実に飄逸で、見た目もよく、場面にもふさわしいものである。

——士楚（周信芳の筆名）「談譚劇」（『梨園公報』一九二八年九月）

この文章は厳密に述べると批評ではなく、一種の回顧文であるが、譚の演技の優れた点を例示している部分であり、書き手自身の価値判断による是非が示されている。また周信芳は同じ俳優として経験にのっとった見解を述べており、そのスタンスが劇評家とは異なる点にも注意しておきたい。

基本的に彼の文章は口語で書かれているが、それが表現の粗密に大きな影響を与えていることは明白である。『申報』の評者の視線は顔の部品のような小さな部分に届いてはいたが、読み手に与える情報量は、周信芳の文章が表現した肉体の具体性には遠く及ばなかったのである。

結局のところ、我々は一九一〇年代の「劇評」の「ことば」からは何を見出すことができるのだろうか。文語の「しばり」、特に成語表現による形容の呪縛から逃れられなかった一群の文章は、しょせん「読み物」としての枠から脱しきることはできなかった。冒頭に挙げた周剣雲の言に立ち返れば、一部を除き、社会的、教育的に強い影響力を持った文章ばかりが世に問われていたとは考えづらい。口語が批評用語として優れていると安易に判断することはできないが、文語表現の工夫に限界があったことは認めざるを得ないだろう。

しかし、質的には不十分であっても、「書き記す」場を確保した劇評家たちは、膨大な量の文章を残した。こうした文章の持つ「記録」としての意義——当時の演劇界のいかなる側面をあぶり出し、活動の軌跡を伝播する役割を持つに至ったかということについては、再評価の余地がある。本章では譚鑫培への言及にとどまったが、他の老生に関する文章と比較対照することで、同一演目における演技の変遷、俳優ごとの差異化をトレースすることが可能となろう。特にこの一九一〇年代は京劇確立期の最後の世代が死去し、現在行われている演技に直接繋がる世代が登場する時期であることを明記しておきたい。

最後に、上海という都市環境が舞台にもたらした視覚への過剰な傾倒は、老生より外面を重視した旦の台頭に、その明白な姿勢を見出すことができる。譚の衣鉢を継承することを目指した結果、さまざまな老生の流派が花開いた北京とは異なり、上海は做工戯に長じた周信芳を除き、老生として大成した俳優はほとんどあらわれなかった。これは上海において聴覚的要素がさほど尊ばれなくなったことを物語っている。これに対して、同じく流派形成には至らなかったものの、一九一〇年代の上海京劇には個性的な旦の俳優が輩出し、彼らが梅蘭芳に影響を与えたこと(33)はよく知られている。本書第一部(下)において、馮子和を中心に旦に関する記事に着目、分析を行っているが、これにより上海の劇評が視覚へ傾斜していたさまも、同時に描き出せたものと考えている。

【注】

（1）不詳。清末であれば王国維の『曲録』（一九〇九年）を指すか。もしくは劇評の題としてよく用いられた「××曲話」の類を総称している可能性もある。
（2）馮叔鸞著、本書第二部第一章「民国初期上海における伝統劇評」参照。
（3）前章で引用の何海鳴「求幸福斎劇談」（『民権素』第一集、一九一四年四月）においても冒頭にその名が置かれている。
（4）原文「鄶自以下」。『詩経』の「鄶風」以下を季札が軽視して評論しなかった故事による。
（5）馮叔鸞や劉豁公などの名は、当時の票友（素人俳優）グループの中に見られる。
（6）注（3）「求幸福斎劇談」参照。
（7）『飛艇報』は未見のため詳細不明、上海図書館近代文献部に一九一三年一月一九日刊行分のみ所蔵。袁世凱により停刊させられた。
（8）媒体の発行形態は異なっていても、編集者などが同一の文化集団に属しているケースがある。また、こうした劇談、劇話の類は同時期に異なる媒体に掲載されるケースもあった。
（9）両方とも民権出版社発行。特に後者は鴛鴦蝴蝶派の牙城として知られている。
（10）主編は宋教仁だが、南社の同人も編集にかかわっている。
（11）「閑閑斎劇譚」が一一四期にわたって連載されており、周信芳の早期の劇評など貴重な記事が多い。
（12）拙論「柳亜子と演劇」（『季刊中国』五八号、一九九九年）、本書第一部(下)第三章「柳亜子と『春航集』」参照。

(13) 実際に目睹していないものも多いため紙名の紹介にとどめるが、新聞については、一九一〇年代中頃になると、「小報」と総称される小規模な新聞が多数出版され、演劇関係記事の書き手もそうした媒体に集中するようになる。編集母胎はさまざまで、『戯世界』（一九一四～？）のような「遊芸小報」、『新舞台日報』（郁慕俠主編、上海新舞台出版、一九一七～？）のような「劇場小報」、『大世界』（海上漱石生ほか編、一九一七年～？）、『先施楽園日報』（周痩鵑ほか編、一九一八～一九二七年）のような「遊楽場小報」などに分類される。これらの多くは主として娯楽に供するための文章を掲載していると考えられる。

(14) 『滬江月』（一九一八年）という雑誌には、執筆者の投稿が遅れたため情報が古くなっている旨の断り書きが見える。

(15) 『遊戯雑誌』（同社編、月刊、全一六期、上海中華図書館、一九一三～一四年）、『繁華雑誌』（海上漱石主編、月刊、全六期、上海錦章図書局、一九一四年）、『民権素』（蒋箸超編、月刊、同社刊、一九一四～一六年）、『双星雑誌』（月刊、同社刊、一九一五年）、『文星雑誌』（倪義抱編、月刊、上海国学昌明社、一九一五～一六年）、『春雨梨花館叢刊』（楊塵因編、叢刊、上海民権出版社、一九一七年）などには、冒頭に引用した周剣雲の文章に登場する名前を含め、多くの書き手が演劇関連文章を発表している。純粋な俳優の演技評価も多いが、同時に用語解説、回顧録、伝記、新作脚本の発表、あるいは再録、詩詞といった批評性の稀薄なものも多量に掲載されている。特に回顧録、伝記の類では舞台の内外でのエピソードが併記されており、情報の新旧に混乱が見られる。なお、数は少ないが、『図画劇報』（日刊、一九一二～一七年）、『俳優雑誌』（馮叔鸞編、半月刊、上海文匯図書局、一九一四年）のような演劇専門誌もある。

(16) いずれも劇評家として名の挙がることの多い人物の著書であり、上記新聞や雑誌に掲載されたものが中心だが、書き下ろしも含まれるようである。『嘯虹軒劇談』、『慕俠叢纂』（郁慕俠著、上海通俗研究所、一九一四年）、『菊部叢刊』、『春航集』などが挙げられる。

(17) 許志豪、凌善清編、上海大東書局、全一〇冊。

(18) 同書第二章「生角部」参照。

(19) 新作社、一九二五年三月。同書第一章「老生」参照。

(20) 譚鑫培より早い、もしくは近い世代として、程長庚、孫菊仙、余三勝などが挙げられ、その演技は「流派」を形成していると見なされていた。

(21) 地位的には皇帝から庶民まで、性格的には『三国演義』の諸葛亮のように知的で洒脱な人物から『清風亭』の張元秀のように頑固で気性の激しい老人まで、さまざまな人物に扮する。もっとも、流派によって演目および扮する人物像にある種の傾向は見られる。

(22) 余叔岩の「余派」、馬連良の「馬派」などは譚派から出て独自の流派を打ち立てたが、譚の後継者を名のりつつ流派の樹立に至らなかった俳優も多数存在した。

(23) 周信芳（麒麟童）の「麒派」さえも、譚派の傍流であるという認識が上海の一部にはあった。

(24) 羅亮生著「譚鑫培六到上海」（中国戯曲志上海巻編輯部『上海戯曲史料薈萃第一集』、内部発行、一九八五年所収）参照。

(25) 本来、「叫天」は譚鑫培の父・志道の綽名。譚鑫培は「小叫天」と呼ばれ、父の呼び名を受け継いだ格好になる。

(26) 父・楊継業の遺骨を楊六郎が部下に命じて洪羊洞まで収拾に行かせるが、誤解により部下同士が洞内で死んでしまう。その知らせを受けた六郎は衝撃から病を得、死に至る。

(27) 同誌第一一～一七期にかけて連載。

(28) いずれも中国漢字音の声調に関する用語。高低を示す。

(29) 旧時、音階を構成する「七音」の一つ。

(30) 義兄弟の関羽と張飛を呉の謀略で亡くした劉備が、諸葛亮の諫めをきかず出陣、火攻めの計にあって敗走する。

(31) 一八四〇年から六〇年までに常演演目として固定化したものとする。

(32) 一九二〇年代末創刊の劉豁公編『戯劇月刊』などを見ると、純然たる文語文の文章の比率は一九一〇年代の半分以下となる。

(33) 本書第一部(下)第一章「海上名旦・馮子和論序説」参照。

第三章　「海派」資料から見る民国初期伝統劇の諸相
――「海派」意識と「京派」へのまなざし

一　上海における京劇の受容

アヘン戦争後の開港によって、上海は近代都市として急激な発展を遂げ、それに伴う人口の流入で娯楽に対する要求も質的、量的に変化した。以下、序論で述べたことを多少補足しながら再述するが、演劇に目を向けてみると、まず同じ呉方言圏に属する蘇州で盛んに行われた崑劇（崑曲）であるが、廟会などの巡回公演や会館での上演はあったものの、上海で専門の劇場を持ち、大衆の娯楽に供されるようになるのは咸豊年間とされる。(1)また、ほかの規模の大きい劇種としては、揚州を経由して入ってきた徽戯がかなりの頻度で上演され、崑劇に取って替わっていった。(2)于質彬『南北皮黄戯史述』には、この辺りの経緯が詳細に論じられているが、(3)後日、この徽戯は南下してきた京劇、つまり自身が母胎となった新興の劇種と再度合流する。北方由来の梆子戯も同じように京劇に採り入れられていく。一方、所作を伴った演劇としての体裁をとるのはさらに先のことであるが、「花鼓」「灘簧」と総称される土着の節回しに乗せた説唱芸能が、時に禁演に遭いつつも盛んに上演されていた。(4)それらの後身は、発祥地の名称を付けて「蘇灘」、「本灘」(5)などと呼ばれ、一九三〇年代以降になると、衰落していた崑劇はおろか、京劇に迫るほどの勢力を持つ有力な劇種となり、上海は中国演劇の一大拠点となるのである。

さて、中国において京劇の上海南下は、従来より同治六年（一八六七年）の宝善街（現在の広東路）における満庭芳開業という、固定した京劇上演専門劇場の登場をもってその嚆矢とする論が大勢を占め、通説化している[6]。この満庭芳開業以降、茶園形式の上演場所が陸続と登場して上演が盛んに行われるが、二〇世紀に入り、一九〇八年には額縁舞台の新舞台が開業する。これにより、京劇の大規模公演が本格的に開始される。

ここで、清朝最晩年に著された慕優生『海上梨園雑誌』巻七「歌台誌」巻頭の「滬上梨園之歴史」と題された文章から一部を引用する。

> 滬上の戯園はおよそ三度の変化を経ている。初めは崑曲を唱い、次に皮黄を唱い、最近はもっぱら京調を尊び、燕台の鳳雛たちの名声が江南中に響き渡っている。

「皮黄」と記されているのは徽戯のことであり、「京調」は当然京劇のことであろう。ここで、「京調」が唱われるのが「最近」のこととして認識されている点に注目したい。すでに先行の諸研究で詳細に論じられていることだが、先述のように徽戯と合流した上海の京劇は、北京から移植された当初の形から大幅に変質し、西洋演劇の要素も採り入れつつ新興都市におけるローカル文化として独自の発展を遂げていった。ところが、ここに書かれている「京調」とは、将来的に「海派」京劇と名付けられるものとは異なるようで、「燕台」という語から分かるように、北京の俳優を指していると思われる。実際に歴史を遡ってみると、満庭芳以降に開業したいずれの舞台においても北方俳優の客演が中心であったことは、『申報』の記事からもうかがい知れる[7]。繰り返しになるが、その一部が上海に土着した結果、ローカルな俳優や戯班があらためて生み出されたことは事実だが、その後も上海には絶えず北京（あるいは天津）を活動拠点とする俳優が招聘され、客演が行われ続けた。つまり、少なくともある時期からは二種類の京劇が併存していたことになる。後日、この二者の間には一種の対峙関係が生じるが、各々相手をどのように意識し、バランスを保って共存してきたのか。本章では、主に一九一〇年代から二〇年代の上海で発表されたさまざまな言説を用い、変化を生じた後の上海京劇が「正宗」北京京劇に向けるまなざしを分析することで、民国初期上海で上演されていた京劇の諸相、つまりは、京派・海派京劇双方の上演と交流の状況を明らかにすることを目的とする。

二　「京朝」へのまなざし――「海派」、「京派」意識の形成

清末から民国初期上海の京劇関連資料と「海派」という語の登場

民国期上海京劇を専門に扱った通史的文献は、一九九九年に出版された『上海京劇志』(8)の刊行以降、研究者個人の専著が少しずつ登場するようになったが、それまでは、『中国京劇史』（一九九〇年初版、一九九九年改版）において一定数の紙幅が割かれているに過ぎなかった(9)。上掲の『南北皮黄戯史述』は上海京劇の成立過程に言及しているが、京劇が上海に入る前後の時期に関しては、満庭芳開業の一件をとっても、開業広告の掲載先として有望な『申報』の創刊がそれより遅れるため、同時代の消息を知るための資料は望めない。代わりに晩清から民国初期にかけて、先述の『海上梨園雑誌』ほか、単行本、新聞雑誌などの活字媒体上海演劇界の変遷を回顧、追跡したものが基礎資料としては古い部類に入る。以下、上海で出版されたものに焦点を当て、主なものを挙げてみたい。

清末から民国初期にかけて、「評劇家」「顧曲家」と称されるいわゆる演劇愛好者たちが新聞や雑誌上で活発な発言

をするようになるが、これらを集大成したものが一九一〇年代以降単行本として発行されるようになる。若水狂生『海上梨園新歴史』（上海鴻文書局、一九一〇年）、先の『海上梨園雑誌』など宣統期にはすでにかなりボリュームのある著作が登場している。辛亥革命以降は馮叔鸞『嘯虹軒劇談』、宗天風『若夢廬劇談』（泰東図書局、一九一五）、楊塵因『春雨梨花館叢刊』、劉豁公『戯劇大観』、周剣雲『菊部叢刊』などが代表的なものとして挙げられるが、中でも『菊部叢刊』は同時代のさまざまな演劇人の言論と同時に、姚民哀「南北梨園略史」など現在も引用されることの多い文章が収録されている。また、新聞や雑誌掲載記事の中には、上海演劇界の動向を一〇年から三〇年単位で回顧したものも多く見受けられ、漱石「三十年来上海梨園聞見録」（『繁華雑誌』第六期、一九一四年）、顔五「近十年上海梨園変遷史」（『遊戯世界』第六～八期、一九二一～二二年）、寿石「上海梨園之沿革」（『戯雑誌』第八期、一九二三年）など枚挙にいとまがない(10)。

これらの文献には、京劇（京腔、京調、京戯）のみならず、崑、徽、梆子など先行する劇種の上海における活動史、さらには「新戯」、つまり文明戯に関する記述が大量に混入しているのは前述のとおりである。また、もっぱら地元上海の京劇界に言及する場合は、一部題名にも用いられているように「海上」、「滬上」と冠し、北京のそれとは区別がなされていた。後述するが、地元の演劇界に見られる種々の試みに肯定的な視線を投げかけるもの、具体的な歴史事実のみを記すもの、急速な変革に批判的な論調のものと作者によってスタンスはさまざまで、また時期によっても幾分ニュアンスに違いが見られる。ただ、いずれの文章にせよ、上海で行われている京劇がすでに北京とは性質を異にしているという認識は共通している。

上海の京劇が北京とは別個のものとして扱われるにあたり、注目すべき要素が三つある。一つは上述の上演場所の確立、続いて俳優の定着、そしてオリジナル演目の創出である。上演場所、すなわち劇場については上述の満庭芳のような茶園系統の場所から始まり、遊楽場の一角、そして新舞台のような独立した専門劇場へと変遷していく。俳優については、諸事情で北京を離れざるを得なかった者が上海に流れ着いたとされるが[11]、辛亥革命前夜になると、社会啓蒙性の強い演目を創作した夏氏兄弟や馮子和など、俳優としても劇作者としてもレベルの高い一群が上海を本拠地に活動し始める。この夏、馮らをはじめ[12]、南下した京劇俳優の子弟も多く見受けられるが、定着地の観客の需要にあわせて上演内容を変化させていく柔軟さは注目に値する。また、もとは旗人官僚であったといわれる票友出身の汪笑儂の登場と活躍は、上海京劇界における老生の一つの流れを形作ったといっても過言ではない。さらに京・徽合流の具体例として、王鴻寿のような徽戯出身の俳優が京劇の舞台で活躍し、後進に大きな影響を与えたことは海派京劇形成にあたって決定的なできごとであった[13]。後に、海派京劇を代表する老生となる周信芳の常演演目のうち、『徐策跑城』、『趙五娘』などが三麻子から伝授された徽戯由来の演目であることも先に述べたとおりである。その他の演目についても、特に新舞台に集った俳優らが作り上げた外国の故事や時事問題に取材した『新茶花』、『血手印』といった劇は非常な人気を博し、新作劇の制作上演は上海京劇の一つのアイデンティティーとなった。

さて、こうした上海京劇の特徴を認識する作業は、視点を変えれば北京京劇の「正統性」を再確認することにも通じる。それらの特徴を概括することばとして、こんにちでは「京派」、「海派」という「対立する」タームが用いられるが、これらの語の文献上での初出時期を特定することは現在も困難だとされている[14]。ただし、一般に、文芸・芸術一般に用いられる「海派」という語そのものの由来が解説される場合、もともとは上海京劇を指したものであるとするケースが多い[15]。また、近年中国で大量に出版されている民国上海史関係の書籍において、この語の発生を一九二〇年頃としているものも見受けられる[16]。管見の及ぶ限り、一九一八年刊行の『菊部叢刊』中に、「上海」の演劇の意味で「海派」という語が用いられている。また、両者の区別意識が熟してくる一九二〇年代半ばになると、「海派」

の語があたかも「京（朝）派」と比して論じるため、副次的に生じたかのような記述がなされている文章も登場するが、『菊部叢刊』の用例を見て判断する限り、北京の「正宗」であるものとは異なるという意味で、あえて別の呼び名を付けたと見なすべきかと思われる。一方で、「南北舞台」、「南北伶界」という表現は多用され、「南」、「南方」という表現をもって上海を南方全般で行われている京劇の代表として論じたり、ひいては上海京劇そのものを指したりすることが多い[17]。

ここで現代中国における「海派」という語の帯びるニュアンス、およびその使用状況に関して少し触れておきたい。『中国京劇史』上巻において、上海京劇は「南派」[18]京劇と称されている。この名称については、楊常徳が「説南派、説海派」[19]にて「南派」とは清末から江南一体で行われていた京・徽合演の演劇であり、「海派」とは両者が融合した後、上海を根拠地として発展していった末に生まれたものを指すとの見解を述べている。上海京劇のアイデンティティーを「非規範化」、「脱伝統」などに求めた場合、こうしたカテゴライズは有効であるが、楊氏自身が述べているように、従来「海派」というのは、程度の差こそあれ、品格に欠けるとされた上海京劇を軽視する呼称であった。『中国京劇史』における「南派」という表現はこうした経緯を踏まえたものと思われるが、近年ネガティブなイメージは払拭され、特に一九九〇年代に入るとあえて斬新な試みの代名詞として「海派」を題名に冠する作品が、京劇、さらには崑劇にも登場した[20]。

「京派」へのまなざし

前掲の文献群は、上海京劇への目配りが比較的きいているものであるが、実際は伝統劇プロパーを自称する一群の人々のまなざしは、大部分が北京の「正統的」京劇に向けられている。たとえば、『申報』など上海の新聞には、地元舞台の上演広告こそ大々的に掲載されるものの、劇評欄で取り上げられる公演の多くは北京の俳優が客演しているものであった。これは一九二〇年代から増加してきた演劇専門誌においても同様で、質量ともに北京の出版状況をしのぎながら、地元俳優の公演の盛況ぶりに比して、情報が十分にカバーされていたとはいい難い。また、上海ご当地の劇評家でさえも北京正統論に迎合し、地元の俳優にはあまり注目しない傾向も見られた。ここに、当時の京劇愛好層の文化的座標を見出すことができるが、具体的に彼らは北京、上海双方の京劇について、いかなる認識を持っていたのであろうか。以下、さまざまなスタンスの発言を追っていく。

本書で繰り返し紹介してきたように、『申報』には多量の演劇記事が掲載されているが、中でも同時代の京劇界を総覧した一例として、署名「瀛仙」の「～之正宗」（一九一二年八月、「～」部分には行当名が入る）[21]という連載に注目してみたい。これらの文中には「南北舞台」という表現が用いられ、北京、上海の両京劇界をはっきりと区分しており、かつ正旦に関する記述一つとっても、「以青衣旦而負誉最久者、南北各得一人而已（青衣の俳優で、最も長きにわたって褒め称えられているのは、南北各々一人ずつのみである）[22]」と両地の俳優のレベルを同格に論じている。ここから、民国初期には上海京劇界の人材が質量ともに充実した段階に入っていたことがうかがわれると同時に、この論者が北京が上海より絶対的に優位にあるという観念に縛られていなかったことが分かる。ただ、『申報』の遊芸欄などにおいて、地元の京劇に注目した記事が集中して書かれるのはこの時期に限定されており、その後はしばらく北京の著名俳優の客演記事に紙幅が割かれる。再度、地元舞台への言及が増えるのは、周信芳らが円熟期に入る一九二〇年代末から三〇年代以降となる。

一方、前節で挙げた著作の中では、これまで何度か言及した馮叔鸞の『嘯虹軒劇談』が、北京と上海の演劇界の相違についてかなりの紙幅を割いて論じている。馮叔鸞は伝統演劇に対し当時としてはかなり先進的な見解の持ち主であったが、[23] この著作においては俳優、観客を問わず、上海演劇界独自の諸傾向への批判が大半を占める。

上海演劇界の流行病とは何か。すなわち、芝居の精神の研究に打ち込むことなく、もっぱら上っ面をなぞることを好み、一時センセーションを巻き起こすだけというところにある。ゆえに、舞台を営業する側も、仰々しく大げさにするきらいがある。名優の価値は全て広告頼みで、「万金で招聘した」といわねば「特に使いを立てておいで願った」などというありさま、万事が謝礼の多さであらわされてしまう。また「世界第一」といわねば「この世に二人といない」といって、その技芸の優れていることを誇る。

――『嘯虹軒劇談』「滬上戯界之流行」

北方出身者である馮叔鸞が、発展途上にある上海京劇に批判的なまなざしを向けたのは、ある意味当然のことであろう。もっとも、彼は上海で育ちつつある異質の京劇に対し、正統論的立場から厳しい批判を加える一方で、一部の文章中からはその行く末を注意深く見つめていこうとする態度も見受けられる。たとえば、同書における「上海聴戯者之程度進歩矣」には、以下のような記述が見られる。

かつて、芝居を「聴く」ということに関して最も劣るのが上海人であった。（中略）（北方の）名優たちが続々と南方公演を行い、票房も相次いで成立し、芝居を研究する人も増えたので、芝居を「聴く」水準もおのずと高くなったのである。

もっとも、ここで北京と上海の観劇態度における最も大きな相違点、すなわち聴戯と看戯の対立という普遍的概念[24]が表現され、前者が重要視されていることから分かるように、馮叔鸞の見解には上海の京劇界に「北京化」を求める側面もあった。

この馮叔鸞の発言は当時かなり尊重されたようで[25]、上海の劇評家らがその見解に影響を受けた可能性はある。とはいえ、非北方出身の劇評家や演劇愛好者たちが、こぞって「京派」京劇に跪いたのはいったいなぜなのか。北方を正統と見なすからには、それなりの観劇体験を踏まえた上での発言が期待されるが、彼らの北京京劇情報ソースは一体どこに求められるのか。これについては、同じく馮叔鸞が『菊部叢刊』所収の「嘯虹軒劇話」（署名は馬二先生）にて、以下のように述べている部分を参照に考えてみたい。

北京の顧曲家（演劇愛好者）で、上海まで来ないものがあろうか。また北京の劇場において、南方の顧曲家がその中に混じっているのを見かけないことがあろうか。これも交通が便利になったがゆえであり、北京と上海で芝居を「聴く」者のレベルにはますます差が無くなってきたのである。

先に挙げた自著『嘯虹軒劇談』の内容に連なる記述だが、南方の演劇界が北方を見習い、そのレベルに追いつくべきだという彼の持論からすると、上海の演劇愛好者たちが北方俳優の地元での公演を待つだけではなく、このようにわざわざ北京まで出向いて観劇し、「正統な」京劇に多く触れることこそ、上海演劇界のレベル向上に必要な行為にほかならないのである。これに類似した発言は他の人物の文章にもあり[26]、また新聞の文芸欄や演劇専門誌に北京での観劇記が掲載される[27]ことをもって、この事実を補足することができよう。

一方、『菊部叢刊』と同年に出版された劉豁公編『戯劇大観』において、非北方出身者である周剣雲[28]は以下のように述べている。

北京は我が国の首都であり、また演劇発祥の地である。人材が豊富であること、故実に通じていること、俳優の数の多いこと、おのずと外省の比ではない。劇中の詩句は行商人や小役人でも耳によく馴染んでいるし、劇の由来は女子供でもよく理解している。見当違いなことをいったり是非を取り違えたりする南方人の笑うべきさまとは、実に異なっている。

——「剣気凌雲廬劇談」（『戯劇大観』粉墨陽秋）

この発言は比較的極端な部類に入るが、活動拠点は上海にありながら、この時点では周の北京に対する正統派意識がかなり強固なものであることが見てとれる。また、こうした意識をより鮮明に表現しているものとして、北方俳優の客演という具体的事例と、それに対するコメントを見てみたい。まず上海で最も馴染みの深い北方の俳優として、筆頭に挙げるべきは譚鑫培であろう。後年、一九二九年二月より『梨園公報』に掲載された孫玉声「海上百名伶伝」の巻頭を飾るのが譚鑫培であることは、上海の京劇愛好者の意識を象徴的に示すものだといえよう。

幼年期に梨園に入り、初めは武生で頭角をあらわしたが、後に老生に転向した。程長庚に私淑し、さらに余三勝をも学び、（俳優として）最高峰を極め、演劇界を牛耳った。その唱は韻に優れ、枯淡にして真摯、奇、正を相生じ[29]、漢魏六朝の文を読むかのごとく、自然にたちあらわれ、古風にして峻厳、まさに千古の絶唱であり、余人の及ぶところではない。『打棍出箱』に至っては、（この劇で彼に敵うものは）世界で一人もいない。都の人々は彼を敬って「菊部尚書」と呼んでいる。

――『海上梨園雑誌』巻二「名伶列伝　小叫天」

先に述べたように、晩清に刊行された『海上梨園雑誌』に掲載されたこの文章は、評語も紋切り型で、かつ表現も非常に大仰であるが、譚鑫培に関する称賛の語でこれに類するものはほかにも多い。後に周信芳は、『梨園公報』誌上で京劇愛好者の譚への盲従ぶりに非難の弁を浴びせ、その革新性に注目せよと述べているが[30]、上海では当時から譚を一流の北京正宗京劇の手本として信仰し続けていたといっても過言ではない。

また、譚と入れ替わるようにして、梅蘭芳が北京京劇界を体現した存在と見なされるようになるが、梅についても『戯劇大観』所収の半狂「近日申濱名旦観」に記された「梅蘭芳の二度の南下後、上海人の眼光レベルはために高くなった」という一節をはじめ、陶酔に近い評語が紙上を賑わすことになる。

ここで、北京京劇界の俳優自身が民国期上海京劇について語ったものとして、梅蘭芳その人の言を紹介しておく。もっとも、同時代の発言は望むべくもなく、人民共和国建国後のものになるのはやむを得ないが、彼は『舞台生活四十年』の中で、「二度の上海公演を経て、芝居の前途は観客と時代の要請にしたがって変化していくものだということを深く悟った」と述べているのである[31]。梅蘭芳が上海俳優の化粧を採り入れ、新作劇に触発されて自身も創作劇や改編ものを演じたことは本書でも一部触れてきたが、上記発言とあわせて考えるに、彼が上海の持つ「新しさ」から受けた鮮烈な衝撃を柔軟に受けとめ、消化吸収しようとしたことは明白であろう。京劇専門家を自負する人々と、実際の舞台にかかわる俳優の見解とが異なる例として、非常に興味深い事実である。

三　「京派」、「海派」の対立と接点

差異の拡大——一九二〇年代の「京派」、「海派」意識

さて、ここであらためて上海演劇界の「京派」、「海派」への意識区分に立ち戻ってみたい。先にも少し触れたが、一九二〇年代中頃には「京派」、「海派」の区分がより明確に意識されている。これについて、まずは一九二五年二月の『申報』に掲載された、署名「菊屛」の連作を見ていくことにしたい。

まず、「滬上京劇之三派（一）（二）」（二月二三～二四日）において、菊屛は「庚子（一九〇〇年）以降、京劇は三派に分かれた」として、それぞれ「京劇正宗（譚鑫培、孫菊仙）」、「新劇派（潘月樵、夏月珊）」、「南班旧劇派（徽戯）」と名付けている。この文章中で、彼は晩年の孫菊仙および「新劇派」を「海派の影響を受けている」と見なし、特に「新劇派」にその傾向が強いとしている。ただし、この「新劇派」はイコール「海派」ではなく、「海派」そのものへの言及は、序論でも引用した同月二八日の「海派之京劇」にて展開されることになる。この文章中で、彼は北京の京劇を単に「正宗」とだけ記し、海派は「装飾的な技術をもって本来の技量を覆い隠し、一つも取るべきところのない邪道であり、道教の異端と同じである」と断定している。さらに、音楽や立ち回りについて海派と「正宗」とは基本的に同一であると前置きしつつ、海派を以下のように評している。

歌唱について、正宗は正しいメロディーを尊びリズムを重んじるが、海派はもっぱら花腔（装飾的な節回し）を

多用する。耳に心地よく聞こえるか、節回しが乱れているかどうかなどは考えていないのである。また武技に関しても、正宗では型を尊び技術を重んじるが、海派はもっぱら素早い動きで人を欺き、舞台上を何回か余分にまわったり、得物を何度か余分にひらめかせたりしてこと足れりとしている。また、服装に目を移しても、正宗では靴一つ帯一つの微細なところにもみな決まりがあるのに、海派では全身模様だらけの上、ライトでそれを照らすので、実に奇妙な様子なのだが、彼らはそれを気にする様子は無いのだ。

「正宗」京派京劇を規範に忠実なもの、海派京劇を伝統を破壊するものと見なすこの文章の見解は、比較的硬直した、ステレオタイプなものに属するが、こうした考え方がたやすく勢力を失うことは無かった。菊屛の文章にやや遅れる一九二八年、本書にてすでに紹介しているが、『戯劇月刊』の第一巻第三期に掲載の徐筱汀「京派新戯和海派新戯的分析」を見る限り、民国京劇史上一つのピークともいえるこの時期において、上述のような意見がまだ根強いことをうかがわせるものである。

上海人は皮黄（ここでは京劇）の発音に関しては、もとより北方語に通じていないため、おのずと明瞭に発音することができなかった。そこでお調子者の俳優が隙を見て呉語を混ぜたところ、これによって観客は（劇を）理解しやすくなったが、皮黄における諸規範は次第に疎かにされていった。（中略）対して北京では皮黄に関する常識の豊かな民衆の監視下、旧来の演技が正しく踏襲されたため、非常な評判となった。ために好事家たちは極端に北京の芝居を崇拝し、皮黄の正統と見なして「京派」と呼び、上海の芝居を「海派」と呼んで添え物的に扱ったのである。これが、京劇が「京派」と「海派」とに分裂し、対峙するようになったおおもとの理由なのである。

一九二七年周信芳・馬連良共演

では、対立関係を残したまま「京派」と「海派」の二つの京劇は全く相容れないものとして全く別個に存在していたのだろうか。その具体的様相を示す一つの例として、馬連良と周信芳の一九二七年における共演について述べてみたい。

まず、同じ老生としての両者の評価を見ていく。こんにちでこそ対等の扱いを受けている両者だが[32]、「京派」重視の時期であれば、老生として致命的な声質であった周信芳と、富連成で養成され、早くから譚鑫培の有力な後継者の一人として嘱望されていた馬連良では、おのずと注目の度合いが異なっていたことは想像に難くない。

その上で、実際に両者の扱いがいかなるものであったのか、共演を企画した天蟾舞台が『申報』に出した上演広告の一つに注目したい。ここでは北方から来る馬連良と、地元でそれを迎える周信芳の名前は同じ大きさの活字で印刷され、両者が同格に扱われていることが分かる。かつ、序列が二番手以降となる上海側の俳優（劉漢臣、王芸芳ら）の名前の活字も同じ大きさである。所属俳優への配慮も当然あったであろうが、馬連良のみを客寄せの目玉にしたわけではなかったということになる。また、馬、周両者に付けられた宣伝は、以下のようなものであった。

馬　「重金敦聘全球歓迎譚派正宗泰斗鬚生」（大金にて鄭重に招聘す　全世界が歓迎する　譚派の正宗　泰斗たる老生）

周　「特聘南北聞名編導専家文武倣工老生」（特別に招聘す　南北に名の聞こえた　演出の専門家にして　文武に秀でた倣工老生）

――（『申報』一九二七年二月七日）

かつて馮叔鸞が嫌った上海京劇界の「病」――広告における過剰な煽り文句は健在で、それどころかさらに派手になったようである。さて、この煽り文句を見ていくと、馬連良では「譚派鬚生」、周信芳では「編導専家」という四字に、それぞれが本拠地とする地域の京劇の特徴が表現されているといってよい。繰り返し述べてきたように、上海人にとって「譚派」とは長年憧憬を抱いた本場北京の京劇を代表するものであった。対する周信芳は、伝統演目を演じる一方、民国初期から新作劇の多様さとその質にアイデンティティを求めてきた、上海京劇の看板を背負うに恥じない人物であった。では、この一見相容れない両者はどのような舞台作りを行ったのか。

『申報』にはこの馬・麒共演を受け、幾つかの劇評が掲載されているが、残念ながら十分な量とはいえない。ただ、「馬連良之臨別紀念小戯」（四月八日、署名「成」）という文章を読む限り、文字のほとんどが馬連良の演技への賛辞に費やされつつも、共演者の周信芳に触れ、「上海の俳優としては稀にみる実力の持ち主」という評価も見え、この組み合わせによる舞台の成功をうかがわせる。

本邦の波多野乾一が『支那劇と其名優』中で、二人をともに「做白を主とする」俳優と紹介しているように[33]、両者は老生として共通点を持っていた。また、中国においても、両者を南北老生中の改革派として同列に論じるケースが見られる。たとえば、一九九六年に出版された『馬連良腔唱選集』前言には、以下のような記述がある。

晩清より、京劇団が上海に入っていったが、流行や環境、および現地の徽戯、梆子戯、さらには外来の芸能の影響により、地域的な変化を生じていった。よって、観衆の目には京劇には京派と海派の区別が生じたように映ったのである。時代の変遷に伴い、観衆の好むところにより、北にも南にも前後して芸術改革や京劇改良を行う芸術家が登場した。馬連良と麒派の創始者周信芳は、「北馬南麒」、「南麒北馬」と称えられたが、互いに競い、合作し、形勢は互角で、各々優れた点があった。そして、京劇老生の演技術の革新と発展にあたって、多大なる影響をもたらした。

また「譚派正宗」と称されつつも、馬連良には規範的な演技から脱したいという意識が備わっていたようである。たとえば、一九二五年の『申報』に掲載された楽理「馬連良之唱片」では、馬連良の歌唱が部分的に規範から外れている点が指摘され、「（前回一九二四年の）上海公演中に、海派の悪習に染まったのか」[34]というコメントが付されている。また、人民共和国成立後の記述ではあるが、荀慧生の民国期上海における活動を論じた王家熙「荀慧生早期在滬演劇活動資料」[35]は、荀慧生と馬連良を「上海京劇の精華を最もよくアレンジして採り入れた俳優」と評している。

一歩踏み込んで述べると、先の梅蘭芳と同じように、海派的な要素を積極的に採り入れみずからの演技に生かそうとする意欲的な俳優が、京派京劇界にも増えつつあったのである。これを裏付けるのが、前掲の「京派新戯和海派新戯的分析」中に見られる「現在、『京派』と『海派』の境界線は本当に微妙なものになり、両者はほとんど同化してしまった」というくだりである。この文章の筆者はそれを「京派」側の堕落と見るが、馬連良をはじめ、俳優自身の意識は全く違ったのではないか。いかに伝統劇プロパーたちが伝統性や規範性の重視を声高に叫んだとしても、実際の舞台に立つ俳優たちはそれが将来的に京劇の硬直化に繋がることを予測し、あえて異端視されていた海派の活力を取り入れる道を選んだとも考えられる。

以上、本章では「京派」、「海派」意識の生成と変遷、およびその関係について概略を述べるにとどまったが、実際には両派の意識形成にはより複雑な要因が絡み合っている。また、これらに関連する言辞の数だけ異なる見解が存在するともいえる。人間の物理的な移動速度、および情報の伝達速度が当時とは比べものにならない現代において、コンクールなどの開催とその詳細の伝播を通じ、南北の差異は再度小さくなってきているように感じられるが、他方、伝統文化および地域文化に対する視線の変化とともに、こうした歴史的経緯に対する再評価が行われ、実際の舞台に影響をもたらす可能性は否定できない。いみじくも「国劇」の名を冠する京劇における、「京派」、「海派」の同質性と差異とにかかわる研究は、それぞれの地域文化の特質を同定するものとして、今後ますます盛んになっていくことであろう。

【注】

（1）陸萼庭著、趙景深校『崑劇演出史稿』（上海文芸出版社、一九八〇年）第五章「近代崑劇的余勢」二「崑劇活動的新基地――上海」参照。

（2）注（1）参照。

（3）于質彬『南北皮黄戯史述』（黄山出版社、一九九四年）第五章「南方京劇史述」参照。

（4）『申報』には創刊の同治年間から民国に入る直前まで「禁花鼓戯」、「禁淫戯」などの記事が散見される。

（5）いずれも「灘簧」と称するが、「蘇灘」は崑曲が俗化したもので、花鼓系の「本灘」、すなわち後の滬劇とは楽曲も演目も異なるものであった。

（6）ほとんどの京劇史が『菊部叢刊』所収の「南北梨園略史」を引用しているが、この劇場に関しては、総合文芸誌『七襄』第二期（一九一四年）の宣之「五十年劇史（続）」第八章には早くも同様の記載がある。ただし、ここでは「徽班」の劇場とされている。

（7）一八七〇年代では楊月楼の登場回数が最も多い。ほかに黄月山、王桂芳、孫菊仙らの名も見えるが、行当のみで俳優の名前が書かれていないケースも多くある。

(8)『上海文化芸術志』編纂委員会、『上海京劇志』編輯部編、上海文化出版社。なお、一九九六年出版の『中国戯曲志　上海巻』に較べると、記事を京劇に特化した分、演目や俳優紹介などの情報量も増え、かつ出版時期直近の活動までカバーしている。

(9) 初版上巻第八章「南派京劇的形成貝発展」、第九章「京劇改良運動」、中巻第二八章「淪陥区的京劇（上）」には上海京劇の動向が記されているが、一九二〇年代から三〇年代にかけての娯楽的要素が強い演目や、本書で扱った伝統劇プロパーに関する記載は、同時代におけるその影響力に鑑みた場合、質、量ともに不十分であるといわざるを得ない。

(10) 一九二〇年代後半から一九三〇年代にかけてもこうした回顧録は多数書かれ、海上漱石生「上海（海上）梨園変遷史」（『戯劇月刊』第一巻第一期～第二巻第二期、一九二八年六月～一九二九年一〇月、途中休載あり）、拙庵「上海戯園三十年滄桑録」（『梨園公報』第二八四期～二八六期）などに詳細な記述がある。

(11) 黄式権『湘南夢影録』（一八八三年）巻一には、北京で落ちぶれ失職した俳優が上海へ来ていると記されている。

(12) 夏氏兄弟の父は夏奎章（老生）、馮子和の父は馮三喜（花旦）。

(13) 三麻子は京劇にしぐさ、立ち回り中心の演目を多量に持ち込んだが、中でも関羽戯（紅生戯）に関しては、歌唱中心の北方系のものを凌駕したとされる。

(14) 楊東平『城市季風』（東方出版社、一九九四年）第二章「京派和海派：風格的形成」七〇頁参照。

(15)『上海掌故辞典』（上海辞書出版社、一九九九年）「海派」の項参照。また、本邦で出版されている中日辞典類も同様の記載が主流。

(16)『上海掌故辞典』参照。また薛理勇『閑話上海』（上海書店出版社、一九九六年）「新舞台和『海派』京劇」には、該書の筆者が訪問した何名かの「年資高的学者」が、この語の登場を一九二〇年前後と示唆したと述べられている。

(17) このほか、外江派という表現も多用される。

(18) 同書中巻では「海派京劇」と表現されている。

(19) 上海文史資料選輯第六一輯『戯曲菁英』上、上海人民出版社、一九八九年収録。

(20) 上海京劇院『盤糸洞』、『曹操与楊修』、連台本戯『狸猫換太子』、上海崑劇団『上霊山』など。特に『上霊山』は往年の連台本戯を意識して派手な衣装やライティングを多用し、崑劇観客層の新規開拓を目指したが、演出過剰であるとして高い評価は得られなかった。

(21) 言及されるのは文武老生、文武小生、正旦、老旦、花旦、武旦、彩旦、正・副浄、文武丑の各行当。

(22) 北は王瑶卿、南は郭秀華の名が挙がっているが、後者については不詳。

(23) 本書第二部第一章「民国初期上海における伝統劇評」参照。

(24) 「南人曰看戯、北人曰聴戯」（『繁華雑誌』第四期、剣雲「負剣騰雲廬劇話（三）」、一九一四年）、「北人研聴、南人喜視」（『戯劇叢報』第一期、魂郎「北京新劇失敗之原因」、一九一五年）など、南北演劇界の比較を行う際、決まり文句的に用いられることが多かった。

(25) 前章で述べたように、周剣雲は『繁華雑誌』第三期の「負剣騰雲廬劇話（二）」で、「筆鋒は幾分苛烈だが、清廉で俗臭を感じさせず、他の人々の弁を見渡してみても、彼は一人純粋に自己の観点を打ち出しており、一般人の旧套に堕していない」と高く評価している。

(26) 周剣雲「剣気凌雲廬劇談」（『戯劇大観』所収）参照。

(27) 近代的劇評と異なり、リアルタイムである必要は無いため、木公「小織簾館劇話」（『戯劇大観』所収）に記されているように、過去の北方での観劇体験を回顧する文章も多数見られる。

(28) 安徽省合肥出身とされる。

(29) 出典は『孫子』兵勢編。「奇」は奇襲法、「正」は正攻法を指し、「奇正相生」で互いが因果関係を持って循環し合うことをいうが、ここでは譚の歌唱が変幻自在であることを指すか。

(30) 本書第一部（上）第一章「周信芳と『梨園公報』」参照。

(31) 梅蘭芳口述『舞台生活四十年』（中国戯劇出版社）二五四頁参照。

(32) 中華人民共和国建国後は、抗日期の活動や左翼知識人との関係などから、政治的地位は周信芳の方が高かった。

(33) 波多野乾一『支那劇と其俳優』参照。記述量は馬連良の方がかなり多い。

(34) 『申報』一九二五年二月七日。

(35) 『中国戯曲志』上海巻編集部『上海戯曲史料薈萃』第五集（内部発行、一九八八年）。

第四章　上海京劇と劇評

一　伝統劇における「劇評」

「評」という文字は、『説文解字』にこそ見えないものの、有名な後漢の許劭の「月旦評」（『後漢書』許劭伝）あたりから、「しなさだめする」という意でよく用いられるようになったと考えられる。以来、この語は、人物や事件、文芸作品に至るまでの幅広い分野において、書き手（語り手）の価値基準に基づいて是非を判断するという意味で用いられ、時にはその文章自体を「評」と称することもあった。

演劇について「評」する場合も同様で、少なくとも「劇評」と称するからには、文章を綴る当人に、自分の観た舞台演出や俳優の演技について、「批評する」意識が備わっていなければなるまい。しかし、伝統演劇における劇評は、もとよりこんにちにおいて認識されている“review”ではなかった。[1] 中国伝統劇の場合、舞台空間を構成する要素として、俳優の身体的特徴、各種技芸、扮装、舞台セット、脚本、音楽（楽隊）などを挙げることができるが、その善し悪しについて述べた文は、必ずしも豊富な観劇経験に培われた客観的価値観に裏打ちされ、著されたものではなかった。

そういった意味で、中国においては近代に至るまで、厳密な意味での「劇評」が存在しなかったことはこれまで本書で述べてきたとおりである。他方、舞台を「記録する」という行為にのみ目を向けると、俳優の名前、出身地、得意演目、声や容姿、そして演技などに関して、少なからぬ分量の文章が残されている。『清代燕都梨園史料』に収録されている乾隆から清末、民国初期にかけての韻文や随筆が代表的なものだが、その中から、嘉慶一五年（一八一〇年）に書かれた留春閣小史『聴春新詠』を例として挙げてみたい。

茂林

姓は許といい、字は竹香、歳は一五で、皖江の人である。秀麗な容姿、爽やかな声、痩せているが貧相ではなく、柔軟だが骨が無いわけではない。以前、「園会」「楼会」(2)の二つの劇を観たが、片や風情を描き、片や病気の様子をまね、それぞれ大変すばらしかった。後に（それらの劇は）張蓮舫が教えたものだと知ったが、敬慕の念を抱き、直に呉門から受けたものであり、(3)きちんときまりを踏まえているのも当然である。

ここでは、一人の旦の容姿や歌唱に言及されているが、「姿容姣秀」、「音調清新」という定型句を用い、ごく簡単に演技中の様子を記したに過ぎない。また、得意とする演目を挙げているが、これも情報量は極めて少ない。もちろんこれは一例で、技芸の巧拙や声質の善し悪しに詳しく言及するなど、より情報量の多い記事もあるが、それらを形容する語について、書き手の明白な個性が浮かび上がってくる段階にはない。

近代的な意味での「劇評」は、発表媒体となりうる新聞や雑誌の発展とともに登場する。その嚆矢となるのが同治一一年（一八七二年）創刊の『申報』であり、創刊早々よりある程度のボリュームを持つ多数の演劇関連文章が掲載されてきたことは、ここまで述べてきたとおりであり、また何度も本文を引用してきた。もっとも、創刊期のみに限った場合、毎日刊行されるという新聞の利点を生かすにはほど遠い掲載頻度といわざるを得ない。

金桂（園）では立ち回りをもっぱらにしており、ゆえに鮮やかな衣裳の美しさに目を奪われるというわけでもなく、生や旦の歌唱が極めて美しいというわけではない。ただし、前日の夜演じられた『翠華宮』で、張貴妃（に扮した俳優）が唱った梆子腔は、非常にのびやかなものであった。『趙家楼』の楊月楼は、風采が傑出していて、最も出色のできであった。劇が『宝蓮灯』、『取栄陽』の二つに至るに、全て老生の歌唱次第となるが、惜しむらくはみな喉がつかえた感じで、その良さを尽くしていなかった。ひさしを飛び、壁を走る演技のすばらしさについては、体の動きも敏捷で、おおよそ満足できるものであった。丹桂園では現在北京の名優四名が新たに到着し、互いに競い合い、（すばらしい劇が）次から次へと尽きることがない。昨夜演じた『雅観楼』の纏綿とした感じ、『彩楼配』の濃厚さ、『黄鶴楼』の豪放さは、絃楽の音色もにぎやかに、情を極め態を尽くし、実に余力を遺さぬものであった。『双沙河』での変化に富んだ表情、『朝金頂』の際限なき新奇さも、また凡手の手ではなし得ないものである。

——無名氏「戯館瑣談」（『申報』一八七二年六月七日）

先の『聴春新詠』と較べてみた場合、まず書き手がこの文章を著す直前に実際の舞台を観ていることは確実である。かつ一部の俳優について、具体的な言葉を用い、その演技の是非をめぐり個別に叙述がなされている点は、多少なりともこんにち的な劇評に近づいているように見える。実際、この記事は同時代のものとしては情報量が多い方である。しかし、演技を描写するにあたって、いまだに常套句を用いた部分が散見され[4]、書き手の批評意識に基づく独自の判断とは見なし難い。

以上、演劇に関する文章を発表する地盤は整いつつあったが、上海において、演劇の持つあらゆる要素について目配りし、「劇評」と称しうるものを著した文章の登場は、辛亥革命以後のことになる。

二　上海における劇評の担い手

(一) 馮叔鸞と近代的劇評の登場

中国演劇批評に関する先行研究は、近年でこそ、若手による演劇研究やメディア研究といった方面から優れたアプローチが行われるようになってきたものの、まだ蓄積が不十分である。膨大な量の伝統劇に関する文章が著されているにもかかわらず、それらの言説を統括して論じる研究はいまだ少ない。

そのような中、比較的まとまった形の先行研究として、黄霖『近代文学批評史』第八章「戯劇論」について、過去の章で多少言及したが[5]、以下、より詳しく説明していく。書籍全体の分量に鑑みると、演劇関連の記述はさほど多いとはいえないものの、民国初期の劇評家をそれぞれ独立した項目で論じるなど、現代中国においてアカデミックな立場で民国期劇評を取り上げた比較的早い例だといえよう[6]。特に、鄭正秋、馮叔鸞、周剣雲ら民国初期の主要な劇評の担い手である旧派文人に十分な目配りをしている点では、現在でも参考になる部分が多い。以下、この「戯劇論」の冒頭に書かれた黄氏の劇評に関する言を示す。

しかしながら、二〇世紀初頭の資産階級による「文学界の革命」の高まりの中で、演劇改良運動は迅速に形成されていった。これと同時に、西洋と日本の演劇のエッセンスを吸収した基礎の上に、全て科白を用い歌舞を主とせず、演技にリアリティを求め写意や様式を尊ばない新しい劇種——話劇も勃興した。……演劇改良運動においては、資産階級の維新派であるか革命派であるかを問わず、梁啓超、欧榘甲、蔣智由、陳独秀、柳亜子、陳去病、汪笑儂などが、みな大きな声をあげ、注目されるような見解を発表した。これに続く劇評家である鄭正秋、周剣雲、馮叔鸞などは、比較的新しい観点と当時の演劇的実践とを結合することで、劇評と上演と観客とのそれぞれの関係を密接にさせたため、一つの新しい気風が出現することになった。(7)

清末からの演劇改良運動を上海の伝統演劇（京劇）、ひいては中国伝統演劇における近代的改革の嚆矢として高く評価し、かつ話劇の祖型の一つとなった文明戯に言及する姿勢は、中国における一般的な戯曲史の論調を継承しており、新味は無い。一方、引用前半部分で挙げられた人物は、汪笑儂を除き、同時代の資料を見る限り、実際の上演舞台とはほとんどかかわりが無い。中国戯曲史で語られる「戯曲改良運動」と上演活動の実態との間には、相当の乖離があったと考えるべきであろう。

引用後半では、先述した旧派文人の名が挙げられている。彼らは演劇そのもののあり方を論じるとともに、本格的な劇評の礎を築いた人物である。中でも、一九一〇年代から二〇年代に大量の劇評を著した「馬二先生」こと馮叔鸞について、この書籍では紙幅を割いて論じており、一定の学術的評価を与えている。

本書第二部の最重要人物ともいうべき馮叔鸞は、辛亥革命直後に北方から上海へ本拠地を移すまで、北京の京劇を中心とした豊富な観劇歴と、それによって得た知見をよりどころにして多くの文章を書き、周囲もまたそれを信頼しうる言説として評価した。演劇に関する批評性を備えた文章に、個人のカラーが反映された最も早い例の一つであるといえよう。他方、いわば京劇発展の後進地域である上海の京劇に対して、馮叔鸞の評価が相対的に低いことに鑑みると、その影響力の強さゆえに、後日の海派京劇に否定的な風潮の土台がここで作られた可能性も考えられる。馮叔鸞の最も重要な著作としては、民国初年に発表した劇評や演劇論を収録し、かつ当時の上海演劇界の状況をうかがい知ることができるという点で、やはり『嘯虹軒劇談』を第一に挙げねばなるまい。付け加えると、同時代の文人や演劇愛好者で、批評する行為そのものに関し、全体の風潮を顧みつつ分析を加え、彼以上に多彩な論を展開している人物は見あたらない。以下、その特徴をより明確にすべく、これまで本書で挙げてこなかった文章を中心に、幾つかの言説を追ってみることにしたい。

劇評家の道徳を論ず…このところ劇評家たることの困難さを論じているが、学ぶ力という点のみでいえば、およそ芝居の分からないものは、劇評を行うには不足である。一つ二つ上っ面のことだけ知っているとか、生半可な知識しかない者もまた、芝居の月旦を行うには不足である。今、その主旨をより広くいうと、学ぶ力が優れていても、もし道徳が無ければそれ（劇評をすること）を制限するものである。つまり、評論に妥当性を欠くことが多いからであり、ゆえに劇評家には、道徳が無ければならないのである。（中略）劇評家の道徳とはいかなるものかというと、すなわち先入観を抱かず、私心を差し挟まないということなのである。

まずはここで、劇評を行う人物を「評劇家（劇評家）」という固定したタームで呼んでいることに注目したい。さらに付け加えると、この語は『嘯虹軒劇談』が出版された時期には定着が始まっていたと思われる。ここから想起されるのは、当時「新劇」と呼ばれた文明戯にかかわる人々が、伝統劇との対比もあり、総じて「新劇家」と称されていたことである。実際、馮叔鸞自身は、伝統劇のみならず新劇にも深いかかわりを持っていた。つまりは、自らを単なる伝統劇（京劇、崑曲）愛好者ではなく、より高い意識を持ち演劇に相対する人間であるとの自覚がここにあらわれているのである。

この「評劇家」という語をよりゆるやかに定義付けるならば、当時演劇に関する文章を著した人物全般を含みうる。しかし、上記引用文および類似したテーマの他の文章を読む限り、馮叔鸞は、自身のように専門性の高い人物のみを「評劇家」と呼んでいると考えてよい。また、引用部分最後の「評劇家之道徳如何、即不懐成見、不雑私心是也」は、後述するが、明らかに、特定の俳優に肩入れしていた柳亜子への批判を込めて書かれたものである。こうした俳優への肩入れ――「捧角」という態度に対する批判的視線は、後々まで劇評家の公平性を測る物差しとして受け継がれていった。

ところで、馮叔鸞の劇評は、前時代のものと比較すると、いかなる相違点を見出しうるだろうか。『嘯虹軒劇談』には演劇論や劇評論とともに、馮叔鸞が実際に新聞で発表した劇評が収録されているが、その一つを挙げる。

◎大舞台観劇記（五）賈璧雲の『紅梅閣』

「幽会」の場面から始まり、（賈璧雲の）科白は歯切れがよく身のこなしもしなやかである。書斎で対話するときは、さらにはにかんであだっぽく笑い、その表情態度は真に迫っている。花園に難を避ける場面では、転んでは起きあがり、いたるところに恋人をさえぎり守ろうとする気持ちがある。二匹の幽鬼に差し挟まれて去る時は、行くときにもなってもなお恋々と名残を惜しみ、長い間むせび泣いてから、号泣し、やっとゆっくりと身を翻して去っていく……

実は一般的な劇評においては、歌唱に対する言及が最も多い。歌辞の正確さはもちろん、発声時の一音一音の音韻的な是非を詳細に語ることが、劇評家自身の知識の深さを披瀝することにも繋がっていたのである。馮叔鸞にももちろんそうした要素はあるが、むしろ上記引用文のように、身体表現のもたらす効果について、物語や人物の設定とあわせて分析したものが多い。この『紅梅閣』では、ヒロイン李慧娘が霊魂の身で若い書生と情を通い合わせ、その危機を救った後の別れの場面について記されているが、一シーンを細分化してトレースすることで、李慧娘の心のうつろいを表現する賈璧雲の巧さを評価している。

このように身体表現の重視については、文明戯の登場との強い相関性が考えられる。すなわち、歌唱を持たない（実際には一部残存していた）文明戯の場合、伝統劇とは異なり、視覚で認識できる要素が舞台における主な評価対象となる。いわば「聴覚」から「視覚」へ、より具体的には歌唱主体の批評から身体表現への批評へ、あるいは演出を含めた舞台全般に対する批評へと着眼点の転換が起こったのである。また、視覚への比重の移動ついて、清末からの京劇における彩灯戯の登場によって、すでに素地ができあがっていたと見ることもできよう。

他方、文明戯の場合、上演演目の多くが新作劇であり、伝統演目における「特定のシーンにおける特定の演技」を注視し、その日観た俳優の演技を他の俳優と比較しながらポイントで取り上げ、評価する行為は馴染まないように思われる。実際はどうだったのか、以下、比較のため、馮叔鸞による文明戯の劇評を確認してみたい。

◎「新民社の『情天恨』」

凌憐影が棣華に扮しており、「問父」の場面では、（王）旡恐とともに非常によく演じている。旡恐はしどろもどろにしゃべり、いおうとしてあえていわないのだが、いわないでいるとかえってまたいえなくなる。憐影が一歩一歩詰め寄るのは、愛娘の身として、気にかけているがゆえである。最後に父娘は抱き合って痛哭するが、表情しぐさともに大変すばらしい。

◎「新民社の『賊兄弟』」

……また、「俺は兄弟が官吏になって兄さんに会ったら、きっと顔をこわばらせるだろうと思った」というが、この語は隠語が多いものの、どちらかというと悲しみのことばである。思うに、権勢の中にいる人物は、兄弟や肉親でさえも（罪を）許すことはできず、甚だしい場合は、疑惑を当然のことと見なすなど、とても痛ましい。……天呆の演じる賊弟は、色白の顔をしているが、ふるまいは軽く、確かに貧しい賊出身の官吏といったところで、表情も良い

いずれも『嘯虹軒劇談』所収のもので、言及対象は新民社に限られているが、演目名から文明戯が最盛期を迎える一九一三年頃の記事であると思われる(8)。

伝統劇のように、長年洗練されてきた歌唱やしぐさの「型」を持たない文明戯の場合、当初は演技上さまざまな試行錯誤があった。引用文を含め文明戯の劇評は、全般に、「シーンを追っての言及」、「俳優の演技と、登場人物の身分、物語設定との整合性」、「科白の部分引用」などを特徴とし、伝統劇の批評で散見される「規範性」への言及はほとんど見られない。

さて、馮叔鸞は、南北京劇の「聴戯」（北方）、「看戯」（南方）という特徴を最も図式的にとらえようとした劇評家の一人であり、北方出身という背景もあって、「聴戯」への造詣も深かった。一方、ここで引用したように、文明戯を

批評するにあたって、様式化された演技術よりも、より自然でリアルな身体表現が、さらには上演される物語（多くは幕表のみで文字化はされていない）の文学性、芸術性がより大きな比重を占めるようになった。これにより、これまでとは異なる新しい批評言語を生み出す必要が生じたはずである。(9) 結果的に、それは上海における演劇評の一つのモデルとなり、それまでの「記録」（馮叔鸞自身にも「記××」という題の文章は多い）から、本質的な意味で「批評する」ことへ、劇評全体が転化していく可能性をもたらした。上海における伝統劇評の変遷を追う際、その言説こそがターニングポイントになるといっても過言ではないのである。

（二）呉下健児（玄郎）による劇評

先の『近代文学批評史』では取り上げられていないが、『申報』紙上において、辛亥革命頃から盛んに劇評を発表し始めた書き手がいる。『申報』紙上では呉下健児（健児）、または玄郎の筆名を用いているが、本名は顧乾元といい、江蘇省崑山の出身であることはこれまでにも述べた。おそらく出版関係者、または新聞や雑誌の特約寄稿者であったと思われるが、現時点でそれ以上の詳細は不明である。(10)

この呉下健児こと玄郎については、趙婷婷「『申報』劇評家立場的転変」（上海戯劇学院『戯劇芸術』二〇〇八年第一期）において論じられているが、両者が同一人物であることには言及せず、「玄郎」の劇評について次のような高い評価を与えている。

代表的な劇評家の一人として、「玄郎」が誰であるかの定論はまだ無いが、『申報』に掲載された批評文から見るに、玄郎の批評はすでに伝統の域をかなり超えている。彼はいつも現象の背後にある本質を見つけ出し、同時に系統立った思考をめぐらせる。……もし叙事学を借用して文学言語の潜在的構造と機能の観点を求めるなら、ある批評家がその理論的批評において運用する基本的概念、視点、手順、および語態、語式、文体などで構成された構造関係を「批評言語」と称するべきである。そうであれば、我々は玄郎の批評言語から、彼の劇評が近代的な戯曲批評への転化を、すでに努力の末実現していると見ることができる。

以下、呉下健児、健児の劇評も同じく玄郎のものであるという立場に立って論じていく。

この時代の劇評では、題名の付け方にいくつかのパターンが存在する。大きく分けると、まず鄭正秋の「麗麗所戯言」[11]、何海鳴の「求幸福斎劇談」のように、名の通った劇評家が自身の号を冒頭に冠するもの、もう一つはこの『申報』の劇評のように、娯楽欄の記事の一篇として、署名と小題――演目、劇場、俳優などがほとんどであるが――を冠するものである。もちろん、前者においても小題が付されることは多い。逆に、呉下健児のように、これほどたくさんの文章を発表しておきながら、室号などを題名に冠していないケースは珍しい[12]。

これだけの文章量があると、小題の付け方にもおのずとバリエーションが出てくる。以下、よく見られるパターンをいくつか挙げる。（【　】内は題から読みとれる情報を示す）

①「『李陵碑』一名『両狼山』又名『蘇武廟』」（一九一一年七月一六日）【演目＋「一名・又名」演目】
「『九更天』」（一九一一年一〇月一四日）【演目】

②「汪笑儂編演『党人碑』」（一九一一年九月二五日）【俳優＋演目】
「李春来演『長板坡』」（一九一二年三月七日）【俳優＋演目】

③「紀〝大舞台〞演出之『教子』、『三花蝴蝶』」（一九一三年一月一〇日）【「紀」＋劇場＋演目】
「紀〝大舞台〞李春来演『長坂坡』」（一九一三年四月一八日）【「紀」＋劇場＋俳優＋演目】
④「評新編『要離断臂』」（一九一二年六月一九日）【「評」＋「新編」＋演目】
「評新舞台演劇」（一九一二年七月二日）【「評」＋劇場】
「評『吊金亀』、『盗禦馬』等劇」（一九一二年七月二六日）【「評」＋演目】
「評麒麟童之『殺惜』」（一九一二年一〇月三〇日）【「評」＋俳優＋演目】
⑤「論滬上之坤班」（一九一三年二月二〇日）【「論」＋地区＋現象】
「論〝中舞台〞『挟谷却斉』和〝大舞台〞『紅楼夢』之難上演」【「論」＋劇場＋演目＋評価】

まず指摘しておくべきは、呉下健児の劇評はそのほとんどに演目名が付されていることである。特に「呉下健児」「健児」の筆名を使っている時期は、①のように演目のみを記すパターンがほとんどである。現代の感覚では、批評する劇名を題に挙げるのは当然のように思われるが、後述するように、当時は観劇対象の選択行動において、演目よりも俳優名が優先されていた。実際、呉下健児以外の書き手では、劇場や俳優のみのケースも多い。

では、呉下健児が演目をできるだけ明記しようとしたのはなぜか。これについては、上海京劇における通しものを中心とした、新作劇の盛んな制作、上演と関係があろう。すなわち、俳優の技芸ではなく、同時代の事件や海外の物語の翻案といった「新しい物語」、それに伴う「新しい演出」の方に、観客の興味が集中していたという事実によるものと考えられる。そもそも、劇評が批評として確立する前の段階で、それらがなぜ、誰のために書かれたのかを考えると、「何が上演されていた（いる）か」を記録し、文章の読者にその情報を与えるためという理由が容易に想起される。読者の中には観劇の習慣がある者もいれば、愛好者ではないが、劇評を読んであらためて舞台に足を運ぼうと考える「潜在的な観客」もいることだろう。かなり高い頻度で書かれた呉下健児の劇評は、大量の発行部数を誇る『申報』の読者にとって、観劇ガイドとしての性質も備えていたのではないだろうか。

他方、②のように俳優名と演目を示したり、呉下健児においては極めて少ないが、俳優や劇場のみを示したりするケースがある。当時、特に演劇通を自任するような人物の場合、俳優の演技を見て歌唱を聴くことが第一目的で、演目自体は二の次という意識の持ち主も多かった。劇場名のみ記してある場合も同様で、それこそ『申報』の舞台広告を見れば、どの俳優がどの劇場に契約して所属しているかは一目瞭然だったのである。

呉下健児の題の付け方において興味深いのは、③、④、⑤で例示したカテゴリである。大きく分けると、「紀（記す）」を用いた③、「評（評する）」「論（論ずる）」を用いた④、⑤の二つに分けられる。③と比較すると、④、⑤の小題の付け方には文字どおり観劇した舞台について、「その是非や巧拙を評する、論ずる」といった意識が強く読みとれる。ただし、「紀」を小題に使った文章が批評性を伴わないというわけではなく、むしろ③と④、⑤との間に、内容上目立った差異は見られない。さらに付け加えると、①、②についても同様である。なお⑤については、舞台そのものではなく、演劇界全体の風潮や問題点への見解を述べているケースも多い。

筆者がこの中で最も注目するのは、④の「評」を用いた小題が呉下健児の劇評には頻出する点である。先に述べたように、小題によって内容が大きく異なるといった事実はないが、本章冒頭で触れたように、「評」という語には「しなさだめ」、つまり書き手自身が是非や優劣を明確に判断するという意味がある。まさに「劇評」の「評」であるが、実際は同時代の劇評などにおいて、この語が題に用いられているケースは意外に少ない[13]。呉下健児自身も、掲載開始直後は演目名を提示するだけであった。あらためてここで呉下健児の劇評が備える批評性の高さに鑑みると、劇評家自身による「対象を批評する」という意識が、やはり小題にも強く反映されているのではないだろうか。この点を考えるためにも、実際の呉下健児の劇評がどのようなものであったか、以下挙げてみたい。

『金銭彪』、『花蝴蝶』などを評する

小桂芬の『花蝴蝶』は、発音が明晰で、衣装も美しく、それが十分にひけらかされている。登場したのは玉馬を盗む場面で、頭に付けた二つの電灯は、四方に光を放ち、ついたり消えたり、非常に新奇なものであった。鉄の棒を旋回するときは、勇気をふるってまっすぐのぼり、並はずれて敏捷である。棒上に横たわると、後ろをあおいでくるりと下りるが、すぐ片足をひっかける。そのすばらしいのは、ほんの一瞬の間に、いきなりふいに左右（の足）を交換するところで、緩急自在である。そしてまた棒上に横たわると、四肢を開いて、急に身をくるりと振って下りるが、実に難しいものだ。応宝蓮と較べても、勝るとも劣らずといえる。

この引用文では、武丑のすばやくアクロバティックな演技が描写されており、見所を切り取っただけではあるが、臨場感にあふれたものとなっている。なお、この劇評も原文は四字句が多いが、よく読むとステレオタイプな表現のみを用いているのではなく、むしろ評者自身のことば遣いによる具体的な描写が多く用いられていることがよく分かる。先に論じた馮叔鸞にも言語的には同様の姿勢が見られるが、むしろ呉下健児によりその傾向が強いように感じられる。

他方、呉下健児の場合、馮叔鸞のように伝統劇に関する豊富な知見を披瀝し、伝統劇後進地域である上海の人々に演劇のなんたるかを説くといったような、大上段に構えた姿勢を取ることがない。すなわち、批評は行うが、それは観客や、知識の浅薄な他の劇評家を「教育する」ためではないのである。もちろん、呉下健児が伝統劇に関する知見を欠いているというわけではなく、上記引用文からも分かるように、その劇評には堅実な知識の蓄積が見てとれる。加えて、地元上海を地盤とする俳優にも公平な態度で相対し、積極的な評価を与えていることも分かる。先般より繰り返し述べているように、呉下健児の詳細な背景は現在よく分からないが、上海近郊の崑山出身であり、北方人であることをアイデンティティとしていた馮叔鸞とは、少なくとも上海の文化に対する理解度や許容度も、比較にならないほど大きかったはずである。後世、特段取り上げて論じられることこそないものの、北方南方の双方に対して比較的ニュートラルな見解を抱きつつ、十分な批評性を備えた劇評を大量に発表した呉下健児のスタンスが、『申報』という大メディアを通すことで、読み手、書き手に対し、ともに一定の影響を与えたことは想像に難くない。

馮叔鸞、呉下健児の書いた劇評からは、いずれも書き手本人が批評意識を備えていたことが読みとれるものの、おそらく文化的背景の違いにより、上海京劇への見解には相違が生じている。「正宗ではない」上海京劇の肯定否定に関する論争は、この後、劇評家らを中心として次第に激しくなっていくが、いずれに与するにせよ、上海で流行する連台本戯に特徴的な視覚性、およびストーリーテリングへと、劇評の対象は多彩になっていく。辛亥革命以降、メディア文化の急速な発展期に登場した二人の劇評は、その演劇観、批評対象、批評言語などさまざまな部分で、以後の劇評の祖型となったのである。

以上、馮叔鸞と呉下健児の二人を取り上げることを通じて、批評性を備えた劇評の誕生過程を追ってきた。また、彼らが活躍した、辛亥革命からの数年間に限ってみても、上海においてはほかにも多様な背景を持つ劇評家が活躍していた。彼らは、出身地も演劇に対する知識のレベルもまちまちだったが、次節で述べる出版メディアの展開に乗じ、さまざまな形式で劇評——記録や感想というべき内容のものもまだ多かったが——を世に問うていった。
その中でも、南社を主催した柳亜子は、伝統的な文人としての知名度と影響力を持った存在として、他の書き手とは一線を画している。柳亜子については本書で何度か取り上げたため詳細は省くが、現代中国においては、清末に『二十世紀大舞台』（一九〇四年）で発表した「発刊詞」について、革命派の演劇観を示すものとして言及されることが多い。しかし、柳と伝統劇とのかかわりについては、むしろ海派の名旦馮子和に心酔し、『春航集』や南社の刊行物である『南社叢刻』において大量の賛辞を捧げた、いわば「捧角」の先駆と側面にこそ注目すべきである。

そのほか、馮叔鸞と同じように新聞や雑誌を主戦場に「〜劇談」、「〜劇話」といったタイトルで「劇評」を発表していた人物として、鄭正秋、周剣雲、何海鳴、楊塵因、馮小隠の名をこれまでも挙げてきた。馮叔鸞同様、宗天風『若夢廬劇談』（泰東図書局、一九一五年）、楊塵因『春雨梨花館叢刊』のようにみずからの劇評を出版した者もいたが、それ以外の多種多様な劇評は、一九一八年に刊行された『菊部叢刊』で見ることができる。この書は、いわば一九一〇年代上海の劇評がどのように展開していったのか、彼ら劇評家がいかなるものを「劇評」としてとらえてきたかを劇評家自身で総括した叢書であり、当時の劇評の内容や書き手の状況をうかがい知るための格好の材料である。[14] なおこの書が出版された時期には、すでに文明戯の隆盛は収束が始まっていたが、反対に京劇は連台本戯の最盛期に入る。ある意味、民国期の上海演劇界におけるメルクマール的な存在であるといえよう。

三　出版メディアと伝統劇評

本書第二部のテーマでもあるが、上海における劇評の発展と出版メディアの刊行との間には密接な関係がある。一九一〇年代、急に多量の劇評が書かれるようになった理由は、つまるところ文章を発表する場が多数提供されたからであり、出版メディア、中でも新聞の方でも、読者を引き付けるコンテンツの一つとして、劇評をはじめとする演劇関連文章を重宝したからである。

あらためて、『申報』のような大報すなわち大新聞における娯楽欄、劇評欄の発展に注目してみると、呉下健児が活躍した辛亥革命以降には、ほかにも『時事新報』、『新聞報』といった規模の大きな新聞に演劇記事の掲載が見られる。また民国初期には、数か月から数年という短期間で、思想的な規制のため停刊となる大型新聞が幾つか刊行されていたが、むしろこうした新聞において劇評が盛んに発表されている。たとえば、『民立報』、『民国新聞』、『民権報』、『天鐸報』などでは、革命の熱気冷めやらぬ中、鄭正秋、周剣雲、また柳亜子ら南社の同人らの手によって、多くの舞台記事が書かれた。なお、これら大新聞では、副刊と称される独立性の強い専門コーナーを持つことも多く、演劇については文芸欄の中に併設されているものと、独立しているものとがあった。

一方、民国期上海のサブカルチャーを支えた重要な存在として、より重要視されているのが小報、すなわち小新聞である。総合的な内容を持つ大報とは異なり、小報はそれぞれジャンルごとに細分化して刊行された。娯楽系の小報としては、一九一九年創刊の『晶報』（～一九四〇年）、一九二六年創刊の『羅賓漢』（～一九四九年）などが有名だが、実は辛亥革命前夜には、すでに演劇関連記事を掲載した『図画日報』（一九〇九年～一九一〇年）のような総合文芸紙が登場している。そして一九一〇年代も末になると、先の『晶報』のほかにも、遊楽場が発行する『新世界報』（一九一六年～一九二七年）、『大世界報』（一九一七年～一九三一年）、『先施楽園日報』（一九一八年～一九二七年）が相次いで刊行される。いずれにも、これまで名前を挙げてきた劇評家の名前が見え、劇評それ自体の定着と展開の様子をうかがい知ることができる。これら小報と劇評家との関係については、李楠『晩清、民国時期上海小報研究』（人民文学出版社、二〇〇五年）において、次のようにまとめられている。

映画・演劇評は小報における保存コンテンツで、その始まりから終わりまでずっと存在していた。小報の映画評、演劇評は普通の小報に執筆する文人が書いたものではなく、ほとんどが専門家あるいはそれに造詣の深い票友によって書かれたもので、比較的専門化された批評であったといえる。演劇界の大御所である馬彦祥はかつて『光報』の演劇面の主編をしており、多くの価値ある劇評を書いた。鄭正秋、汪優游、陳去病、欧陽予倩、洪深、舒舍予、翁偶虹、周剣雲、周世勛、唐納らの演劇や映画界でキャリアを持つ人々は、みな小報で映画・演劇評を書いた経験がある。小報の文人で票友の馬二先生（馮叔鸞）、袁寒雲、朱痩竹は、旧文学に関する深い素養を備えているだけではなく、演劇芸術の規律に深く通じており、小報における劇評の名手である。（中略）否定できないことは、少なからぬ劇評が俳優をひいきするためにかかれたものであることだが、純粋な素人はごく少なかった。

（第一一章 游戯・閑適・風月：小報散文）

ここでは映画評と演劇評(15)を同時に論じていることもあり、これまで論じてきた時期よりはやや後に活躍した人物も含まれるが、いずれにせよ小報が劇評の発展の一翼を担う重要なメディアであったことは間違いない。小報の大々的な発展以降、大新聞以上に、舞台に関するリアルタイムの情報が、大量に発信されたことであろう。

またこの引用文で述べられているとおり、劇評そのものが紙面を構成する定番コンテンツとなり、同時に小報をはじめとする発表の場も増えたことで、劇評業界に参入する人間は一九一〇年代より増えたと考えられる。いうなれば、舞台を観てさえいれば、演劇への造詣がさほど深くなくとも劇評を容易に発表できるようになったわけである。その結果、この引用でも触れられているが、かつて馮叔鸞が嫌った「捧角家」が劇評家の列に紛れ込み、いったん厳密な批評性を備えるに至った劇評が、あらためて感想文や単なる記録に化す危険をはらむことになった。特に小報の場合、その読者が紙面に求める娯楽性の高さを批評性の稀薄な劇評も一緒に消費されていったのであろう。

なお当然ながら、劇評の掲載先として、編集する側も十分理解していたため、雑誌[16]、特刊、著作など、他の媒体も考慮する必要がある。特に、じっくり腰を据えた丁寧な批評を書きたければ、速報性が要求される新聞よりは雑誌の方がふさわしいと思われる。本章ではここまで一九一〇年代を中心に論じてきたが、この時期に劇評が発表された主要な媒体を新聞であると認識しているため、雑誌などについては、後日稿をあらため詳細に論じることとしたい。

最後に、あらためて『近代文学批評史』から一文を引用し、出版メディアと劇評、観客、そして演劇界全体との影響関係を考えてみたい。

中国古代の戯曲批評は、往々にして脚本の批評に重きを置き、上演の批評は省略されていた。よしんば上演に対する批評があったとしても、時間性は考慮されず、時期を移さず（機を逃さず）大きな影響を生むことはあまりできなかった。二〇世紀初頭、特に辛亥革命の前後には、幾つかの演劇雑誌が登場し、また大小の新聞は続々と劇評専門コーナーを創設したため、劇評の様相はそれがためにとうとう一新された。それらの（意見の異なる者同士が）真っ向から対立し、つばぜりあいをする批評は、観衆、俳優、および劇作家にただちに影響が及び、直接的で、迅速で、巨大な効果が生まれた。馮叔鸞は当時の上海で芝居を見る者のレベルが突然進んだことを驚喜とともに発見したが、これこそすなわち「真の批評」のおかげなのである。

――黄霖『近代文学批評史』第八章「戯劇論」第六節「馮叔鸞」

この引用でも触れられているように、劇評とは、読者に情報を提供すると同時に、書き手同士の見解を戦わせる場でもあった。劇評家同士が紙（誌）上で、たとえばある俳優の評価に対して見解の異なる相手を批判し、論争に発展することも珍しくなかった。出版メディアを通すといえば、我々は文学における論争をまず想起するが、劇評においても同様のことが民国期を通じて行われたのである。[17]

また、ここで述べられるとおり、劇評が「観客、俳優、劇作家」たちに実際に影響を与えたかどうか、その実態を検証することは難しい。観客については、たとえば新聞雑誌の投稿欄のような場所から反響を知ることもできようが、質量ともに信用に足る資料はおそらくあまり残っていないであろう。もっとも、上述のように劇評家の裾野が広がってくると、そこには観客と変わらない立場の人物もいたと思われる。劇作家については、一九一〇年代に限っていえば未発達な段階であり、強いて述べるのであれば舞台上演にかかわる人物、しかも文明戯関係者ということになろう。そうした人物の中には、たとえば鄭正秋のように、伝統劇への造詣が深く、劇評を書いている人物もおり、その見解を参考にすることは可能である。

では、劇評の直接の評価対象である俳優はどうであろうか。特に民国初期、俳優たちが文字の力をもって見解を述べることは、京劇や地方劇など伝統劇の場合、識字率や教養教育の欠如といった理由で、極めて困難であった。唯一の例外が上海京劇の大立者である麒麟童こと周信芳であるが、彼をもってしても、その見解が文章として世に問われるのは、一九二八年の『梨園公報』創刊以降のことであった。[18] その文章からは、劇評家による上海京劇のさまざまな実験に対する批判への、周信芳の憤慨を読みとることができるが、同時に、よほど有意義なものでなければ、劇評家の意見に影響を受け、彼らの立場から何らかのリアクションを起こすことは無かったであろうことも分かる。

結局のところ、劇評は誰のために書かれ、いかなる影響が期待されたのか。

上海における演劇文化の変遷が、出版文化の急速な発展とシンクロしていたことは、これまで多くの研究で言及されていることであり、あえてここで確認するまでもない。舞台について記録する、感想を述べるといった段階から、本格的な批評と称しうる段階まで、「劇評」という名を冠した（少なくとも、書き手たちがそのように考えていた）文章は、次々と開拓される発表の場を得て、奔流のごとく世の中に広がっていった。中には馮叔鸞のように、自身の文章を読む人々に対し、主張を持って正確な演劇知識の伝達を志した者もいれば、呉下健児のように、個人の顔は見せずとも、批評言語として高い水準を備えた文章をコンスタントに送り出した者もいた。

いうなれば、劇評は、上海出版メディアの発展に乗じる形で、民国期に文芸の一ジャンルとして初めて確立したのである。かつ、上海京劇や文明戯、時代が下ると越劇や滬劇といった地方劇など、批評対象たりうるムーブメントに事欠かなかったことが、その大々的な展開を支えたといえよう。大報の副刊や小報などで十分に調査されていない資料もまだ多いが、そこに見られる言説の分析が進むことで、劇評の多彩な様相や、読者、批評対象との影響関係がより明白になることであろう。

【注】

（1）歴史的に、一般的な韻文、散文同様、戯曲の文辞に対する巧拙を論じるのが常であった。詳細は、本書第二部第一章「民国初期上海における伝統劇評」参照。
（2）「園会」は『南楼伝』、「楼会」は『西楼記』の一節と思われる。ともに崑曲。
（3）蘇州を本拠地とする崑曲俳優から直接指導されたことを指す。
（4）口語が主流となった一九四〇年代でも、ここで見られるような表現は定型句として盛んに用いられた。
（5）当該書では、ほかに古典文学批評、梁啓超と維新派の文学改革運動、小説論などに言及している。
（6）そのほか、「戯劇論」では『二十世紀大舞台』、呉梅、斉如山などに言及している。
（7）後述のように当時の名称は新劇（文明戯）である。
（8）新民社の上演演目とその時期については、瀬戸宏「新民社上演演目一覧」（『摂大人文科学』第九号、二〇〇一年）を参考とした。
（9）文明戯のストーリーや場面に関する批評パターンは、京劇の新作戯においても類似のものがある。たとえば、同書収録の「肇明茶園顧劇記」における『妻党同悪報』では、人物関係や心情描写について不備があるとして強い不満を表明している。
（10）ほかの筆名を用いて書き続けたかどうかは不詳。全ての劇評の目録については、倪百賢・王潮鳳編、朱建明校《申報》戯曲文章索引」（中国戯曲志上海巻編輯部編『上海戯曲史料薈萃』第四集、一九八七年）参照。なお、題名から呉下健児あるいは玄郎の作と思われるものの、無署名の文章がほかにも数篇ある。
（11）一九一〇年創刊の新聞『民立報』にて連載したときの名称。ほかに「麗麗所伶評」、「麗麗所劇譚」という題も用いた。
（12）こうした点からも、当時の劇評界において人脈的に孤立した人物であると考えられる。
（13）注（10）参照。また、『戯考』の編輯で知られる王鈍根も同時期の『申報』に劇評を書いており、「評『大劈棺』」（一九一二年一一月一日、署名は鈍根）のように「評」を用いた小題を付けたものもある。また、『菊部叢刊』には小達子を複数の劇評家が批評した篇があり、「〇〇之評」のように「〇〇」の部分にそれぞれ劇評家の名前を入れた小題が付されている。
（14）なお、呉下健児の項で触れた小題の付け方について述べると、これらの劇評では、どの俳優のどの演目について「論ず」としたものはほとんどない。
（15）鄭正秋、周剣雲など、演劇（伝統劇、新劇）から映画へとフィールドを移した劇評家も多かった。
（16）一九一〇年代は総合娯楽誌、文芸誌で一章を割く形での掲載が多いが、一九二〇年代にいわゆる三号雑誌ではない本格的な演劇専門誌が登場すると、劇評家もそちらに移行するようになった。こうして掲載する媒体が増えれば増えるほど、劇評家の裾野も広がってきたため、時代が下るとともに、民国初期以上にさまざまな見解を持つ人物が劇評に手を染めるようになった。

（17）先の馮叔鸞と柳亜子との対立（旦の賈璧雲と馮子和のいずれを評価するかについて、「賈党」、「馮党」の争いと称された）も、そのような論争では早い時期のものである。また時代は降るが、海派京劇全体、あるいは特定の俳優の評価についても評者によって見解が分かれ、対立関係を生んだ。一九三〇年代から一九四〇年代の周信芳の評価については、本書第一部(上)第三章「周信芳と劇評家」参照。

（18）民国期の周信芳による文章は『周信芳文集』（中国戯劇出版社、一九八二年）に収録。本書第一部(上)第一章「周信芳と『梨園公報』」、同第三章「周信芳と劇評家」参照。

第五章　『心声半月刊』と一九二〇年代上海の伝統劇評

はじめに

中国の歴史上、演劇とそれをとりまく環境がこれほど目まぐるしく変化した都市は、中華民国成立後一〇年ほどの上海を除いてはあるまい。清朝の同治年間に北京から流入した京劇は、呉方言地区、いわば異文化圏である上海に定着したのみならず、やがて観客の鑑賞対象を聴覚（歌唱）から視覚（背景、セット、扮装）へと変化させるに至った。一方、この視覚偏重の風潮は、「新劇（新戯）」、後には「文明戯」と呼ばれた科白劇の隆盛を上海にもたらし、一時は伝統劇をしのぐほどの勢いを持った。しかし、社会改革と西洋文化導入の象徴たるこの文明戯も、一九一三年から一五年に最盛期を迎えた後は失速し、あらためて上海ローカル化した京劇、つまり海派京劇が連台本戯という続き物の新作劇を競演することで観客を獲得、舞台芸能の頂点の座を奪取する。同時に、本家北京の京劇が知名度の高い名優を擁して繰り返し上海公演を行い、当地の芝居好きの熱狂的な歓迎を受ける。やがて、上海公演を成功させることが、彼ら北京の京劇俳優たちの評価にかかわるほど重要なことがらとなっていく。さらに、いまだ表舞台には登場しないものの、上海を含む江南地域独特の言語と民謡に基づく地方劇の祖型が、遊楽場のような小規模な場所で上演されるようになる。なお、これらの芸能は次第に体裁を整え、一九三〇年代に入ると都市市民層の絶大な支持のもと、京劇をもしのぐようになる。

こうした激しい変化が繰り返され、多種多様な芸能が乱立したのは、上海がチャンスを求め中国各地からやって来たさまざまな階層によって構成された新興都市であり、新奇なものを追い求める風潮が強かったためである。そもそも、基盤となる「伝統」文化を持たない上海において、古典を守り、ニューウェーブと厳密に区別しようとする意識など、受容する側の多くは持ち合わせていなかった。よって、舞台芸能が高尚な芸術ではなく、あくまで娯楽として消費される限り、観客のニーズにあわせた変革と競争が生じるのは当然のことだった。

こうした変革と競争の様相を記録し、旧来からの「伝統」と新しいムーブメントとの優劣を議論する舞台となったのが、辛亥革命前後には安定的な編集発行体制を築いていた新聞や雑誌であった。『申報』のように長期にわたり刊行された大新聞もあれば、三号雑誌ならぬ創刊号で廃刊となる文芸誌もあったが、現在目にすることができる上海発行の刊行物だけでも文字どおり百花繚乱の様相を呈するほどであった。

ところで、京劇をはじめとする中国伝統劇の世界において本格的な批評が登場し始めたのは、一九一一年の辛亥革命を迎えようとする頃であった。以後、中華民国成立初期の劇評の動向に関しては、これまでに論じたため割愛する。その集大成といえるのが『菊部叢刊』であり、劇評、伝記、論説、脚本（歌詞）、俳優の写真などの一二章で構成された大部のものであった。一九一〇年代に劇評家として名を成し、専門誌や著作の刊行に携わった人々のほとんどがここに寄稿しているのは前章でも述べたとおりである。

以後、これほどの陣容が集結した演劇専門の著作や雑誌の特集号は刊行されていない。一九二〇年代になると、彼ら劇評家が発言する場は、『晶報』などに代表される無数の小報へと拡散する。同時に鑑賞眼の熟していない層まで劇評の書き手となったこともあり、著名な刊行物に権威ある一部の劇評家が寄稿するという構図は次第に崩れていった。

また一九二〇年代は、前の一〇年間に比べると、演劇に関する限り定期刊行物の発刊が低調な時代であった。特に一九二〇年代前半は、新聞はさておき、注目すべきこれといった雑誌が見あたらない。結果、一九二〇年代の上海演劇シーンについては、よすがとする記事自体が少なく、いまだ不明瞭な部分が多い。

そのような中で、専門誌ではないものの、多少なりとも演劇に関する記事や言論を掲載したのが雑誌『心声半月刊』である。当該雑誌はこれまで上海演劇研究においてほとんど注目されておらず、『上海京劇志』（上海文化出版社、一九九九年）においても創刊時期に誤記があるなど、おざなりに扱われているきらいがあるが、上海図書館近代文献部ではほぼ完全な形で所蔵されており、全容を総覧する限り、同時期の上海演劇に関して多くの情報を提供しうるものであることが判明した。[1]

以下、その概要を確認し、掲載された文章を分析していくこととする。

一　『心声半月刊』刊行の背景と記事構成

『心声半月刊』（以下、『心声』）は一九二二年一二月二八日に創刊、翌々年の一九二四年八月に第三巻第八期で事実上停刊となるまで計二八期刊行された。出版母体は心心照相館（写真館）で、本誌に掲載された写真には、ここで撮影されたことが明記されているものが多い。[2]創刊号冒頭で発刊の辞を著した編集人の一人徐小麟は、謀得利(MOUTRIE)洋行の中国人経理（支配人）であった徐乾麟の子息であり、この心心照相館の設立者でもあった。[3]よく知られているように、謀得利は早くから戯曲（伝統劇）のレコードを作成販売していたが、徐小麟は一九二四年に父親から再建を託されると、上海や北京で梅蘭芳や馬連良をはじめとする京劇の名優たちの吹き込みに携わった。また、有力なレコード会社であった高亭公司の経営にもかかわり、伝統劇をはじめとするレコードの発行で名をなした[4]。徐小麟は劇評家ではないものの、こうした環境に鑑みるに、伝統劇への造詣はある程度深かったものと思われる。

他方、編集者や寄稿者として、馮叔鸞、何海鳴といった民国初頭から活躍していた劇評家や文人のみならず、蘇少卿、徐慕雲のような一九三〇年代以降も活躍する劇評家の文章も掲載されている。編集者の一人であった劉豁公は、民国期で最も権威ある演劇誌の一つ『戯劇月刊』の主編となった人物であり、いわば民国期の演劇にかかわる新旧の言論人がほぼ一堂に会した格好になっている。

雑誌自体は半月刊を謳っており、表紙にもそのように記載されているが、二巻の途中から滞り、最期の数期は一か月の間隔を空けての刊行となった。

記事構成は、口絵写真、巻頭言、小説、随筆からなり、特に演劇専門雑誌を標榜しているわけではないが、毎号必ず俳優や票友の写真が掲載され、ごく一部の号を除き、最低一本の演劇関連記事が載せられている。無名の書き手も寄稿しているが、多くは先に挙げた著名な劇評家の手になるものである。

先に一九二〇年代の上海における定期刊行物発刊が低調であると述べたが、少ないなりに『戯雑誌』（上海戯社、一九二二年四月～一九二三年八月）、先に挙げた『戯劇月刊』といった演劇専門誌が刊行され、大小の新聞にあっては演劇関連の副刊（専門コーナー）が盛んに設けられるなど、演劇誌が雑誌の一ジャンルとして確立する時期である。そのような中にあって、『心声』は編集関係者の顔ぶれや記事の性質から、それに準じるものと見なすことができるが、中でも演劇に重点を置いた号として、「全国伶選大会第一次布告[5]」が掲載された一巻三期（一九二三年一月二二日）およびその経過である「全国伶選大会消息」が掲載された一巻六期（一九二三年三月）[6]、さらに「戯劇号」と副題を付し劇評や役者の評伝、回顧録などを大量掲載した三巻四期（一九二四年三月五日）が注目に値する。

コンテンツの一つとして演劇関連文章の章が設けられている点のみに着目すると、一九一〇年代に多くの劇評が掲載された総合文芸雑誌の体裁を踏襲していると見なすこともできる。当時は、いまだ鴛鴦蝴蝶派の流れを汲む通俗小説が圧倒的に優勢だったが、実は劇評家たちの多くはこうした小説の書き手でもあり、その主要な掲載先が総合文芸雑誌だったのである。

二　『心声半月刊』記事に見る海派京劇の動向

上海で発表された演劇関連記事の大多数を占めるのが、実は地元上海の京劇ではなく、北京など北方の京劇俳優による上海公演に関するものであった。筆者はこれまで上海における北方偏重主義に関し論じてきたが[7]、簡述すると、そもそも京劇の本場は文字どおり北京であり、上海で行われる新作劇を中心にした京劇は亜流、もしくは邪道と見なすべき存在であるとの意識が一群の人々の中に醸成されていたがゆえであった。

本書でこれまで述べてきたように、同時代人の中には、一九一〇年代初頭の『申報』の玄郎（呉下健児）のように、地元で日常的に上演されている上海京劇を積極的に論じたり、その革新性や創造性に言及し、決して北京に引けを取らないと主張したりした者もいたが、演劇関連の言論全体においては少数派であった。

『心声』が刊行された一九二〇年代は、連台本戯や機関布景といった海派京劇の特徴とされる要素が大々的に発展した時代であり、否応無しに京派（北京）京劇との差異が目に付くようになった時代である。こうした状況を背景に、『心声』に寄稿した文人の見解は、比較的バラエティに富むものであった。以下、何海鳴と馮叔鸞という、ともに演劇愛好者ではあるがそのかかわり方が異なる二人による文章を中心に、そこに描かれた上海伝統劇（京劇）の具体的な様相を見ていくこととしたい。

（一）何海鳴

何海鳴（求幸福斎主）[8]は一九一四年四月、総合文芸誌『民権素』第一集に設けられた「劇評」の章[9]の冒頭を飾っている。ちなみに、これに続き、辛亥革命以前より劇評を発表していた鄭正秋の「麗麗所戯評」が掲載されている。何の文章で興味深いのは、その緒言で上海の各新聞紙上で劇評を担う文人たちの名を挙げ簡潔に評している点であり[10]、ここから当時の劇評界の一端をうかがい知ることができる。もっとも、本人の劇評自体は一派をなすほどの蓄積は無く、先の『菊部叢刊』にもその名は見えない。『心声』では一巻二期（一九二三年一月六日）の冒頭で本人の写真が紹介されているが、演劇の専門家としてより、随筆や通俗小説の書き手としての扱いによるものであろう。演劇を愛好し劇評執筆の経験があるとはいえ、その視点が劇評を専門にする文人とは異なっている可能性をまず指摘しておく。

『心声』「戯劇号」においては、民国期上海で劇評家として認知されていた多くの人物が執筆しているが[11]、何海鳴も彼らとともに「海派新劇観」という四頁にわたる長い文章を寄稿している。なお、この題における「新劇」は、一九一〇年代とは異なり、いわゆる文明戯ではなく、京劇における「新作劇」を指している。

海派京劇に対する評価は、演目や演技術における北京との差異が大きくなるにつれ、肯定否定のいずれかに二分化されていった。伝統劇の「伝統」性を重んじる立場からは、本来存在しなかったリアリティを持つ背景と舞台セット、奇抜な扮装、荒唐無稽な物語を連続して紡ぐ連台本戯とその脚本、行当（役柄）を逸脱した演技術全般、いずれもとうてい受け入れがたいものであり、『申報』をはじめ主要メディアにも海派京劇を攻撃する文章が掲載された。その中で、彼らとは一線を画する立場である何海鳴の「海派新劇観」は、全面的な肯定ではないものの、時代の趨勢にあわせ独自の変革を遂げたものとして、比較的好意的に海派京劇を論じている。以下、冒頭部分を引用する。

およそ北京で長く観劇している人、および各地でもっぱら京劇をたしなむ人で、海派の新劇を軽んじない者はいない。いわゆる海派の新劇とは、荒唐無稽な長い連台戯[12]、多くの俳優が続けて歌う連唱、西洋魔術を使ったからくりとセット、古典的であるようでないような新奇な衣装を用いたものである。これらをもって、とうとう海派として（もともとの京劇とは）別のものと見なしたのであり、別に一派をなし、別に一軍を建てるようなものである。軽んじられることもあるが、やはり独立した一派として尊重したい。これは孔子や孟子の教えを守り従う者が楊子、墨子を攻撃したが、楊子、墨子はおのずと一つの学説をうち立てたのと同じことである。ゆえに、軽んじる者はおのずと軽んじるが、海派新劇が世で流行ることに変わりは無い。軽んじる者がいるからといって、決して衰え頓挫することは無く、むしろますます意気軒昂になっているのは間違いない。海派新劇にはおのずと社会に歓迎される道理があり、もとより社会はもっぱら京劇をたしなむ人たちに賛同するとは限らないのである。

やや抽象的な部分もあるが、伝統的な京劇愛好者による海派京劇批判に対し、海派の独自性を認め、社会に歓迎されている事実に目を向けるよう促す文章である。以下通読すると、民国期における北京と上海の京劇の相違点が、こんにちとほぼ同じ形で認識されている。たとえば、上記引用に続く部分で、「京劇をたしなむ者」が名優の一字一句の発音や節回しに関し、非常に微細な部分にまでこだわることに対して、「専門的に過ぎ、狭小過ぎ、保守的過ぎる」と批判的な見解を述べている[13]。北京京劇を正統とする人々に顕著な姿勢であるが、実際彼らが京劇の諸要素の中で最も重視したのは、歌唱、すなわち聴覚であった。一方、先の引用において「海派新劇」の特徴として挙げられていたのは、その多くが視覚にかかわる事柄である。遡ると辛亥革命直後にはすでに「北京では芝居を聴き（聴戯）、上海では芝居を観る（看戯）」といった認識の発生が論じられており[14]、何海鳴はそれを再確認したに過ぎない。しかし、ここでは京劇を鑑賞する姿勢として、視覚への傾倒が肯定されている点に注目しておきたい。

この「聴」、「看」という重点の相違を踏まえ、何海鳴は次のように述べる。

現代世界は経済主義が中心となっている。つまり、芝居もまた経済の支配を受けざるを得ず、営利の道を重んじる方向に進んでいる。「聴戯」の二文字は、すでに多くの観客にとって可能なことではなくなっている。つまり、多くの観客を引きつけ、営利を発展させるにあたっては、形勢上「聴」を捨てねばならず、「看」によることで、多くの観客が容易に（劇を）理解し、容易に興味を生じるようになる。加えて、芝居では扮装をするが、その目的はおのずと印象付けるのに便利だからという点にある。もし、よく「看」ることにあたれば（視覚的に気に入れば）、それはもちろんすばしいことだ。またどうして天下のあらゆる観客をことごとく盲目であるかのように見なす必要があろうか。

当時もそれ以前も、京劇をはじめ都市における伝統演劇は多くが商業性を帯びた娯楽芸能であり、たとえば京劇の前に隆盛を誇った崑曲のように、芸術性が高いとされたものでも、観客の支持を得られなければ衰亡の道をたどるしかなかった。[15] とはいえ、ここでの何海鳴のように、営利を得ること、つまり観客受けすることの必要性を明確に肯定した人物は、この当時はまだ少ない。いつ、いかなる文化圏においても、伝統芸能の継承という点において、当事者は観客のニーズとのギャップに悩まされるものだが、これはこの問題に対する何海鳴による一つの回答といってもいいだろう。

さらに続けて、何海鳴は海派京劇が北京の京劇と基本的には同一のものであるという見解を示した上で、海派の各種特徴に関し、独自の分析を披瀝する。

①連台本戯について、本来脚本とは全て通し（本戯）であるとし、海派の上演形式は「いにしえに復した」ものだと述べる。当時は多くの俳優が、全体の一場面のみを演じる折子戯をレパートリーとして標榜しており、一回の公演は折子戯を数本連ねて構成されていたが、何は筋の因果関係を分かりやすくしている点で、本戯の存在に意義を見出している。他方、脚本を編むにあたっては、旧来のものをないがしろにせず、特に歴史劇については「史伝を根拠にせねばならない」と述べている。

②中国伝統劇において、歌唱部分は古くから独唱形式をとる（楽器による伴奏は行われる）。何は①で述べた折子戯のほとんどで、主演俳優の歌唱部分が突出して多いと指摘する。これは折子戯の登場人物が少数に限られることに鑑みればやむを得ないといえる。他方、海派の本戯は複数の俳優に歌唱部分が設定され、ワンフレーズごとに歌唱者が交替したり、合唱をしたりすることもあったようである。また、上海では人気やキャリアにより俳優の格に上下が付けられたものの、北京ほど特定の俳優が突出するということはなかった。もっとも、何海鳴は、歌唱の構成が異なるからとはいえ、合唱を含む新作劇の歌詞の発音は正確であるべきで、かつ句の意味も分かりやすくすべきだと述べる。

さらに楽隊の構成についても言及がある。

③機関布景、すなわち舞台のからくりと背景については、清末から議論がなされている。特に背景に関しては、早期海派京劇でも用いられていたが、文明戯が観客を引き付けるべく積極的に導入したことで一般化した。何海鳴はこの事実に触れ、精緻な背景の導入自体、昨日今日に始まったものではないが、シーンに合っていない背景は減らすべきであると述べる。また、「古い脚本」、すなわち伝統演目については従来どおり背景を用いず、新作劇においては場面転換時に不自然にならないよう注意すべきだと述べている。

④衣装や化粧は、清末から民国にかけて大きな改革が見られた。特に、旦に関しては劇的な変化が見られたが[16]、何海鳴も「花旦の扮装は、繰り返し変化があって、ほとんど考証のしようも無い」と述べている。伝統劇の衣装は、役柄や登場人物の身分、年齢に応じて早くから記号化されたが、逆に物語世界の時代性は全く反映されなかった[17]。何はこの点について、当時人気絶大であった梅蘭芳の「古装」新戯（古典的衣装を纏う新作劇）について道理に合わぬものとして批判し、歴史物の新作においては、劇中の時代に応じた衣装を、考証の上、用いるべきだと述べている。

本章冒頭で述べたように、何海鳴の演劇とのかかわり方はプロの劇評家と見なすには浅い。これ以降、海派京劇の是非については、①～④で挙げられた各要素をめぐって激しい議論が展開されるが、何は海派全般に肯定すべき部分を見出した比較的早い時期の一人だといえる。

(二)　馮叔鸞

馮叔鸞についてはこれまで縷々述べてきたが、『嘯虹軒劇談』の自序を読む限り、さまざまな新聞に劇評を発表してきたようである。個々の出典こそ明記されていないものの、『嘯虹軒劇談』自体がそうした劇評の集大成であることは間違いない。馮劇評の「売り」は、北方における豊富な観劇体験に基づく正確な知見と厳密な分析である。しかし、活動の本拠地として選んだ上海は京劇の定着から日も浅く、自身で述べているように「正統的な」上演の少ない場所であった。もちろん、北京の俳優や上演団体による公演は絶え間なく行われていたが、地元上海の京劇俳優が前座や共演をすることも多く、「不正確な」演技をする「正統ではない」俳優たちを日々否応無しに目にしなければならなかった。

そのような上海から馮叔鸞が出て行こうとしなかったのは、上海演劇界の変化のスピードと舞台のバリエーションに彼が魅せられたからであろう。実際、『嘯虹軒劇談』ではさまざまな舞台に言及しており、精彩にあふれたこれらの文章は同時期における類似の著作を明らかに凌駕している。劇評の先導者を自負していたこの時期が、馮叔鸞の絶頂期であった。

しかし『菊部叢刊』に多数の執筆者が寄稿していることから見てとれるように、一九二〇年直前の時点で、すでに多くの劇評家たちが活発な議論を繰り広げており、かつ彼らから一定の敬意は受けつつも、馮叔鸞はすでにオピニオンリーダーの地位にはいなかった。本章で扱うのは『心声』「戯劇号」に掲載された「改良中国劇之臆測」[18]という文章であるが、その冒頭にて「この五年来、私はもう劇評を全く書いていない」と馮は語る。意図的に書かなかったのか、あるいは需要がなかったのか、その理由は述べられていないが、時間的にはまさに『菊部叢刊』刊行以降ということになる。

また馮の劇評家としての評価は、「新劇」、ここでは文明戯への膨大な発言と実際の舞台への関与に支えられていた面がある。『嘯虹軒劇談』においても多くの紙幅が文明戯への言及に割かれており、『俳優雑誌』という専門誌をみずから創刊するほどの入れ込みようであった。ところが、前述のように文明戯の勢いは一九一〇年代半ばを過ぎて急速に衰え、『菊部叢刊』が世に出た時点では、主要な上演団体は解散し、往時の繁栄を振り返って総括する段階となっていた。これと入れ替わりに台頭して来た海派京劇に対し、馮自身はどちらかというと否定的なまなざしを向けていた。彼がより重んじたのは伝統的な演技、ないしは京劇の各種規範から外れていない新作演目における演技であった。当然、そこには演技術の善し悪しに対する批評眼が持ち込まれていたが、連台本戯に代表される「海派」らしい劇に対しては、批評以前に嫌悪に近い感情がうかがえる。

以下、「改良中国劇之臆測」を詳細に読み、上海演劇界の目まぐるしい栄枯盛衰を目の当たりにしてきた馮叔鸞が、当時の状況をどのように見ていたのかを考察する。

馮は、自分が劇評を書かなくなった理由を三点挙げる。

まず、「芝居を理解する人間が日々少なくなっている」と馮は嘆く。興味深いことに、かつての著書『嘯虹軒劇談』では逆のことを述べているのだが[19]、ほんの一〇年で、彼の眼には上海の舞台と観客が大きく変質してしまったように映ったのである。具体的には、福建、広東、および上海近郊の浙江や江蘇といった、京劇を「聴いても分からない」南方の諸方言圏の居住者、すなわち観客が増えたことが原因だと馮は述べる。ここから、馮叔鸞は何海鳴とは対照的に、京劇を理解するにあたって、いまだに「聴覚」（歌唱）を第一にすべきだと考えていたことがうかがえる。さらに、連台本戯の増加は、ひとえに歌唱を売りにするだけでは集客できない劇場側がとった手段に過ぎないと馮は断じている。

次に、連台本戯と「映画との同化が日々深くなっていること」について述べられる。中国における映画の導入は一九〇五年、上海での初上映は一九〇八年とされているが、『心声』が発刊された時期にはすでに娯楽の一ジャンルとして市場が成立していた。[20] ここで馮叔鸞は、映画の撮影で用いられたさまざまな仕掛けが連台本戯の舞台演出に採り入れられていると述べる。映画と演劇との大きな違いは、前者が編集可能であるのに対し、後者は一過性でやり直しがきかない点にあるが、立ち回りの俳優による肉体表現以外にスペクタクルな要素を持たなかった伝統演劇においては、舞台セットに仕掛けが採り入れられるというだけで大きなインパクトがあったことだろう。しかし、こうした仕掛けを観客の注目を集める手段としてのみ用いる限り、常に新しい刺激を供給するため、異なる形式を求め続けざるを得ない。馮が挙げている『済公活仏』、『狸猫換太子』は連台本戯の代名詞ともなるほどの著名な演目であり、多くの劇場が競って上演した。[21] こうした劇を「映画化された」ものと見なし、「京劇の実質は亡びたが、（劇場の）営業は好転した」と馮叔鸞は批判している。

続けて、「演技する人材が日々乏しくなっている」と述べ、連台本戯の隆盛により、旧来の歌唱や演技で見せる俳優の人気がほとんど無くなっていることが書かれる。この点について、馮叔鸞は上海の俳優に限って言及しており、おそらく彼の嗜好に合致していたと思われる北方の俳優については触れていない。

以上三点の問題について、馮叔鸞は相互に因果関係があると見なし、次のように述べている。

旧劇（伝統劇）の本質はとうに変質してしまい、ほとんど存在していない。しかし古きは失われたというものの、新しいものはいまだ生まれていない。思うに、（世でいう）いわゆる新しいものは、創造されたものではなく模倣されたものであり、かつ模倣したのは映画における糟のごとき形式で、毛ほどの精神も存在しない。試みに『狸猫換太子』の包公（の形象）についてだが、いろいろ変わったところがあり、人情味が無い。[22] 劇全体の構造も荒唐無稽で考証がなされていない。とりもなおさず、私がみだりに非難攻撃するつもりで述べたのではないと分かるであろう。

長らく京劇を愛好し、観劇経験も豊富な馮叔鸞のこうした発言が正論であることに異論は無い。映画がもたらす視覚的な異質性が上海の舞台関係者にどれほどのイマジネーションをもたらしたのか、今となってはその証左を見出すのは難しいが、少なくともその影響を感じさせる要素が連台本戯にあったことは間違いない。そこには伝統劇に本来存在したはずの、長年かけて練り上げられてきた物語空間も無ければ、歌唱をはじめとする俳優自身が鍛錬してきた演技の神髄も見られない。ところが、もはや上海の観客はこうした伝統的な舞台を求めてはいない。馮叔鸞の不幸は、一人の演劇愛好者としてこの地を基盤としたがゆえに[23]、進取の気風に満ちた新しい都市が伝統の蓄積を受け入れず、演劇人が観客に迎合するため浅薄な手法を選択するさまを、その目で見なければならないことだった。

なお、先の何海鳴も偶々同様の形式をとっているが、馮叔鸞は論説を書くにあたって、項目ごとにナンバリングしつつ見解を連ねることが多い。「改良中国劇之臆測」の前半からは憤怒と失望がうかがえるが、中国演劇界が新たに生み出すのはいかなる演劇かを「予測」した後半部分は、それとは対照的に建設的な提言となっている。先に断っておくと、馮叔鸞は現在上海で行われている各種演劇を否定し、旧来の様式に戻せといっているのではない。新しい演劇の創造を標榜するのであれば、以下に挙げる四点の要素について考慮すべきであるというのがその意図である。

①演劇は「舞台」を離れることはできない

「今の俳優は劇があることのみを知り、舞台があることを知らない」。一見矛盾しているように思われる書き出しだが、新作劇を上演する場合、舞台（体裁の整った近代的劇場と見て差し支えない）、すなわち上演空間と演技との関係性を重視すべきだというのがその主張である。伝統劇の上演場所が劇場に限らなかった事実を踏まえての弁であるが、[24]ここで彼が強調しているのはただ一点、背景の必要性である。残念ながら演劇における背景の有効性について、彼自身のことばによる具体的な説明は見られないが、おそらく文明戯にかかわった経験に基づく「劇の物語世界と再現された舞台空間との整合性」に鑑みての見解であろう。なお、劇と舞台との関係性が不適切なものとして、当時一世を風靡した梅蘭芳の『黛玉葬花』、『嫦娥奔月』[25]が挙げられているのが興味深い。

②舞台の背景には専門家の登場が必要である

元来、伝統劇の世界においては、脚本家、演出家、大道具小道具といった分業が明確に成立していなかった。ここで馮が憂慮するような「俳優が背景作成にかかわる」ことも実際にあったのだろう。俳優と背景担当者がそれぞれ分業する一方、劇の内容と背景との乖離が生じないよう連携をとる必要があるというのが馮の主張である。現代であれば演出家が負うべき役割であろうが、劇全体を統括するこんにち的な意味での演出は当時まだ確立していなかった。

③俳優の総合的訓練

この当時、中国の伝統演劇には「科班」と称される俳優の養成組織が存在した。北京の富連成[26]が最も有名だが、上海にも夏月珊、夏月潤兄弟らを輩出した夏氏科班などのほか、教養学校として開設された榛苓小学などが存在した。[27]しかし馮叔鸞は、多くの俳優が個別に練習を行うのみで、劇の内容や科白、歌詞、しぐさの意味を理解したり、集体で練習したりするなどの総合的訓練が行われていないために、上演の質が低くなっていると認識していた。こうした状況にある限り、特に新作劇の上演にあたって「不聴排演者之指揮[28]」などの弊害を生じ、ひいては新作劇の発展を阻害すると馮は考えたのである。また同時に、「演技にリアリティを持たせるための劇内容理解の必要性」という、かつての『嘯虹軒劇談』での主張に変化が無いこともうかがえる。

④衣装を改良するにあたっての考証

衣装については何海鳴も言及していたが、新奇さを求めるあまり、改良と称して時代や身分と乖離した不自然なものが行われていることを批判している点で両者は共通している。

以上の見解を総覧するに、明確な結論を提示してはいないものの、伝統的な「聴覚」を重視する京劇と、「視覚」に訴える新作京劇との両者について、馮叔鸞がそれぞれ別個に理想の姿を設定し、両者の併存を肯定していたことがうかがえる。これを証するのが、「改良中国劇之臆測」に先立ち、『心声』一巻三期（一九二三年一月二二日）に掲載された「新旧の劇は決して妨げあわない」という内容の論説である。本書では簡略に述べるにとどめるが、馮はこの文章で旧劇、新劇それぞれを支持する人々に対し、中立的な立場として次のように述べる。

新劇の創作と旧劇の研究は、同時に並行して行われるべきことである。決して互いに衝突せず、また決して互いに妨げあわないように。

馮叔鸞の願望に反し、中華民国期を通じて「荒唐無稽な」新作劇である連台本戯は観客に支持され続けた。しかし、彼が新劇のありさまとして指摘した点のうち、背景担当者の専門化と、俳優が鍛錬する場である養成組織の発展については実現し、こんにちまで行われている。また、上記引用の旧劇と新作劇との併存は、現在でも中国伝統演劇界の重要な課題であり、文化大革命など特殊な時代を除き、伝統劇に携わる俳優は伝統演目と新作劇両方の舞台に立つことが必須となっている。とらえ方によってはごく当然のことがらばかりであるかもしれないが、この時代にあっては、先を見据えた見解として十分評価に値するといえる。

三　記録される海派京劇と『心声』の資料的価値

同一の雑誌内で特集を組んだ際、似た傾向の見解のみならず、わざと対立する立場の論説を載せることで誌面にメリハリを付けることはこんにちでも行われる。『心声』「戯劇号」の場合、上記のように何海鳴と馮叔鸞の二人だけを取り上げてみても、そのスタンスには相違が見られる。ごく簡略化して述べると、彼らの立場は海派京劇の現状に対する肯定と否定とに分かれるが、これ以後、当事者たる俳優や留学経験のある知識人、また一般の観客も含め、多様な人々がより激しく意見を戦わせることになる。

そのような中、海派京劇の是非を論じるのではなく、その歴史的変遷を記録しようとしたのが、海上漱石生の筆名で知られる孫玉声である。孫は清末から民国期にかけての上海を代表するジャーナリスト、文筆家であり、言論界においても影響力を持つ人物であった。『心声』においては「滬壖鞠部拾遺志」と題し、上海における舞台の変遷や俳優の銘々伝、演技術の改革や各種しきたりなど、演劇をとりまくさまざまな状況を書き記した文章を一一回にわたって連載している。

これまで論じてきた二名とは異なり、孫玉声の記載には各種演劇の動向に対する毀誉褒貶の弁はほとんど見られない。彼もまた演劇愛好者であったことは想像に難くないが、そのまなざしは人やものごとのうつろいを書き留めることのみに集中しているかのようである。

孫玉声はこの「記録者」としての立ち位置に愛着があったのか、後年『戯劇月刊』においても「上海戯園変遷志」という長期連載を持った。『心声』に書かれたものとの比較対照は将来的な課題とするが、こうした実証性の高い文章の存在は、我々後世の研究者にとって最もダイレクトに当時の状況を知りうるという点で貴重である。

以上、あらゆるものごとが大きく変化する環境にあって、京劇もまた短いサイクルで激しく変化し、かつこれからも変化しようとしていたことが、『心声』掲載の各文章からは明確に伝わってくる。本章で扱ったのはほんの一部であり、一九二〇年代上海伝統演劇界の全容を明らかにするにはいまだ十分ではない。しかし、舞台における「海派」の強烈な個性が明確になり始めた当時、その様相に戸惑いや共感を覚える人々の存在、彼らによる伝統劇の将来に対する提言など、発行期間が二年ほどのこの雑誌には、これまであまり知られてこなかった重要かつ密度の濃い情報が蔵されていることに疑いの余地はない。

【注】

（1）上海図書館では近代資料のマイクロフィルム化、データ化が進んでおり、筆者もマイクロフィルムでの閲覧であることをお断りしておく。
（2）編集者や俳優、風景など多岐にわたる。
（3）詳細は葛濤『唱片与近代上海社会生活』（上海辞書出版社、二〇〇九年）による。

（4）注（3）参照。謀得利はアメリカの勝利の代理商として、物克多（Victor）、物克挫拉（Victrola）のレーベルで伝統劇のレコードを販売していたが、名優の名を冠しつつ中身は無名の俳優が吹き込んだものが多く、録音技術にも問題があったとされる。
（5）俳優の人気投票的側面のある行事であった。
（6）この号は奥付が切れた形でマイクロフィルム化されており、現時点では発行日不詳だが、前後の発刊時期より三月下旬と推定される。
（7）本書第一部(上)第一章「周信芳と『梨園公報』」ほか参照。
（8）一八八七―一九四四、湖南省衡陽の人。原名時俊、字一雁。地元で軍に入った後、文筆生活に入り、若くして『民権報』の主筆となるなど革命運動を鼓舞した。民国成立後は通俗小説も執筆し、『海鳴小説集』として刊行された。
（9）緒言を読む限り、これが初めて発表する劇評であった可能性がある。
（10）本書第二部第一章「民国初期上海における伝統劇評」参照。『中華民報』の（管）義華、『民立報』の之子（葉楚傖）、『申報』の玄郎（顧乾元）、『時事新報』の（章）遏雲の名が見える。
（11）具体的には、歩林屋（林屋山人）、馮叔鸞、徐慕雲、梅花館主、蘇少卿らの名が挙げられる。
（12）原文は「長本連台」。「長い脚本を連続上演する」といった意。
（13）ただし、何海鳴が『民権素』に寄せた劇評には、こうした一字一句の音節に言及したものも散見される。
（14）馮叔鸞『嘯虹軒劇談』参照。
（15）たとえば、崑曲は二〇世紀冒頭にいったん商業演劇としての生命を絶たれた劇種だが、愛好者や資産家により一九二一年蘇州に「崑曲伝習所」が設立され、ここで養成された俳優の活動を基礎に、こんにちまで命脈を保っている。ただし、現在でも教養人の愛好者が多く、庶民的な芸能とはいい難い。
（16）本書第一部(下)第一章「海上名旦・馮子和論序説」参照。
（17）役柄にもよるが、中上層階級の衣装は明代の服飾に基づくものが多い。
（18）文末に「一九二四、二、一」と記される。
（19）『嘯虹軒劇談』「上海聴戯者之程度進歩矣」参照。
（20）黄紹芬「旧上海電影史略」（『二〇世紀上海文史資料文庫』7、上海書店、一九九九年所収）参照。
（21）拙文「世紀末の『狸猫換太子』――上海京劇院による復活上演に寄せて」（『中国文芸研究会会報』第一九八号、一九九八年）参照。

(22) 包公は伝統劇における清官戯（公案もの）の代表として古くからなじまれてきたが、その魅力は権力に逆らい弱者を救済する人情味にある。他方、清官戯には彼ら清官が事件解決のために超常能力を発揮するなど、リアリティを逸脱する要素も多分に含まれていた。

(23) 馮叔鸞の経歴については同時代の情報量が少なく、卒年も不詳で現在も明らかになっていない点が多い。一九三六年に上海版『大公報』にかかわっており、少なくともこの時期までは上海を活動基盤としていたと考えられる。

(24) この時期、劇場外の上演で最もよく行われたのが、「堂会」と称される個人宅でのプライベート公演であった。また旧式の劇場は、観客席が舞台の背面を除く三面に設けられていたが、一九〇八年の新舞台創建により、額縁舞台が導入された。

(25) ともに新編古装戯で、梅蘭芳のブレーンであった斉如山らによって編まれた。

(26) 一九〇四年に北京で喜連成として発足、一九一二年に富連成と名称変更し、一九四二年に停止となるまで、多くの京劇俳優を輩出した。

(27) 榛苓小学については、本書付論「檔案資料に見る榛苓小学の展開とその教育」参照。

(28) 仮に劇作家と訳出するが、当時の伝統劇は梅蘭芳のような文人ブレーンを抱えていた俳優を除き、一般に文字化された脚本に基づき演技が付けられたわけではない。

付論　檔案資料に見る榛苓小学の展開とその教育

はじめに

二〇世紀前半の中国において、京劇をはじめとする伝統演劇の俳優は、その多くが文字教養を備えていなかったといわれる。二〇世紀最高の京劇俳優とされる梅蘭芳は書画作品を残しているが、これは特殊な例であり、ましてや周信芳のように演技論や伝統劇改革論をものする者は極めてまれであった(1)。伝統演劇において歌唱の言辞は文語調であり、本来は多少の古典的素養を必要とするが、習得に際しては師匠から弟子への口伝で行われたため、必ずしも媒介としての文字テキストを必要とはしなかったのである。特に、芸術的な洗練よりも、娯楽性の高い演劇に支持が集まった上海では、凝った仕掛けや派手なセット、衣装といった視覚的効果に重きが置かれ、本来伝統演劇の持ち味であったはずの歌唱や科白の重要性は総体的に低下していった(2)。

その一方で、晩清期に演劇界入りした知識人出身の汪笑儂をはじめ、中国初の額縁舞台である「新舞台」を創設した夏月珊・夏月潤兄弟のグループなど、民国初期には「教養ある」俳優たちの一群が活躍していた。中には、旦の馮子和のように、学校教育を受け、文学結社の南社に参加する者まであらわれた(3)。民国初年に上海において、伝統演劇関係者のギルドである上海伶界聯合会を設立し、長らくその中枢にあって影響力を持ったのもまた彼らであった。

本章で扱う榛苓小学（榛苓学校、榛苓公学）もまた、彼ら先進的俳優グループによって構想され、設置されたものなのである。

本題に入る前に、榛苓小学の創設母体である上海伶界聯合会について簡単に触れておく。同会の機関紙である『梨園公報』の記事[4]などで明記されているように、上海伶界聯合会は民国元年（一九一二年）、前年の辛亥革命に参加した上記の夏氏兄弟や潘月樵といった俳優たちを中心に設立され、文字どおり上海伝統演劇界の互助組織としての役割を長年にわたって果たしてきた。その活動は慈善活動から大規模な合同公演まで多岐にわたったが、特に名優を揃えた豪華キャストでチャリティー公演が行われる時は、『申報』などの有力紙でも大々的に報道され、終了後それに関する劇評が書かれた。また附属施設として小学校のみならず、養老院や公共墓地まで持っていた[5]。加えて、譚鑫培や梅蘭芳ら北方の大物俳優が上海公演を行う際には宴会をひらいて接待するなど、対外交流機関としての性質も備えていた。

同会の活動については、執行部選挙の結果や活動方針が『申報』に掲載されるなど折に触れ紹介されているが、あくまで断片的なものである。その詳細な実態についてはこれまで中国本土においてもあまり論じられておらず、組織や関連活動の総体的内容について、整理および分析が待たれている。その一部を明らかにすることが、本章の目的の一つでもある。

一 「上海市教育局関於私立伶界聯合会立榛苓小学呈請立案」に見る榛苓小学の状況

まず、本章で用いる檔案資料について紹介しておきたい。

本檔案資料「上海市教育局関於私立伶界聯合会立榛苓小学呈請立案」（檔安番号Q235-1-1044）は、二〇〇六年八月に上海市檔案館において閲覧、複写したものである。当該檔案館の目録より、上海伶界聯合会関連の檔案はこのほかに一〇余件確認できる。(6)

本檔案資料は以下のような諸文献によって構成されている。

①表紙（年月記載）
②申請者・伶界聯合会による上奏書（二種）
③市政府の受理表
④榛苓小学校董会規定
⑤上海各学校実況調査表（印刷されたフォームに申請者側が記入、由来・住所・施設・組織・学制・学費・教職員一覧などが記載されている）
⑥総時間表（学年別）
⑦学生一覧表（二種）
⑧学生用書表（使用教科書の一覧表）
⑨組織系等及同仁服務通則（表紙に「一九三〇年七月重訂」とあり）
⑩教職員一覧表（二種）・担当時間割表
⑪校舎平面図

中心となるのは民国一六年（一九二七年）一一月に上海特別市教育局に提出されたものであるが、「二種」と記された②、⑦、⑩については、一六年のものと、民国一九年（一九三〇年）の秋以降に教育局へ提出されたと思われるものとの二種類が存在する。この問題については後述する。

本章作成にあたっては、同時期のほかの関連資料を援用することで、データの裏付けとなるよう配慮した。以下、この檔案資料の榛苓小学校史における意義、および記載内容の詳細について個々に考察していく。

（一）榛苓小学の創立時期と変遷

現在流通している多くの戯曲史類においては、一九〇七年に榛苓小学の母体が創立されたとされるが、[7] 筆者はこれを証明するデータを確認していない。これについては、本檔案⑤「上海各学校実況調査表」の「学校沿革概述」欄に、次のように記述されている。

本校は清朝光緒年間に創立され、原名は「春航義務小学」といったが、民国二年（一九一三年）に現在の校名にあらためた。その後、わけあって二度休止したが、一三年（一九二四年）七月に再度設立、公選を経て孫玉声を校長とした。

意図的になされたのか否かは不明だが、ここには明確な誤記が見られる。榛苓小学の前身とされている「春航義務学校」とは、一般には馮子和がその号「春航」を校名に冠して創立した俳優のための教養学校を指す。学校教育を受ける機会に恵まれた馮子和は、多くの伝統演劇俳優たちが教育を受けられないことを惜しみ、私財を投じて成人向けに一般教養を講じる学費不要の学校を設立した。もっとも、それは一九二二年のことであり、(8) 檔案における「光緒年間」という記述とは矛盾する。

もっとも、馮子和は新舞台に長らく所属したこともあって夏氏兄弟らと人脈的には近く、春航義務学校の設立理念と教育内容に、榛苓小学と相通じるものがあることは事実である。

続いてこの文中では、榛苓小学の「復興」を「(民国)一三年(一九二四年)」としているが、『上海戯曲志』など中国側の出版物には「民国一四年(一九二五年)」と記述されているものがある。この正誤については、一九二四年八月の『申報』に掲載された以下の記事で判断することができる。

伶界聯合会は、この春榛苓公学の再建を決議したことを受けて、公選で夏月珊を校長とし、まず六年制二クラスの小学校を創設した。貧困家庭の子女のみを対象とするため、学費は徴収しない。科目は国文・算術・英文の三つのみで、繆毅父を教務主任、趙軼群と劉剣涯を各教科担当者として招聘することがすでに決まっている。先日より先を争って学生が応募してきており、一六日の始業式、一八日の授業開始がすでに確定している。

——「伶界会籌復榛苓公学」(一九二四年八月一三日)

これに加え、四日後の『申報』には八月一六日に入学式が行われ、九〇名あまりの学生を前に伶界聯合会会長(夏月潤)、校長などの挨拶があったことが記されている。以上の記事より、『上海戯曲志』の成立年次に関する記述が誤りであることが見てとれる。

ところで、ここに根本的な疑問が生じることになるが、「民国一六年一一月」(および民国一九年)の日付があるこの檔案資料は、一体何を目的として教育局に提出されたのであろうか。

これについて、政治状況の変化が大きく影響していることは明らかである。

本檔案資料が提出された一九二七年の四月には国民党南京政府が成立、続いて七月には上海特別市政府が正式に成立した。

この時、市教育局局長に任命された国民党上海市党部委員の陳徳征は、すでに設置認可済みの全ての私立学校に再度の設置申請書提出を要求した。さらにその過程で、各学校の設立母体には理事会、基金会の創設および理事の名簿提出も要求した。[9] 本檔案資料もまた、その折に「設置」申請書としてあらためて教育局に提出されたものであることは間違いないだろう。

以下、本檔案資料の冒頭に付された上海伶界聯合会幹部による②上奏書の内容を簡潔にまとめてみたい。

（一枚目）

（a）夏月潤ら伶界聯合会理事が榛苓小学理事会の成立を報告、教育局による審査を請求

（b）一般教育普及のため、民国一三年（一九一四年）七月に榛苓小学を復興

（c）学校の場所は（旧城内）九畝地方浜路梨園公所内

（d）伶界聯合会理事会が榛苓小学理事会を兼任、財政および観察指導の責を負う

（e）校長および教務長を選任し、校務および教務の責を負う

（f）夏期休暇に理事会を開き理事長を改選するが、今期は夏月潤が理事長となり一切の責任を負う

（g）「上海特別市私立中小学校校董会（理事会）設立規定」にのっとり、榛苓小学の理事会規定を整えたので、当

局要求に沿っているか確認、指示をして欲しい

（二枚目）

（h）（b、cに同じ）

（i）審査に基づき、榛苓小学の財政および監督指導の全責任を伶界聯合会が負うことを再度確認

（j）「上海特別市私立中小学校校董会設立規定」の改訂部分に付合させるため追加書類を提出するので、認可をお願いしたい

二枚目は文面から判断するに、一枚目提出の後、「上海特別市私立中小学校校董会設立規定」の改正による教育局からの要求に応じ、諸書類を追加提出した際に書かれたものであろう。いずれも署名は「伶界聯合会設立榛苓小学校校董会董事長夏月潤、董事周鳳文、夏月華（夏月珊、夏月潤の弟）となっている。

伶界聯合会を設立母体とし、その理事会が榛苓小学の理事会を兼任、学校運営を統括すると同時に、学務そのものは別に統括者（校長）を立てることで、組織の役割分担を明確化する旨説明されている。これがすなわち教育局の「要求に沿う」ことだったのであろう。

（二）榛苓小学の教育とその具体的内容

続いて、榛苓小学の具体的な教育内容について見ていくことにする。

伝統演劇関係者および団体による教育機関の創設は、清末から民国にいくつかの例が見られるが、大別してA：旧来の科班を含む俳優養成学校、B：演劇関係者の子弟を対象とした一般教養学校、C：その両者の性質を兼ね備えた

学校の三種に分けられる。Aのカテゴリでは、北京の富連成（喜連成）が最も著名であるが、上海でも夏氏兄弟の父・夏奎章による夏氏科班[10]などが開設されていた。Bのカテゴリには、前述の春航義務学校、および榛苓小学が含まれる。Cのカテゴリには欧陽予倩による南通伶工学社（一九一九年）、焦菊隠が校長となった中華戯曲専科学校（一九三〇年）などがあり、いずれも近代的な演劇観、教育観に基づいた高度な演劇教育および一般教養教育が実施されていた。これらに関しては、詳細な先行研究があるのでそちらを参照にされたいが[11]、いずれも一般教養科目としての国語、外国語、歴史地理、数学、体育、および専門としての演劇関係科目が同時に開講されていたことが記録されている。

ここで、榛苓小学における教育内容を確認する前に、同校の歴史について述べた文章を紹介しておきたい。伶界聯合会の機関紙『梨園公報』に掲載された「伶界聯合会的史略」（茫茫、一九三一年一月五日）は会の歴史を簡潔に綴ったものであり、当然榛苓小学に言及した部分もある。それによると、辛亥革命より前（光緒から宣統の間という曖昧な記述となっている）、夏氏兄弟や潘月樵は「演劇界の子弟にも識字教育を」という考えに基づき、「榛苓学校」を創立したということである。以後、榛苓小学の稼働と伶界聯合会の活動サイクルとはリンクしていると思われる。また「伶界聯合会的史略」では、伶界聯合会の活動について、創始期を清末から民国初、停滞期を第二次革命（一九一三年）から民国九年（一九二〇年）末、復興期を民国一〇年（一九二一年）以降として、三つの時期に区分している。

実はこの「復興期」が始まる一九二一年頃、榛苓小学はいったん再建されているようである。まず、『申報』一九二一年五月七日の「上海伶界聯合会第一次八班大会串（上）」という記事を見ると、この時の伶界聯合会の会議において決定された五項目の計画のうち、「義務学校を設立し、教育を普及する」ことが第一に挙げられている。ほかには一方、次のような記事もある。

一九二〇年、上海伶界聯合会は九畝地の方浜路に我が国戯曲史上初の、役者による役者の子弟のための学校——榛苓小学を開設した。演劇界の子弟は学費を免除されていた。李長勝（李如春の父）は息子をこの学校に入れ、正規の（演劇の）訓練を受けさせた。この榛苓小学は「新型学校」ではあったものの、学生は文化を学ぶ一方で技芸を学ぶこともでき、旧来の科班のような性質がよく残されていた。毎日午後の文化科目は、帳簿係の王さん(12)が兼任していて、教えるといっても、赤字で印刷した書道の手本をなぞるぐらいのことだった。学生は文化のことなど興味は無く、いたずらをして、いつも先生をからかってばかりであった。芝居の実技に至っては、教師も依然として旧来の科班の教え方を踏襲していた。

——甘霖「李如春従芸之路(13)」

これを読む限りでは、基礎教養のみを授ける目的で開校されたはずの榛苓小学で、伝統演劇の実技も教えていたということになり、先の分類では「C」に近くなる。以下あくまで推測であるが、この時点における榛苓小学は、演劇関係者の子弟にとって伝統演劇の基礎演技を習得する場であり、教養を学ぶことは副次的なことと体制になっていたのではないか。その後、何らかの事情で運営が行き詰まり、一九二四年に再度再建されるにあたって、機構・カリキュラムの双方に改革が施されたのではないだろうか。

あらためて、それから三年後の一九二七年、つまり本檔案資料においては、どのようなカリキュラムが組まれていたのだろうか。まずは、檔案資料の⑧学生用書表をそのままの形で挙げておく（オリジナルは縦書）。

科目名	教材	出版社	一年級	二年級	三年級	四年級	五年級
国文	新撰国文教科書	商務書館	初一冊	初三冊	初五冊	初七冊	高一冊
自然	新撰自然教科書	商務書館					高一冊
地理	新撰地理教科書	商務書館					高一冊
歴史	新撰歴史教科書	商務書館					高一冊
算術	呉編算術教科書	南洋公学				第一冊	第一冊
	新学制算術教科書	商務書館	初一冊	初三冊	初五冊		
尺牘	言文対照尺牘	世界書局				上冊	下冊
	尺牘版本	世界書局		上冊	下冊		
三民主義	補充三民主義読本	世界書局				第三冊	第三冊
	三民主義課本	世界書局	初一冊	初三冊			
	三民主義教科書	世界書局			第一冊		
常識	常識課本	世界書局	初一冊	初三冊	初五冊	初七冊	
英文	天方夜譚	商務書館					用
	新式高英文	中華書局		第一冊	第一冊	第二冊	
	初等英文法	中華書局					用
孟子		中華書局				第一冊	第一冊
音楽	(選授)						
体操	(選授)						
図画	(選授)						
手工	(自撰)						

＊「商務書館」は「商務印書館」と思われる。

表中の「尺牘」とは定型の書式を持つ古文調の書簡であり、その書き方を習得する授業であろうと思われる。また、ここに記載された科目名以外にも、⑥の総時間表には珠算、造句（作文）、書法（書道）、工芸、形芸（図画、手工に相当か）などの科目名が見られる。

前掲の『申報』一九二四年八月一三日の記事で「国文、算術、英文」の三科目のみ開講と記されていたことに鑑みると、三年間で科目数が飛躍的に増えたことには驚きを覚える。いうなれば、補習塾程度のカリキュラムから、一般子弟対象の学校と比較しても遜色のない、主教科と副教科が全て揃った本格的な学校教育のカリキュラムへと大きく変貌を遂げたわけである。

このカリキュラム拡充が順次行われたのか、あるいは再度設置認可を求める際に思い切って改革を施したのか、この点は残念ながら不明であるが、一九二七年のこの時点では、初等教育として十分なボリュームを備えているといえよう。また、『申報』の記事を読む限り、遅くとも一九二四年の時点からすでに一般子弟が学生として入学しており、かつ時間割も昼休みを挟んで午前午後に五〇分授業を各三時間、一日計六時間のスケジュールとなっている。もしこの時間割どおりに授業が実施されていたのであれば、少なくとも李如春が回想する時代とは、教室の空気もかなり異なっていたことであろう。

（三）学生と授業形態

本檔案資料には⑦学生一覧表（学生名簿）が二種類添付されている。一方は一九二七年、もう一方は一九三〇年のもので、フォームと記載事項に若干の違いが見られる。

この⑦を含め、一九三〇年提出の書類が一緒に綴じられている理由は不詳だが、南京政府が前年の一九二九年四月に「三民主義教育」の実施を発表し、七月に訓育主任、党義科目担当教員を置くよう各学校に命じたことと関係があるのかもしれない。[14] また、翌年の『梨園公報』の記事から、おそらくこの時の「申請」が教育局に批准されたであろうことが読みとれる。[15]

まず一九二七年の名簿であるが、縦書きで上から氏名・年齢・本籍地・入校年月・学年・学歴・備考が記入されている。

学年ごとの合計人数、年齢の幅、入学年月を抜き出したのが左の表である。

学級	人数	年齢	入学年月
五年級	一七	一一～一七	民国一三年八月～一六年八月
四年級	一七	一〇～一五	民国一三年八月～一六年八月
三年級	三六	九～一五	民国一三年八月～一六年八月
二年級	七〇	八～一四	民国一五年二月～一六年八月
一年級	五四	七～一一	民国一五年八月～一六年八月

学年が上になるほど人数が少なくなるのは、家庭の経済的な事情から働き手として期待され、結果的に学業が継続できない生徒が増えてくるからであろう。年齢も就学最低年齢から高級中学相当までまちまちだが、学歴欄を見ると、私塾やほかの小学校への在籍経験が数年ある者が、学年が上がるにつれ増えてくる。なお、この表には学生の性別は書かれていないが、[16] ⑤の上海各学校実況調査表には「女生数：四二人」と記載されている。また、備考欄には留年歴も記載されている。

この年度の名簿には六年生が見あたらないが、これについては数年間にわたる休止後、民国一三年（一九二四年）に再開したため五年生が最上級生となる旨、備考欄に記入されている。ここからも、前節で述べた倫界聯合会「復興期」当初の榛苓小学が、何らかの事情で、おそらくかなり短い開校期間の後休止状態に入り、カリキュラム上もいったん断絶してしまったことが見てとれる。

続いて、一九三〇年の名簿を見ていく。同じく縦書きであるが、性別が記載されている点が一九二七年のものと異なるため、左の表に反映させた。また、原本の学歴欄に在学年数などは書かれていない。

学級	男子	女子	合計	年齢	入学年月
六年級	五	〇	五	一三～一五	民国一五年春～一八年春
五年級	一一	〇	一一	一一～一七	民国一四年春～一九年秋
四年級	二三	〇	二三	一一～一五	民国一四年春～一九年秋
三年級	三八	〇	三八	九～一五	民国一四年春～一九年秋
二年級	二五	一二	三七	八～一三	民国一六年春～一九年秋
一年級	三八	八	四六	六～一三	民国一七年秋～一九年秋

一見して分かるように、三年生以上に女子生徒は在籍していない。実は榛苓小学は男女共学を標榜しているものの、⑤の上海各学校実況調査表によると「二四制」が採用されており、かつ「前期男女同校、後期専収男生」と明記されている。つまり、三年生以降は後期に相当するのである。

また、一九二七年度は五〇人、一九三〇年度は四〇人を越える学年が見られるが、榛苓小学の授業形態はいわゆる

「複式学級（複数の学年が同一の教室で授業を行う形態）」であった。まず、⑪校舎平面図を見ると、教室として使用している部屋は三つしかない。[17] また、⑥総時間割表は一枚につき二学年記入されている。もし本当に檔案資料のとおりの人数・授業形態であったならば、たとえば一九二七年度の低学年は合計二〇四名が同じ教室で授業を受けることになる。劣悪な環境であったことは想像に難くないが、多くの子弟が安い学費[18]に惹かれ、殺到したのであろうことがそこからうかがえる。

(4) 教員

⑩の教職員一覧表についても、一九二七年、一九三〇年と二種類のフォームが見られる。

一九二七年の方は、教員各自の学歴、職歴の記載はあるものの、担当科目の記載がない。これに対して、一九三〇年の方には明記されているが、複数の科目を兼担している教員が半数ほどいる。また、給与の記載があるが、役職付きの教員と科目担当のみの教員とでは、年齢がほぼ同じであっても最大三倍の差が付いている。また、一部の教員には最終学歴が書かれているが、職歴をもって代替している教員も見られる。

なお双方を通じて、校長の孫玉声、教務長の梅頌先に変更はない。彼らを除いた教員数は、一九二七年、一九三〇年とも七名となっている。[19]

(5) その他

学費・設備維持費等諸経費に関する申請事項も一九二七年、一九三〇年の両方に記載がある。

また申請書とともに、一九二七年は「伶界聯合会立榛苓小学校董界規定」、一九三〇年は「伶界聯合会榛苓小学組織系統及同仁服務通則」が提出されたと思われる。前者は校長の任免や理事の選挙など理事会の総則を手書きで記した比較的簡単なものであるが、後者は活版印刷で一八頁にも及ぶ大部なものである。内容的にも、科目別指導方法、成績評価、生徒指導、セクションごとの職務など多岐にわたっており、いずれも些細な部分まで言及されている。興味深い資料だが、本論ではその存在を紹介するにとどめる。

以上、本檔案資料から見出しうる榛苓小学の歴史的変遷、授業科目などを中心に考察してきた。繰り返しになるが、本檔案資料は一九二七年および一九三〇年に伶界聯合会から上海特別市教育局に提出された「設置認可申請書」および附属資料であり、記載されている内容以外の正規科目、設備などが存在することは考えにくい。

二　『梨園公報』の記事に見る榛苓小学

確かに演劇互助団体の附属学校でありながら、榛苓小学の正規カリキュラムには、実技はおろか、演劇に関連する教養科目さえ見あたらない。元来、設立に際してのコンセプトは「演劇界の子弟にも識字教育を」というものであり、本業の技芸は各自がしかるべき機関で習得することが想定されていたのではないだろうか。

その一方で、現在流通している演劇史の多くにおいて、榛苓小学は以下のように紹介されている。

学生の学習過程は、文化科目と芸術科目が半々で、文化科目の内容は、一般の小学校と全く同じである。芸術科目は低、中、高級の三級に分かれている。低級は土台作りの時期であり、基本技術を練習する。中、高級では学校は各々の学生の容姿、声質などの条件により、専門の教師が各行当（役柄）ごとに芝居を教え、あわせて学校の上演活動に参加する。[20]

また前述したように、李如春の回想が正しければ、一九二〇年頃の榛苓小学には実技科目が存在していたということになる。

もしこれら演劇的専門教育の実施が事実であれば、それに関する記載が榛苓小学設立の公式な申請書に見られないのはなぜだろうか。

一つの可能性として考えられるのは、こうした実技科目は梨園の子弟だけを対象とした「課外授業」として実施されており、正課として申請する必要が無かった（もしくは意図的にしなかった）ということである。そこでは、李如春が経験したような「昔の科班のような」実技教育がなされていたかもしれない。そもそも、榛苓小学は伶界聯合会の敷地内に設けられており、出入りする俳優の誰かから演技を習う機会はたくさんあったことであろう。

これら背後の事情、および一九三〇年以降の榛苓小学の動向に関する情報が不十分であるため、現段階ではこれ以上の考察は差し控える。いずれにせよ、榛苓小学は日中戦争の激化による再度の休止を経て一九五〇年代まで存続したのであり、[21]そこに至るまでの過程は後日明らかにする必要があると考えている。

最後に、檔案資料とほぼ同時代の榛苓小学に関する情報を幾つか紹介し、その輪郭をいささかなりとも明確にしておきたい。

榛苓小学に関する記事が最も多いのは、やはり設立母体である伶界聯合会発行の『梨園公報』である。[22]会の活動を宣伝することもあれば、巷の芸能系小報のゴシップ記事に対抗して論陣を張ることもあるが、書き手の多くは当時の上海演劇界の大物であり、記事の史料的価値も高い。一方、『梨園公報』の基本的役割は伶界聯合会の同仁に対する活動報告である。中でも次世代を育てる機関である付設小学校の話題が、注目を集めるものの一つだったことが、関連記事の多彩さからもうかがい知れる。

たとえば授業科目については、教育課程全体を改良し、国文については教育部の指導のもと、最新の白話文を教えるように変更したこと（「榛苓小学之近況」一九二八年九月一四日）、また運動場が無いため、「知・徳・体」の「体」を補うべく、上級生が率先して公共の運動場へ足を運び、自主的に身体をうごかすこと（「榛苓短訊」一九三一年一一月二日）などが記されている。ほかに学生に関連した話題では、「榛苓市政府」という名の自治会を学生が組織し（「榛苓市政府改組」一九三一年九月一一日）、教師の指導で毎週弁論大会を開いていること（「榛苓学生之演講競賽会」同二〇日）も紹介されている。

また、運営状況については、学生募集の案内広告（一九三一年一月）、先にも触れた入学希望者の増加による教室の追加（「榛苓小学行将拡充」一九三一年六月二日）、およびその結果増加した新入生の半分が梨園の子弟であったことで、演劇界における教育に対する認識の高まりを感じたこと（一九三一年九月五日）などが書かれている。

時事を反映したものでやはり特筆すべきは、一九三一年の九・一八事変発生による、全学を挙げての抗日運動であろう（「抗日声中之榛苓小学」一〇月二日、「榛苓師生将挙行不買日貨宣誓」同二〇日）。特に、一〇月二日の記事における教育局の抗日指導の通達については、「日本軍の暴虐の様子を児童に知らしめる」、「毎日時事を掲示し、児童の愛国心を喚起する」など戦時中独自の強張った空気が記事からも感じとれる。

これらの記事を読むと、榛苓小学を「俳優養成機関」として紹介している文章が皆無であることにあらためて気付く。プロの俳優が学校を訪問したという記事さえも見あたらない。これは『梨園公報』の記事を執筆する人々、つまり伶界聯合会内部の人間が、そうした学校として榛苓小学を認知していなかったことの証左ではないだろうか。

これらの記事と檔案資料とをあわせて考えるに、やはりこの一九三〇年前後の時期に限っていえば、「榛苓小学」は初等教育を主体とする私立小学校として認知されていたのである。いわば、創始者の目論見どおり、演劇会の子弟に識字教育を授ける機関としての機能を立派に果たしていたのだといえよう。

【注】

（1）本書第一部(上)第一章「周信芳と『梨園公報』」参照。

（2）玄郎「論梨園子弟之急宜就学」（『申報』一九一二年一一月一八日）において、評者は劉芸舟という俳優の新作劇を知識人出身の汪笑儂の作品と比較し、その言辞が鄙俗であることを批判している。

（3）柳亜子は馮子和の舞台に魅せられ多くの詩文を書いたが、後に面識を得、馮を南社の正式の同人とした。

（4）茫茫「伶界聯合会的史略」（『梨園公報』一九三一年一月五日）参照。

（5）項「伶聯会拡充真如墓地」（『梨園公報』一九二九年八月二六日）参照。

（6）いずれも一九三〇年代後半から中華人民共和国建国直前の文献で、俳優の登録や管理に関する問題を扱ったものが多い。

（7）『上海戯曲志』（上海文化出版社、一九九九年）六一頁、『上海掌故辞典』（上海辞書出版社、一九九九年）二六一頁ほか。記述内容が類似しているため、同一ソースに基づいたと思われるが未確認。なお、陳科美・金林祥『上海近代教育史』（上海教育出版社、二〇〇三年）第四章第一節「上海新式学堂的湧現」によると、光緒末期には多くの小学堂・中学堂が創設されており、榛苓小学（榛苓学堂）もその一つだったと考えられる。

（8）春航義務学校に関する記述は極めて少なく、戯曲史においても「一九二〇年代初頭に創立」などぼかしたいい方がなされているが、馮子和が学生全員と撮影した記念写真が残っており、その背景の壁の横断幕に「民国一一年（一九二二年）五月二一日」と記されているのが読みとれる。なお、学校自体は一年ほどで閉校したとされる。

（9）『上海近代教育史』三八二頁。

（10）生徒として息子の月珊（後に父に替わって統括）、月潤らのほか、潘月樵、馮子和など、後の伶界聯合会の中枢となる俳優が集結していた。

（11）南通伶工学社については、松浦恆雄「欧陽予倩と伝統劇の改革——五四から南通伶工学社まで——」（大阪市立大学文学部『人文研究』四〇—六、一九八八年一二月）、中華戯曲学校については平林宣和「中華戯曲専科学校とその時代——一九三〇年代中国における伝統演劇認識と教育実践」（『近代中国都市芸能に関する基礎的研究』平成九—一一年度科学研究費基盤研究（C）（課題番号 9610462、研究代表者：岡崎由美）に詳しい。後者は学校在籍経験者へのインタビューに基づく。

（12）檔案資料のうち、一九二七年提出の教職員表に一九二四年八月に再雇用した「庶務員」としてその名が見える。

（13）中国戯曲志上海巻編輯部『上海戯曲史料薈萃』第五集所収、一九八八年。

（14）『上海近代教育史』三八四頁。

（15）「榛苓小学令准立案」（『梨園公報』一九三一年一月一八日）参照。なお、この記事を読む限り、榛苓小学はこの時点まで教育局の「認可校」ではなかった可能性もある。

（16）備考欄に女子小学校在籍歴あり、と記されている者もいる。

（17）傍観「榛苓小学行将拡充」（『梨園公報』一九三一年六月二日）によると、この年、入学できない応募者が多数出たため、新たに教室を一つ確保、全校で二〇〇人以上を収容することができるようになったと述べられている。

（18）榛苓小学はもともと夏月珊らが投じた私財を核に、チャリティーなどによる収益で運営されていたため、梨園の子弟は学費免除だったが、一般の子弟は満額ではないものの学費を払っていた。『梨園公報』では、一九二八年九月一四日の強「榛苓小学之近況」にて財政の枯渇から学費徴収を検討すること、同一一月二日「伶界維持会一年之会務簡報」で非梨園子弟の学費を半額徴収にすること、また注（17）「榛苓小学行将拡充」では、学費を月に一元値上げすることなどの記事が見られる。

（19）一九三〇年のフォームでは、鄧光という若い男性教員が訓育科長と党義科目（国民党の基本理論に関する科目、一九二九年に新設）の担当者を兼任している。

（20）『中国京劇史』上巻、第八章「南派京劇的形成与発展」（中国戯劇出版社、一九九〇年）参照。

(21) 一九五六年、南市教育局によって接収。現在も現地には「榛苓街」という通りの名前が残っている。

(22) ほかには、入学シーズンが来ると『申報』などの新聞に学生募集の記事が掲載されていた。

初出一覧（本書収録にあたり、いずれも加筆修正した）

序論　「民国期における上海京劇の成立と発展」（田仲一成、小南一郎、斯波義信編『中国近世文芸論——農村祭祀から都市芸能へ』、東方書店、二〇〇九年）

第一部（上）　京劇の変革と俳優——周信芳の演劇活動

第一章　「周信芳と『梨園公報』」（『野草』第六〇号、中国文芸研究会、一九九七年）

第二章　「周信芳評価の一側面——一九三〇年代の資料から」（『中国都市芸能研究』第一輯、中国都市芸能研究会、二〇〇二年）

第三章　「周信芳と劇評家」（『野草』第八二号、中国文芸研究会、二〇〇八年）

第四章　「『麒派』と民国上海演劇文化」（『中国都市芸能研究』第一〇輯、中国都市芸能研究会、二〇一一年）

第一部（下）　京劇の変革と俳優——上海における旦の改革と評価

第一章　「海上名旦・馮子和論序説」（『未名』二四号、神戸大学中文研究会、二〇〇六年）

第二章　「馮子和と『血涙碑』」（『言語と文化』第一二号、関西学院大学言語教育研究センター、二〇〇九年）

第三章　「柳亜子と『春航集』」（『中国都市芸能研究』第七輯、中国都市芸能研究会、二〇〇九年）

第四章　「欧陽予倩『潘金蓮』論——最後の自作自演京劇」（『中国学志』同人号、大阪市立大学中国学会、一九九八年）

第二部　劇評とメディア

第一章　「民国初期上海における伝統劇評」（『野草』第六五号、中国文芸研究会、二〇〇〇年）

第二章　「一九一〇年代における伝統劇評の視点と表現」（『言語と文化』第七号、関西学院大学言語教育研究センター、二

〇〇四年）

第三章　「『海派』資料から見る民国初期伝統劇の諸相──『海派』意識と『京派』へのまなざし」（『近代中国都市芸能に関する基礎的研究成果報告論文集』平成九─一一年度科学研究費基盤研究（C）（課題番号09610462）研究成果報告書、研究代表者 岡崎由美、二〇〇一年）

第四章　「上海京劇と劇評」（『第二回日中伝統芸能研究交流会報告書　都市のメディア空間と伝統芸能』大阪市立大学文学研究科都市文化研究センター、二〇一二年）

第五章　「『心声半月刊』と一九二〇年代上海の伝統劇評」（『商学論究』第六〇巻第一・二号合併号、関西学院大学商学研究会、二〇一二年）

付論　「檔案資料に見る榛苓小学の展開とその教育」（『言語と文化』第一一号、関西学院大学言語教育研究センター、二〇〇八年）

あとがき

冒頭からいきなりこのようなことを書くのもどうかと思うが、筆者はいわゆる芝居好きが昂じて今の研究テーマを選んだのではない。文字を通じて、脳裏に情景を描いたり作中の人物にシンクロしたりする方が好きな質なので、詩歌や小説の方に進むべきだと自分では思っていた。それが、学部教養時代の一九八八年春、上海への短期留学を経たことにより、伝統演劇研究を志すようになった。どんなすばらしい舞台に出会ったのかというと、なんのことはない、当時、上海音楽学院の宿舎で観た連続TVドラマ『厳鳳英』に感銘を受けたことがきっかけだった。黄梅戯の女優が抗日戦争期、中華人民共和国建国後と時代に翻弄されつつも苦心して芸を磨き、成功を手に摑んだと思ったのもつかの間、文化大革命のさなか迫害を受け非業の死を遂げる。ドラマで描かれた二〇世紀中国において、複雑に絡み合う歴史、社会、政治、そして舞台が生み出すダイナミズムには、怖れとともに不思議な魅力を感じずにはいられなかった。テクストに耽溺する研究もいいが、そもそも中国伝統演劇は本書で扱った劇評家の馮叔鸞も述べているように、文学、美学、音楽などさまざまな分野と密接なかかわりがある。幸いにしていずれも筆者がもともと愛好するものであり、それらの集合体としての中国演劇にはきっとテクストだけの研究とは異なるおもしろさがあるはずだと考え、思い切ってこの分野に踏み込んだ次第である。

それから数年試行錯誤した後、「民国期上海の京劇」をテーマに研究を始めてほぼ二〇年、その間に上海への二度の長期留学の機会を得、昼は図書館へ、夜は劇場へ通い、本や資料を買いあさる日々も経験した。一九九七年、一回目の留学終了後にものした論文が本書第一部(上)第一章なので、考えてみるとずいぶん時間が経ってしまった。ぼやぼやしているとこれらの論考が賞味期限切れになりそうなので、このたび思い切って世に問うことにした。

『上海の京劇』という本書の題は矛盾をはらんでいる。誰もが知っているように、京劇の「京」とは北京のことであり、上海はあらゆる意味でその対極に位置する都市である。序論で述べたように、そもそも「伝統」とは最も縁遠い都市だといってもよい。しかし、だからこそ、上海の京劇は「京劇」のさまざまな約束にとらわれず、この都市に集まってくる有象無象の人々の欲望を反映して、自由な上演形式を作り出すことが可能だったのである。

本書の第一部は修士論文から研究対象としている上海京劇の名優周信芳、および共演者でもあった馮子和、欧陽予倩に関する論考を基礎として構成されている。当初、周信芳ほどの大物なら整理に困るほど資料が集められるはずだと思っていたが、あにはからんや現代中国での公式評価とは異なり、民国期における扱いはなんとも冷淡なものだった。しかしその事実が、逆に彼の活動の本質をより深く探究するためのモチベーションとなり続けた。毀誉褒貶に晒されつつ、バイタリティあふれる舞台を創造し続けた周信芳の多彩な側面については、いまだ探り尽くした感がない。いずれまたあらたな論考を著すことになろうかと思う。馮子和、欧陽予倩は演技、バックグラウンドともに全くタイプの異なる旦で、どちらも俳優としての活動期間が短かった分、そのインパクトには強烈なものがある。彼らが輝きを放った時間を切り取り、そのさまを再現する作業は、大変ではあったが、それなりに実りもあったと自負している。

第二部は劇評を中心とする。部分的に第一部とも重なるが、異なる知的背景を持つ人々が、どのメディアに、どのような言語をもって、何を書き残そうと(あるいは再現しようと)したのかを、同時代資料を使い分析しようと試みたものである。なお、こちらは周信芳の時とは異なり、収拾がつかなくなるほどの資料が手許に集まった。さて本来、観劇とは一回限りのもので、同一キャスト、同一演目であっても、二度と同じ舞台を観ることはできない。劇評として著された文字群は、あくまで彼ら民国期の劇評家がその時々に観た舞台を描き出したものであり、どれほど努力しても読み手の直接の体験とはならない。他方、文字による間接的な体験を通じ、どこに着目し、何を読みとるかは読み手に任される。実際、劇評を分析する作業とは、時を隔てた未来の読み手として、劇評家たちの観劇を追体験することにほかならなかった。どの論文についても、さまざまなことばで語りかけてくる劇評を咀嚼し、自分なりに舞台の様子を再現しながらの執筆となった。

「付論」はほかと若干毛色が異なるが、上海市檔案館で閲覧した一次資料に基づくものである。情報量も多く興味深い資料だったため、単体で分析してみようと思った次第である。

なお筆者の論考には、内容上過去のものに少しずつ重ねながら論じる形をとるものが多い。今回一冊にまとめるにあたって、可能な限り重複部分を整理したつもりだが、まだ不十分かもしれない。煩瑣な印象を与えてしまった点はご寛恕願いたい。

本書を出版するにあたっては、さまざまな方にお世話になった。まずは中国文庫の舩越國昭氏、佐藤健二郎氏が、このような「中文の辺境」ともいうべき分野の書籍の出版を快く引き受けて下さったことに深い感謝の意を表したい。特に佐藤氏には前任の富山大学時代からお世話になっているが、今回、彼のもとで著書を出版するという昔からの約束が果たせたことを心から嬉しく思っている。

研究面においては、まず大阪市立大学中国学教室の先生方、先輩方、同窓の皆さんに感謝の念を表したい。勤勉な学生ではなかったにもかかわらず、留学を挟んで一一年もの間在籍を許して下さったことには、どれほど感謝しても足りないほどである。続いて、中国文芸研究会の先生方、同人の皆さんに感謝を申し述べたい。研究室外での活動は全てここから始まった。今でも自己の視野を広げるための大切な研鑽の場であり続けている。また首都圏の中国都市芸能研究会の皆さんにも感謝したい。誰よりも、数少ない同分野の研究仲間として、平林宣和氏、三須祐介氏、田村容子氏からは学問上いつも限りない刺激を受けている。今後も研究をともに進めることができれば、これに勝る喜びはない。

大学教員としては、専任教員の席を初めて筆者に与えてくれた富山大学、現任校の関西学院大学での同僚の皆さんにお礼を申し上げたい。そして、非常勤講師としてお世話になった大学の先生方にも感謝を述べたい。

また、不義理をしてばかりだが、現地でお世話になった中国や台湾の先生方、友人たちにもいつか恩返しをしたいと思っている。

最後に、いったい何者になるのか、いつ独り立ちするのか見当もつかない筆者に惜しみない援助をしてくれた両親、厳しく、辛抱強い指導を通じて研究の何たるかを一から教えて下さった恩師松浦恆雄先生、大学院の同期として出会ってからずっと机を並べ、ともに学んできた相方の緒方賢一に、心から、最大の感謝を捧げる。

二〇一五年二月

藤野真子

な－は　行

ま－ら　行

た　行

さ　行

【作品・刊行物・事項索引】

本索引は本文中の主要作品名・刊行物名・事項を 50 音順に配列した。数字はページ数を示す。ただし，各章で主題とする作品名などについては，該当する章のページを逐一列挙することを省略した。目次を参照されたい。

あ　行

か　行

や－ら　行

た　行

は－ま　行

【人名索引】

本索引は本文中の主要人物を50音順に配列した。数字はページ数を示す。ただし，各章で主題とする人物については，該当する章のページを逐一列挙することを省略した。目次を参照されたい。

あ　行

か　行

さ　行

［著者紹介］
藤野真子（ふじの　なおこ）
1968 年　大阪府生まれ
1998 年　大阪市立大学大学院文学研究科後期博士課程単位取得退学
現　在　関西学院大学商学部・言語コミュニケーション文化研究科准教授
専　攻　近現代中国伝統演劇

著書
『中国農村の民間藝能——太湖流域社会史口述記録集２』（佐藤仁史・太田出・緒方賢一・朱火生との共著、汲古書院、2011 年）

上海《しゃんはい》の京劇《きょうげき》——メディアと改革《かいかく》

NDC772　360 ページ　21cm

2015 年 3 月 10 日　初版第 1 刷発行

著　者　藤野真子
発行者　船越國昭
発行所　中国文庫株式会社
〒 167-0022　東京都杉並区下井草 2-36-3
電話 03-6913-6708
E-mail:info@c-books.co.jp
編　集　佐藤健二郎
装丁者　日高秀司
印刷／製本　壮光舎印刷

ISBN978-4-9906357-2-5 Printed in Japan